岸 政彦／梶谷 懐 編著

所有とは何か

ヒト・社会・資本主義の根源

中公選書

まえがき

「所有」とは何か。それは、生活のあらゆる面で私たちの身の回りにある。土地や家屋、カメラや靴など、大小にかかわらず、自分のモノとして持っていることが「所有」である。俯瞰《ふかん》してみると、領土や領空とは国家が所有するものだ。

所有は、社会のあらゆる面に埋め込まれている。どうやら、人間には所有を創り出す本性があるのかもしれない。モノや資産が所有されることで、価値の交換が行われ、やがて貨幣が生まれる。近代に起こった産業革命や、現代を席巻《せっけん》する資本主義も、近代的な「所有（権）」とは切っても切れない関係である。だから所有を問うことは、資本主義を考えることでもある。

その一方で、近代から私たちが受け継いできた「所有」に関する考え方は、テクノロジーが発達した現代社会の中で大きく変容しつつある。たとえば現代では、情報通信技術およびＡＩの発展を背景に、インターネットを通じてやり取りされる個人「情報」、あるいは個人の嗜好や思想などに対しても、所有の概念を援用しつつ、その利用や保護が議論されるようになっている。また、プラットフォーム企業を通じて自動車や住宅、労働などの提供者と利用者をマッチングさせるシェアリングエコノミーが社会に浸透することによって、「ほしいモノは必ずしも所有しなくてもよい」という感覚が、人びとのあいだに広がりつつある。さらには、グローバルに事業を展開する巨大IT企業などを中心に、その利益の源泉が、有形の資産から「情報」およびその利用法に関する無形資産へと大きくシフトするなど、現代資本主義を支える企業活動に関わる所有権の位置づけも大きく変化しつつある。

たとえば、「本を所有する」という行為を考えてみよう。これまでの紙の本であれば、お金を払って購入すれば、その本が自分の「資産」になることははっきりしている。しかし、タブレットやスマホなどを使って読む電子書籍の場合はどうだろうか。確かにタブレットは個人の私有財産だとしても、それを使って読む電子書籍というコンテンツについては、個人はアクセス権を購入するだけで、所有とみなすことは困難だ。紙の本なら著者にサインしてもらうことも可能だが、電子書籍だとそうもいかない。特に、近頃流行りのサブスクリプション契約で、一定金額で雑誌などが読み放題になったとしても、それらの雑誌を「所有」しているという感覚は利用者にはほとんどないだろう。利用期限が切れてしまえば、もうそれらのコンテンツを読むことはできないからだ。

さて、いわゆる近代的な「所有（権）」とは、一般的に、個人あるいは団体のモノに対する支配、として理解されている。この概念は、貸借・売買などの「モノ（物）」の移転に伴う行為に関して、あくまでそこに関わる「ヒト（人間）」の利益を守るという観点から諸制度を形作ってきた西洋社会の伝統を色濃く反映させながら、より普遍的な概念として、産業革命以降の近代化＝資本主義化を支える制度的基盤として受容されていった。

特に重要なのは、資本主義の発展において「法人企業」の誕生、成長が決定的な役割を果たしたことにある。たとえば経済学者の岩井克人《かつひと》によれば、近代以降に成立した法人企業の特徴とは、その「所有者」である株主が資産すなわちモノとしての「会社」を所有し、ヒトとしての会社＝法人が人的資本を含む会社資産を所有する（＝雇用契約を結ぶ）ところに存在する。すなわちヒトがモノを所有する、単純なオーナー所有型の企業とは異なり、その所有関係が二階建てになっているのが法人企業の特徴なのだ（第3章参照）。

岩井によれば、このような、二階建ての構造をとった「法人企業」が制度として発明されたからこそ、株主利益至上主義的な会社から、労働者自主管理的な会社まで、多様な会社形態が可能になり、そのことが近代以降の資本主義社会における物質的な繁栄を支えてきたのである。もちろん、そういった近代的所有権の受容のあり方は決して画一的なものではなく、各地域における固有の歴史的伝統、および近代化以降の統治体制の特徴などを色濃く反映したものであったことも、踏まえておく必要があるだろう。

すでに述べたように、近代的な所有はモノとヒトの二分論的な考えから成り立っていたが、これまで豊かさを支えてきた形のある「モノ」が、次第に形のない「情報」「データ」にとって代わられることで、その二分法が意味をなさなくなってきているのだ。そうすると、技術的なスタンダードのほうが、法以上に、実質的な社会のルールを決めてしまう可能性さえある。

本書は、こういった「所有（権）」をめぐる状況の変化を踏まえつつ、そのあり方を地域横断的、かつ領域横断的にあらためて検討することを通じて、現代社会、あるいは資本主義経済が持つ「なぞ」を問い、答えを探求していく。たとえば、ほんらい人間の生存と自由を守るために生まれた「所有（権）」がなぜ、「富の偏在」をもたらし、人びとに不自由と分断をもたらしているのか？西洋近代由来の所有権以外のオルタナティヴな所有のあり方を構想することは不可能だろうか？高度な情報処理能力や問題解決能力を実現したＡＩやそれを搭載したロボットによって人間の単純労働だけでなく、知的な営みまでもがある程度代替されるような状況が実現したとき、それら、いや彼らを私たちが「所有」する、という概念は果たして成り立つのだろうか？


このような問題意識から、私たちは２０１９年9月に「所有権研究会」を立ち上げ、これまでの社会科学・人文学分野における先行研究からの知見、あるいは研究参加者が行ってきたフィールドワーク及び理論的な分析を踏まえ、議論を重ねてきた。本書は、約3年にわたり続けてきたその研究会の成果報告である。私たちはいずれも大学に籍を置く研究者だが、その学問的背景は経済学、社会学、人類学、歴史学とバラバラで、専門とするフィールドもアフリカ、中国、沖縄、そして欧米社会まで広がっている。

そのような私たちが、このような形で集まって、「所有（権）」について一つの本を出そうと考えた、その学術的な背景についても少し触れておこう。

まず、これまで市場経済の制度的背景として「私的所有権」を絶対視していたとみられがちな主流派経済学の内部から、むしろそれを相対化しようとする動きが出てきたことがある。代表的なものとして挙げられるのが、シカゴ大学教授のエリック・ポズナーと、マイクロソフト首席研究員のグレン・ワイルが世に問うた『ラディカル・マーケット』である。同書では、私有財産権の「強すぎる保護」が一部大企業、富裕層の既得権益の強化を招き、自由な市場競争と資産の効率的な利用が妨げられているという認識がある。同様の見解は、コロンビア大学教授のマイケル・ヘラーの『グリッドロック経済』などにもみることができる。

第二に、上記のような社会の変容を踏まえ、近代的な所有権さらには「人権」を相対化し、むしろそれらが乗り越えてきたはずの伝統的価値観を新しい現実に適用することで対応していこうという、いわば脱＝人権、脱＝世俗化の動きが、権威主義的体制を維持する中国などで進行しつつある、という現状認識がある。

これらの問題群についても正面から考察し、新たな展望を開くためには、むしろアジアやアフリカといった非西洋社会を含む地域の特性を踏まえた「所有（権）」の形成に注目し、その来歴を明らかにしていく必要がある、と私たちは考えている。

本書の構成と各章の内容は以下のとおりである。

第1章「所有と規範――戦後沖縄の社会変動と所有権の再編」(岸政彦)では、1950年代終わり〜60年代初期の『沖縄タイムス』の社会面記事から抽出された、当時の世相を映すさまざまなエピソードに注目することで、敗戦後、米国による統治の下で生じた「所有権の解体と再編成」が、社会規範にどのような影響を与えたかについて考察する。そこでは、沖縄社会の特徴の一つである「自治の感覚」、すなわち「自分と家族のことは自分で守る」社会のあり方がどのようにして形成されてきたのかについて、文化的な決定論とも、また構築主義とも距離を置いた語りが試みられている。本章を通じて強調されるのは、沖縄の社会構造や人びとの規範のあり方に、相対的に本土と異なる面があるとすれば、それは端的に沖縄が経験してきた近代以降の歴史の中で形成されたものであり、なかんずく人びとの「世俗的な」インタラクションを通じた経路依存の効果によるものだ、という著者のゆるぎない視点である。

第2章「手放すことで自己を打ち立てる――タンザニアのインフォーマル経済における所有・贈与・人格」(小川さやか)は、豊富なフィールドワークをベースに、「所有すること」を、「贈与すること」「交換すること」「保険をかけること」など、他者との関係性に強く規定されたさまざまな経済活動と相互に結びついたものとして捉えなおそうという試みである。小川は、明らかに自身に所有権がある場合でも、他者からの「それを譲ってくれ」という要請を心情的・道徳的に断ることができず、モノを手放してしまう事態を、「私(的所)有の失敗」と呼んでいる。そして、そのような「私有の失敗」をはじめから前提としているかのようなタンザニアのインフォーマル経済のなりたちは、人びとの生計の多様化という観点から、むしろ肯定的に捉えられる。小川によれば、このような「私有の失敗」は、むしろ経済活動の不確実性が大きい社会において、つねに転職や新規ビジネスの可能性を追求しようとする人びとの長期的な生存戦略の中に、合理的に組み込まれたものなのだ。さらに、人びとが財の所有権を第三者に譲り渡していくことは、他者との関係を築く中で自己を確立していくという意味を持つ。このようなタンザニアのインフォーマル経済における所有のあり方は、続く第3章で梶谷が論じる、伝統的な中国の土地所有とも共鳴しつつ、非西洋的な伝統を持つ社会における多様な所有のあり方を浮かび上がらせている。

第3章「コンヴェンション（慣習）としての所有制度――中国社会を題材にして」（梶谷懐）では、近年の制度派経済学の基本的な認識と、日本の東洋史学による伝統中国の知見に依拠しつつ、現代中国社会における「所有」の歴史的な背景を考えていく。近年の主流派経済学では、市場経済が発展した社会の背景には、西洋起源の個人主義的な文化信念が存在し、そうではない社会の背景には集団主義的な文化がある、という命題を実証的に検証する研究が盛んに行われている。ただし、このような「制度」の理解は、二項対立的かつ決定論的な枠組みを用いてある経済の「制度」や「文化」を捉えるものであり、西洋中心的である、あるいは文化決定論的だ、という批判を免れないものである。本章では、現代中国の土地と人的資本に関する所有制度に注目し、それぞれが近代以前の伝統的な「所有」のあり方――本章ではそれを「コンヴェンション」と呼ぶ――をどのように受け継ぎ、または変容させてきたのか、について具体的に考察する。そうすることで、二項対立的な決定論に陥らないよう注意をはらいつつ、ある社会に受け継がれるコンヴェンションと、近代化によって導入された、あるいはされつつある制度とのつながりを丹念にたどっていく。

第4章「経済理論における所有概念の変遷――財産権論・制度設計から制度変化へ」（瀧澤弘和）は、経済学者たちの学説を多数紹介しつつ、現代経済学における所有権に関する考え方の変遷をたどっている。そこで明らかになるのは、それらの経済学者による所有に対する見方は、近代的所有観と同様な仕方で絶対視するものから、歴史的・社会的なものとして相対化された分析対象と見なすものまでじつに多様である、という意外な事実である。特に、ロナルド・コース、デイヴィド・ルイス、エリノア・オストロム、青木昌彦、カーステン・ヘルマン＝ピラートといった、現代の制度派経済学の基礎を築いてきた人びとの学説にみられる、所有を歴史的に見る観点を再構成しようとする姿勢は、第1章から第3章までの特定の地域における「所有」概念の変遷をたどる論考を理解する上でも示唆に富むだろう。

第5章「資本主義にとっての有限性と所有の問題」（山下範久）では、資本主義経済の不安定性や、グローバルな富の偏在、そして気候変動などの環境危機といった、いわゆる「資本主義の危機」を訴える言説の検討を通じて、モノや自然の有限性の問題をあらためて問い直す。モノを自由に直接かつ排他的に支配できる権利としての所有権は、近代的な資本主義の基礎的な概念である。資本主義が危機にあるとは、こういった近代的所有権の前提である、人間と人間以外のモノとの二分法が揺らぎつつある、ということにほかならない。本章では、世界システム論の問題意識を受け継ぐジェイソン・W・ムーアの、資本主義の本質を収奪可能な「安価な自然 Cheap Nature」との共‐生産にあるとする見方を手がかりに、モノの有限性に直面する資本主義の新しいかたちを素描する。

第6章「アンドロイドは水耕農場の夢を見るか？」（稲葉振一郎）もまた、近代的所有権の基礎となっているヒト／モノの二分法のあり方を根本的に問い直す意欲的な論考である。著者によれば、典型的な近代化のプロジェクトのさなかにおいても、実はそれほどヒト／モノの二分法はうまくいっていたわけでもなく、見かけほど単純でもなかった。本章の戦略は、そのことを前提とした上で、動物やAIといった、典型的にヒト／モノの二分法を揺るがすものの意義をあらためて考えるというものだ。そこで主要な考察の対象となるのが「農業」である。著者によれば、農業とはどうしても全面的には意のままにならない、ブラックボックス性をはらんだ「生ける」モノを相手にした営みである。だからこそ農業は、これからのAI技術と人間との関わりを考える上でも、まず参照すべき営みなのだ、という著者の問いかけは、意表を突くものに思われるかもしれないが、それだけに本質的なものを含んでいるといえよう。

いずれの論考も、現代社会の「所有」をめぐるさまざまな問題群への注意を喚起しようとするものであっても、必ずしもそれに何らかの答えや処方箋を提示しようとするものではない。むしろ、本書の出版を、それらの解決策について読者の皆さんと考えていく出発点としたい。そもそも、私たちの研究会は「資産」や「占有物」のみならず、「生命」や「自由」といった含意も持つ「所有」概念に対して、幅広い分野の専門家が自由に議論し合ったところに最大の特徴があった。日頃、専門性の枠の中で物事を一面的に見てしまいがちな私たちにとって、それは自由な柔らかな発想で物事を捉えなおす、貴重な機会だった。本書を繙《ひもと》くことが、多くの方にとって「所有」をめぐる多様な問題を思いめぐらす機会につながってくれれば、私たちとしてはこれに勝る喜びはない。

2023年5月　編者の一人として

梶谷　懐

目次

凡例

本書では読みやすさを考慮して、引用文中の漢字は原則として新字体を使用し、歴史的仮名遣いは現代のものに、また一部の漢字を平仮名に、また誤記も改めた。適宜、ルビや句読点も追加している。

所有とは何か

ヒト・社会・資本主義の根源

第1章　所有と規範——戦後沖縄の社会変動と所有権の再編

岸　政彦

はじめに

1959年10月3日。沖縄本島のあるところで、29歳の男性が水死体で発見された。彼は普段から酒乱で素行が悪く、酒を飲んでは暴れ、村の人びとに嫌がらせをして、「ゆすりたかり」で生活をしていた。妻や家族にも暴力をふるっていた。発見される数日前の夜、たまりかねた村人数十人から袋叩きにあい死亡した。その死体は水死体を装うため村の共有地の池に投げ込まれたのだった。

この事件は『沖縄タイムス』でも大きく取り上げられたが、その記事のなかで、区長（自治会長）の談話として、次のような語りが掲載されている。

○○さえおとなしくしておれば、こんなことにはならなかったと思う。無断で酒座にわりこんだうえ○○さんにいいがかりをつけ、乱暴を働いたのが悪かった。この部落は人口わずか三百人たらずで戸数が四十八戸、戸数の半数以上が○○に荒らされた家庭だ。それでもいつかは立直るものと信じ、みんなしのび続けてきた。すべて被害者の身からでたサビ、区民によびかけ、つかまった容疑者の嘆願運動をおこしたい。（1959年10月3日、以下すべて『沖縄タイムス』からの引用）

村の秩序が乱されたことに対する率直な怒りが表明されていて驚くが、おそらく当時はこうした「感覚」は当たり前のことだったのだろう。

私たちはよく、沖縄とは共同体社会である、という。それはある程度までは事実といってよいだろう。たとえば沖縄の「家族主義規範」の強さについては、いくつかの実証的な研究がある。しかしこの共同体規範について、温かい相互扶助の社会としてしか捉えないとすれば、それはただの植民地主義の裏返しとしての理想化にすぎない。共同体社会というものは、沖縄に限らず、過酷な面を持っている。たとえば筆者は、打越正行、上原健太郎、上間陽子とともに、『地元を生きる――沖縄的共同性の社会学』（ナカニシヤ出版、2020年）でそのような共同体のなかの格差や排除について描いた。

沖縄の社会規範というものがもしあるとすれば、それは単なる「温かい相互扶助」としての共同性、という単純なものではないだろう。むしろそれは、過酷さも少なからず含みこんだ、「自治の感覚」とでも呼べるものかもしれない。もちろんここでいう「自治」とは、近代的な、合理的な、民主的な自治という意味ではない。それはいわば、「お上に頼らない生き方」ということである。自分のことは自分で決める、家族のことは家族で決めるという感覚。法や制度よりも、地縁や血縁を重視する感覚。自分や家族の財産や安全は、自分たちで守るしかないという感覚。私はすでにいくつかのところで（『はじめての沖縄』新曜社、2018年など）、こうした沖縄の「自治の感覚」について書いている。いずれにせよ、それはおそらく、沖縄社会がたしかに持つひとつの「特徴」である。こうした規範や感覚がもし実際に存在すると言ってよいなら、それは一方で、人びとに対して優しく包摂的なものとして機能もするだろうし、不合理で過酷な排除を伴うものとしても機能するだろう。そして沖縄の外側からやってくる研究者の目には、このうちの前者の姿しか映らない、ということもあるだろう。

沖縄の（本土と比べた上での）こうした特殊性、固有性、個別性を過度に強調することは、ある種の植民地主義的な民族本質主義に陥ることである。しかし同時にまた、沖縄の「特質」のようなものが、メディアや社会運動や社会学によって構築された「イメージ」でしかないと言ってしまうことは、あの悪しきポストモダニズム的構築主義の「言語論的に転回された泥沼」に陥ってしまうことでもあるだろう。なぜなら、沖縄はたしかに、本土とは異なる歴史的経路を経験しているからだ。

異なる歴史的な道をたどった社会は、おそらく異なる社会になるだろう。私がここで言いたいのは、単純なことである。沖縄の社会構造や社会規範に、相対的にだが本土と異なる面があるとすれば、そしてこのような、いわば「素朴実在論的な」言い方が許されるとすれば、それは民族の本質というものとは関係なく、ただ歴史的な、社会的な、「世俗的な」要因によるものであるだろう。そしておそらく、沖縄の「社会」について考えることは、こうしたどこまでも世俗的な、異なる歴史を経て異なる構造にたどり着いた、その道筋を描く、ということになるに違いない。

この「自治の感覚」は、沖縄の戦後史のなかで、どのように構築されてきたのだろうか。この問題に正面から充分に答えることはここではできない。しかしここでは、沖縄という固有の場所の固有の歴史を固有の角度からたどり直すことで、この「感覚の歴史」を素描したいと思う。

この目的のために本章では、1950年代終わりから60年代初期にかけての『沖縄タイムス』の社会面記事を中心に、「所有権の解体と再編成」が社会規範にどのような影響を与えたかについて考える。どちらかといえば理論志向の強い本書のなかで、本章は、当時の新聞記事をただ並べたモノグラフでありケーススタディである。しかしこのモノグラフを通じて、所有権が解体したあと、「自分と家族のことは自分で守る」社会がどのようにして形成されてきたのかについて、いくらかの手がかりを与えることはできるだろう。[1]

戦後の沖縄社会は、どのような社会だろうか。沖縄の人びとは、戦後の社会変動をどのように経験したのだろうか。

私は現在、沖縄戦の経験者の聞き取りをしている。数十人の方からその生活史を聞きながら、私は徐々に、沖縄戦と沖縄の戦後が「つながっている」と感じるようになった。それは言われてみれば当たり前のことなのだが、生活史の聞き取りを続けるなかで、あらためて実感することになった。

1945年3月から6月まで続いた沖縄戦では、他府県出身将兵6万5908名、沖縄出身将兵（防衛隊を含む）2万8228名、準軍属を含めた一般の沖縄県民およそ9万名〜15万名の犠牲者を出した。1945年6月23日に日本軍の組織的な抵抗が停止したあと米軍はこの島を占領した。この占領は1972年5月まで続くことになる。

沖縄の人びとはこの戦争をどのように体験したのだろうか。いうまでもなくそれは多様で複雑だ。本章における沖縄戦後史の議論をはじめるまえに、まずその前提として、私自身が行っている「沖縄戦と戦後の生活史」の聞き取り調査から、戦時下と終戦直後に沖縄の人びとが体験したことを以下で再構成してみよう。

1944年の10月10日、いわゆる「十十空襲」によって本格的な沖縄本島への攻撃が始まり、45年4月に慶良間《けらま》諸島を経て読谷《よみたん》に米軍が上陸するころから、沖縄本島の人びとの避難が始まる。南部へ逃れた人びとは、糸満《いとまん》での凄惨で残酷な地上戦を経験する。北部へ逃れた人びとは、やんばるの山、深い森の奥に隠れていたものも多かったが、食料や医薬品不足に悩まされ、そして何より、日本軍の敗残兵からひどい仕打ちを受けた。本土に疎開した人びとは、比較的穏やかな暮らしを送ることができたが、慣れない内地の生活に多大な苦労を経験した。そして多くの沖縄本島の人びとが戦闘終了後に米軍の捕虜になり、本島各地に急拵《きゅうごしら》えで設置された収容所に収容されることになった。

沖縄戦とその直後の戦後復興期において、そしてさらに占領期において沖縄の人びとが経験したことは、いうまでもなく簡単にひとことでまとめることはできないが、ここであえて「所有権」という観点からみれば、戦争と戦後の沖縄が経験したことは「所有権の解体と再編」だった。

米軍上陸直前、日本軍はすでに沖縄に配備され、本島内各地に展開していたが、多くの場合、日本兵の住居や倉庫として、沖縄の学校や個人の住宅が接収され使用されていた。その使用に際して沖縄の人びとが決定権を行使することはなかった。それはただ接収され、使用されたのである。

一部の人びと、特に大きな家に住む裕福な農家には将校クラスの日本兵が駐屯し、ともに暮らしていた。庭には様々な物資や機械や兵器が置かれていたという。米軍が那覇に迫ったとき、庭の重火器を置いて逃げた住民のなかには、日本軍の兵器を「捨てて逃げた」ことが不敬にあたるとされ、ひどく殴られたものもいた。那覇周辺の多くの学校が接収され、かわりに野外で授業が行われた。

米軍が上陸したという知らせを受けるとすぐに、本島の人びとは避難をはじめたが、北へ行くか南へ行くかで明暗が分かれることになった。南部へ逃れた人びとは、そこで米軍と日本軍が激突する壮絶な地上戦を経験した。

逃避行は「着の身着のまま」で行われ、充分な水や食料を用意することもできなかった。どの道をたどってどこへ逃れたにせよ、沖縄の人びとに共通してのしかかったのは、水と食料をどうするかという問題だった。しばしば食料は逃避行の「途中で」調達された。通りすがりの田や畑の作物はほとんど刈り取られ、持ちさられていたが、わずかに小さな芋やサトウキビが残されている場合があった。それを見つけたとき、人びとは躊躇することなく自分や家族の食料にした。私の聞き取りでも、「それを泥棒だと思うひとは当時は誰もいなかった。お互い様だった」と語られることが多かった。ただ、よその畑を荒らそうとして殺された者の死体を見たことがある、という語り手もいた。そういうこともあったのだろう。

避難の途中で見つかったものは何でも食べた。避難後の、誰のものかもわからない空き家で雨露をしのぎ、そこに残された僅かな食料で飢えをしのいだ。残されたヤギや豚を潰して食べたという者もいた。ある沖縄戦経験者の語り手は、床下に白い米さえ見つけたという。どのような事情でその家の人びとが米を残していかざるをえなかったのかは永遠にわからない。ただありがたくいただいたという。

艦砲射撃や機銃掃射、戦車や歩兵による攻撃が激しさをましてくると、避難途中でたまたま出会ったガマや亀甲墓に隠れることも多かった。巨大で頑丈な亀甲墓は銃撃を逃れるのに最適だった。人びとは他人の家の骨壺がずらりと並ぶ墓の内部に隠れたが、怖さを感じる余裕はなかった。

そして、せっかく逃げ込んだこの亀甲墓を日本の敗残兵に横取りされ、強制的に追い出された、という話も、ほんとうによく語られた。とにかく日本兵の行動は、きわめて残酷だったという。相手が老人でも子どもでもおかまいなしに水や食料を奪い取る日本兵の姿も珍しいものではなかった。ガマに身を潜めているとき、泣き叫ぶ子どもを日本兵に殺されたり、殺せと命じられたりすることも多かった。ときには若い女を差し出せと要求することもあったと、複数の語り手が語った。

人びとは基本的には家族単位で逃げ惑ったが、途中で家族がバラバラになることも多かった。ある語り手は逃げる途中で親を失い、途中でたまたま出会っただれか知らない大人に必死で付いていったという。逆のことを語った語り手もいる。家族で逃げていたとき、親からはぐれたらしい小さな子どもを見つけた。あまりに哀れで、一緒に連れて逃げたという。名前も知らないその子どもとは、米軍の捕虜になったあと、収容所で生き別れることになった。語り手は「そのあとどうなったか、いまでも生きてるかね」と語った。

ある男性は、ガマでの強制集団死（「集団自決」）で家族親戚が全員亡くなったが、ただひとり生き残った。歳が近い弟がいて、とても仲が良かったのだが、そのとき一緒に亡くなっている。しかし彼は、捕虜になってから収容されたコザの孤児院の入り口に毎日立って、弟が来るのを待ち続けたという。また別の女性は、自分の祖母が機銃掃射に撃たれて、畑の真ん中に倒れて動けなくなったとき、助けに行くことができず、そのまま置いて逃げた。家族全員が亡くなったものと思っていたのだが、近所に住んでいたひとが、収容所でその祖母を見かけたと話した。収容所から解放されたあと、祖母が自宅に戻ってくることはなかった。祖母がどのような経緯で米軍の捕虜になり、収容所に入れられ、そしてそのあとどうなったのか、誰にもわからない。たくさんの別れがあったのだ。

人びとは収容所から順次解放され、もといた村に帰っていくのだが、すぐに帰れたわけではなかったようだ。たいていの場合、ひとつの収容所を出ても、いったん他の収容所を経由してから帰ることが多かった。ひとによっては複数の場所を転々と移動してから帰った者もいた。米軍によって建設されたテントだけではなく、一般の人びとが暮らしていた民家がそのまま収容所として使用されることもあった。当然、そこに住んでいた人びとに許可を得ているわけではない。それは勝手に使われたのだ。そしてそこにいったん住めと命令された人びとにも、それを拒否する権利はなかった。こうして、収容所からいちど出たあと、誰の家かもわからない家に一時期住まわされていたひとも多かった。場合によっては、この「民間の収容所」として、ひとつの集落が使われることもあった。ある語り手は、やんばるの山のなかに逃げていたあと北部の収容所に入れられ、やっとの思いで帰ってきたら、よそのシマの人びとが自分たちの家に住んでいた、ということがあったという。「だからいまでもそのシマのひとたちが嫌いなの」と、冗談まじりに語っていた。

生まれ育った村に帰っても、あたりは完全な焼け野原になっていた。そこに粗末な小屋を建てるところから沖縄の戦後復興が始まったのだ。しかしその作業は、まず隣家との境界線をふたたび確定するところから始めざるをえなかった。爆撃や空襲のあと、わずかに残された石垣や窪み、かすかな地形をもとに、住民たちはふたたび自らの所有する土地を確定していったが、そこにはトラブルも多かっただろう。

「復興の時代」である50年代に入り、基地建設が本格化すると同時に朝鮮戦争が始まる。この頃の物語としてよく語られるのが「戦果」と「スクラップブーム」である。戦後、沖縄の人びとは軍作業に従事し、現金収入を得ることになる。基地のなかで土木作業やハウスボーイ、メイドなど、さまざまな仕事をしながら、基地の物資を「勝手に」持って帰ることがよく行われた。その多くは食料で、それで自分や家族が飢えをしのいだのだが、なかには大量の物資を横流しするものも現れた。この「掠め取った」物資のことを「戦果」、そしてそうした物資を掠め取ることを「戦果をあげる」と言っていた。沖縄戦の聞き取りのなかで何度も、この戦果のことが、懐かしさや笑いをともなって語られた。戦果をあげることを、泥棒だというひとは誰もいなかったという。そしてこのことは、避難中の食料に関する前述の語りを思い起こさせた。沖縄の人びとのあいだでは、戦争と戦後はつながっているのだ。横取りされた物資は多くは食料だが、大量の自動車部品を持ってかえって売りさばいたというひともいたし、なかにはベッドのマットレスを肩にかついで堂々と基地から持って帰ったという者もいた。おそらく米兵も黙認していたのだろう。

朝鮮戦争が始まると、国際的な鉄の価格の上昇にともない、沖縄に「スクラップブーム」が到来する。「鉄の暴風」と言われるほどの艦砲射撃を経験した沖縄本島では、いたるところに不発弾を含む鉄くずが埋まっていた。子どもを含むたくさんの沖縄の人びとが地面を掘り返し、この鉄くずを集めて売りさばいていたという。不発弾の事故によって怪我をしたり亡くなった者も多かった。ある語り手は、沖縄戦のあと収容所に入れられ、そこから嘉手納《かでな》基地の黙認耕作地の中で芋や豚を育て、地面を掘り返して鉄くずを集めたという物語を切れ目なく語った。その物語の切れ目の無さは、そのまま沖縄の人びとの歴史経験の切れ目の無さである。地面を掘って芋を育てることと、地面を掘って鉄くずを集めることは、どちらも暮らしのなかで日常的に行われることだったのだ。[2]

そして1972年まで米民政府による統治が続く。それが終わってからも、あいかわらず広大な基地が残されたままだ。この間にいかに沖縄の基本的人権が保証されてこなかったかについては、ここで詳しく述べるまでもないだろう。

沖縄が、戦争と戦後を通じて経験したことは、ある側面からみれば「所有権の解体と再編成」であったと言える。社会秩序の根源である私的所有権が保証されない状態だったのだ。戦後の沖縄も社会保障は非常に不充分なままで、貧困も放置されていた。その状態で沖縄は、50年代後半からの高度成長と那覇都市圏の急激な膨張の時代に突入していくのである。本章の仮説をひとことでいえば、所有権をはじめとするさまざまな権利が保証されない社会では、「自分のことは自分で守る」感覚が広く、深く形成されていくだろう、というものになる。この仮説をここでは充分に検証することはできないが、当時の『沖縄タイムス』の記事からいくつかを抜き出し、その片鱗を垣間見ることにしよう。

１　都市化の帰結

戦後の那覇市は、激増する人口や拡大するスラム、無秩序な盛り場といった、深刻化する都市問題と懸命に闘っていた。那覇市の戦後史は、行政権力、地元財界、地域住民を巻き込んだ、都市問題との闘争の歴史である。保守派と革新派が生身でぶつかりあう政治的対立、爆発的な成長を遂げる経済の論理、傍若無人にひろがる都市の無秩序な空間、そしていちど動き出したら止まらない官僚システムの巨大な歯車。これらのものが複雑に絡み合って、ひとつにあわさり、那覇という巨大な生き物が生まれたのである。

戦後、沖縄の首座都市である那覇市は、急激に膨張していた。１９５０年には人口10万人だったのだが、[3] 60年には22万人にまで膨れ上がっている。当然のことながら、インフラ整備はまったく追いつかず、市内にはゴミがあふれ、人が集まるところでは寄生虫や伝染病が発生し、市民たちは不潔な水道を使用していた。市内のいたるところにスラムが形成された。22万ほどの人口のうち、１万４０００人ほどがこれらのスラムで暮らしていたといわれている。

１９５８年６月、詐欺で逮捕され那覇の留置場に入れられたある男性が、おそらくは弁護士を通じてだろうが、留置場に対して苦情を申し立てた。その内容は、留置された最初の夜に蚤《のみ》と蚊に襲われ、一睡もできなかったというものである。また、房内の衛生状態もひどく、入浴は週に一回しかなかった。

　この苦情に対する那覇署の回答として、次のようなコメントが掲載されている（以下、引用文はすべて原文のままである）。


　留置場の実情はよくわかっている。ところが予算不足で思うようにできないというのが本音だ。でも留置人の保健衛生は手放しというのではない。看守巡査が自腹で殺虫剤をまいたり、衛生課にお願いしてＤＤＴをまくなど、うつべき手はうっている。

（１９５８年６月23日）


　刑務官が自腹で殺虫剤を撒いている、というのだ。個人的な善意によって対処するしかなかったようである。

　現在、那覇市内にあり、国際通りの繁華街からもタクシーで数分のところに位置する「波の上ビーチ」は、観光客だけでなく、地元の人びともよく利用している。現在は残念ながら、浜辺のすぐ目の前を巨大な海中道路が横切り、ちょうど高架の影になっていて、景色が良いとはけっして言えないのだが、それでも那覇市民や国際通りに滞在する観光客にとって、もっとも手軽なビーチとして人気が高い。

　その波の上ビーチも、１９６０年ごろは以下のような状態だったようだ。

きたない海水浴場／下水道が口をあけ／水中にはガラスのかけら

海面に浮かぶ汚物はタバコの箱、ビールビン、ぼう切れ、紙くず、竹切れなどで、チリ捨て場のようです。中には、ネコ、犬、ネズミなどの死骸も浮いていることもあるそうです。このような汚物は一度沖に流してもまた波によって海岸にうち上げられるのでやっかいです。また海水浴場で一番危険なものはビンのカケラ、空カンなどです。これによってケガをする人もいると、子どもたちは話していました。

名護高校H君の話／海はいいとしてもプールはひどいですよ、掃除をしているといっても中の水はにごってノリが浮いているのですからね、ちょっとプールでは泳ぐ気になれませんよ。汚物が多いのは右に泊《とまり》港、左に那覇港があるためではないでしょうか。

（1960年7月14日）

動物の死骸などは大げさに書いているのかもしれないが、たしかに、以下でみるような那覇市全体の衛生状態を考えれば、隣接する海水浴場がこのような状況になっていることは不思議ではない。もちろん飲食店も例外ではない。米民政府がこの間立て続けに那覇の市場や飲食店を調査しており、営業停止や改善勧告などの処分を下している。舞台となった桜坂やガーブ川周辺は、特に劣悪な住居が建ち並ぶエリアで、現在でも小さなバラックのバーやスナックが数多く残り、「復帰前」の雰囲気を残す場所になっている。なお、この時期の繁華街に関するニュースに「おでん屋」が頻出するが、スナックなどの営業形態をとると法律や条例で規制されてしまうので、その網をかいくぐるためにおでん屋として営業していた店が多かったということである。いまでも桜坂では数軒のおでん屋が営業している。

きたないバー／軍係官が保健所へ注意

陸軍衛生係官から那覇保健所へ、バーがきたないと指摘してきた。それによると、さる十二月十六日から二十三日まで、コザを中心に那覇、辺野古《へのこ》のバーを検査した結果、十八軒がひどくきたないという。床がどろまみれになっていたり、便所の設備も不十分できたない。コップも石けん水で消毒しないで何回も客にサービスしているという。（1961年1月16日）

不潔なバー・おでん屋街／民政府営業停止を勧告／ガーブ川桜坂一帯

民政府公衛部メーセル大尉は、十一日あさ社会局公衛課を訪れ、那覇市内の桜坂と、ガーブ川一帯のバー、おでん屋の営業停止を勧告した。……公衛課の話によると桜坂と、ガーブ川一帯のバー、おでん屋は前にも不衛生だと指摘されていたが、その後改善のあとがみられない、としてこんどの〝営業停止勧告〟になった。

メーセル大尉は十日ばん桜坂、ガーブ川一帯を抜き打ち検査したが、桜坂一帯では、ドブがつまっていたり、チリが片付けてなかったり、ハエや力の発生源が多く、また内部も清潔でない。ガーブ川沿いのおでん屋も便所などがなく、道端で用便を足している状況であると指摘している。……那覇は沖縄の首都で、全琉の模範となるべきところだが、衛生環境が一番悪い。これではどうにもならない。取り締まり、監督がなまぬるいのではないか。指導しても改善のあとがみられなければ営業を停止してほしいというもの。

（１９６１年3月11日）

他にも、映画館や学校の教室で、蚤やダニなどの寄生虫が発生している（１９６１年4月13日）。また、住民たちが使用する水道や簡易水道、共同井戸なども、決して清潔な状態ではなかった。特に戦後に急ごしらえで設置された簡易水道や井戸からは、異物や動物の死骸、虫、大腸菌などが大量に検出されている。検査した結果、水道施設の7割以上が飲料水としては不適格だったと報じられている（１９６１年8月18日、１９６２年5月20日、１９６３年7月16日）。

また、当然のことだが、那覇市のゴミ処理能力も拡大する人口に追いつかず、結果的に放置され市内各所に巨大なゴミ捨て場が自然に発生していたようだ。文中の「チリ」は、沖縄でよく使われる表現で「ゴミ」のことである。

住宅地域にハエの天国／禁止立札も効なく／チリの山にたまらぬ悪臭

那覇市若狭町市営住宅前の〝メオト橋〟付近は、いつも汚物がいっぱい。そのうえ、臭気を放ち、銀バイの天国である。風向きによって、住宅のすみずみまで臭気が吹きこまれるので、苦情がたえない。夏、秋年二回の清掃週間のたびに、市衛生課が立札を立て、チリすてを禁じていた。ところが、さいきんは、コレラ騒ぎもあって、付近の人たちが善処を訴えている。

ふきんの人たちの話によると、清掃週間後、二、三日は、きれいになるが、間もなくチリの山になってしまう。ひる間は、めったにチリを捨てる人はないが、夜になると、ひっきりなしに往来し、メオト橋一帯にせっせと汚物を運ぶ。市営住宅には週一回早朝塵芥処理車がドラの音を合図にやってくる。寝坊する人がそれに間に合わず、夜になってコソコソ捨てにくるのだと実情を説明している。その一帯には、果物や、食料品店などの売店が十数軒もある。売店の人たちは「汚物にたかったハエが、店先にとんでくるので、困っています。消毒にはたえず注意していますが、市営住宅に住むみんなが心がけて下されば、衛生的で気持ちのいい環境になりますが―」と口をそろえていた。

（1962年9月8日）

くさいガーブ川に悲鳴／家の中までただよう／子供たち使いチリ捨て

那覇の都心を流れるガーブ川沿いは、いつも汚物がいっぱい。銀バエがたかり悪臭を放っている。「これでは伝染病の温床になる。立派な衛生管理をして下さい…」と、たえず付近の住民から市衛生課に苦情がある。いっぽう同衛生課では「処理しても、すぐ汚物の山になる。住民の協力がなければ衛生管理はできない」と語っている。

汚れのひどいところは沖映前、公設市場裏側、那覇劇場付近など。太平通り会の〇〇〇〇さんは「ブンブンハエがとんでくるので、窓をしめています。風向きによって悪臭が家の中までただよい、ほんとうに困っています。汚物の処理には、ふきんの人たちも協力しなければなりませんが、市衛生課がもっと力を入れてもらいたい」と話している。

ふきんの話によると、店じまいしたあと、夜中のガーブ川は〝チリ捨て競い〟になるという。那覇劇場まえの〇〇〇〇さんは「ガーブ川の汚物は、たえず問題になるので、さすがに大人たちはチリを捨てないが、そのかわり子供たちを使い人目をぬすんでコソコソやっている。教育隣組でもよく話題になるが、環境浄化だけでなく、それにともなう教育問題もある」となげいていた。

また、〇〇〇〇さん（主婦）は「衛研の汚水検査の結果を新聞で知り、びっくりしました。市当局が根本的な対策をしなければ、このままだと大変なことになります。これはきたない話ですが、先日の夕食時に、主人のお汁の中からハエがでて、けんかになりました。これもガーブ川のせいで

す」と苦笑していた。（1963年7月22日）

このような状態だった那覇市だが、1962年になって西銘順治が市長に当選すると、状況が変わっていく。おそらく市当局も、拡大する那覇市のスラムや不衛生状態を放置していたわけではなく、乏しい財源の制約のなかで、再開発の機会をうかがっていたにちがいない。1960年代の高度成長が本格化するなかで、市の財政にもゆとりができてきたのだろうか。復帰後には沖縄県知事にもなる西銘順治が1962年に那覇市長に就任するとすぐ、スラムのクリアランスをメディアのまえで高らかに宣言する。

スラム解消へ本腰／公約実現手始めに／土地、家族構成など調査／スラムを視察する西銘市長

西銘那覇市長は二十六日午前九時から、就任後はじめて市内の行政視察をおこなった。午前中はガーブ川現場、午後四時から約一時間半にわたって市内六、七、八区のスラム街をみて回った。〝スラム街の解消〟は、西銘市長の大きな公約の一つ。「つぶさにみてまわり、その解消の急務をさらに痛感した。近日中に首脳部の協議会を開き、スラム街解消の具体的な計画をたてる…」と語っている。

この日は、○○建設部長、○○総務部長、○○経済民生部長、○○企画室長、○○都計課長、○

○区画整理課長らも同行、地元民の案内で、まず、六、七、八区の順で視察した。公共排水溝の上に乱立、密集したトタン、かやぶきの掘っ立て小屋、三つの区で約千七、八百軒ほどもある大きなスラム街である。中心部にいくと、人の通行さえできないほどの間隔で住宅が密集している。「全くひどい…」と、全員暗い表情をみせた。

つぎは西銘市長と現場での一問一答。

問い　スラム街をみての感想は。／答え　ほんとにひどい。選挙運動中、外観をみただけで、まずスラム街の解消を痛感したわけだが、実際に内部をみて歩き、その対策の急務をいよいよ痛感した。全くひどいと思うのは、五、六坪の小屋に、八人の家族構成というのもあり、おまけに雨もりがする。道路もないほど住家が密集しているので、火事でも発生すれば、大変なことになる。中心部にいくと排水溝さえないので、雨が降ったあとはどろんこ道になって、不衛生きわまる。

問い　スラム街解消の具体的な方法は。／答え　日をあらためて、市内いたるところのスラム街を視察する。その後、首脳部の協議会を開きスラム街の家族構成、土地の賃借関係などの調査計画をたてる。その後に立体アパートの建設計画、資金案出などの具体方針を決め、スラム街の人を収容できる仮設住宅をつくってから実施にうつすということになるだろう。とにかく始めての視察で、余りの惨状にドギモを抜かれたが、反面、限りないファイトを覚えた。全力をあげてスラム街の解消につくす。

（1962年1月27日）

市当局の幹部職員をずらりと引き連れてスラムの視察をした西銘新市長の、現場での質疑応答を読むと、すでに細かなところまで再開発計画が定まっていたことを推測することができる。

そしてこの報道からすぐ後、那覇市は、スラムに認定された市内数ヵ所の土地取得にむけて動き出し、スラムクリアランスを急発進させることになる。しかし同時に、スラム住民とのあいだでのトラブルも発生していた。スラムには「不法占拠」状態の住民も少なくなかった。乏しい財源から、かれらに対する補償は最低限のものになることが予想されていた。強制的な移転は、平和に暮らしていた住民たちにとっては、共同体の解体や強制的な転居だけでなく、家賃や生活費などのあらたな負担をも意味するものだった。

実は那覇市の不良住宅問題の「代表」であるガーブ川周辺の水上店舗および不法建築物群は、もともと撤去され再開発されることが決定していた。しかし、実際に着工するまでには、かなりの年月を要していた。行政と住民、地主たちの複雑で困難な折衝に時間を取られていたのである。また、ちょうどこの時期に着工されることになったガーブ川の改修工事も、クレーンの倒壊やパイルの崩落などの度重なる重大な事故により、工期に遅れが出始めていた。

興味深いことに、右にあげたスラムや不衛生に関する多くの記事が、西銘新市長就任後の、1962年と63年に集中している。明確に西銘市長の誕生と地元メディアの報道が連動していたわけではないだろうが、すくなくともこの時期の沖縄で、人口増加にともなうスラムの拡大や都市機能の麻痺などのニュースが盛んに報じられ、ある種の「ブーム」にまでなっていたことは確かだ。上記の視察についての記事の直後、『沖縄タイムス』には、全面を使って那覇のスラム街の写真が大きく掲載されている（1962年1月29日）。

いずれにせよ、那覇市は1962年以降、断固たる態度でスラム解消を実行していく。63年9月末には、市議会で「不良住宅街改造モデル地区建設用地の取得」が了承された。そしてその直後、ある事件がおきる。

住民との軋轢で長期化するかのようにみえた那覇市のスラムクリアランス計画が、1963年の9月になって、急速に動き始めた。そして、ちょうどそのとき、『沖縄タイムス』夕刊の一面トップに、次のような巨大な見出しの記事が掲載された。

けさスラム街で火事／水利悪く、二十九むね全焼

五日午前十時半ごろ、那覇市樋川《ひがわ》百番付近から出火、住家二十九むね全焼、四むねを半焼した。（午後二時現在、那覇署の調べ）この一帯は那覇市が不良住宅街として、モデル地域に指定したところ。火事と同時に那覇消防隊、ちかくの市町村の消防隊がかけつけ消火にあたったが、水の便が悪く、路地が入りくんでいて消防車も入れず、ホースをつなぎあわせて水をそそぐありさま。おまけにヤジ馬がたかって消火作業がおくれ、正午まえにやっと鎮火した。被災者は四十一世帯で百八

十九人に達しており、損害額についても那覇署が調査中。（1963年10月5日）

もちろん、この火事が「意図的な」ものであると推測することはできない。しかし沖縄タイムスの記事で表現されているように、たしかにここは「いわくつきの地域」であった。

沖縄戦からわずか18年。当時の行政やメディアの中心にいた人びとは、戦前の記憶をはっきりと持っていた。戦前、長い期間にわたって、沖縄県の人口は50万から60万で安定していた。人口の容易い増加を許さないほどの、過酷な自然条件だったのだろう。しかし、戦後になって人口は激増し、1965年には90万人を突破している。増えつづける都市の「寄留民」やスラム住民に対する行政やメディアの「恐怖感」が、上記の記事の文章にあますところなく表現されている。都市に関するこのイメージは、沖縄だけではなく、日本全体でも共有されていた。「戦後」とは、そのような時代だったのだ。

2　貧困と排除

戦後の沖縄は空前の好景気で、いくらでも仕事があり、那覇の街は活気にわいていて、人びとは戦前には考えられなかったような消費生活を享受していた。しかしまた同時に、そこには巨大な貧困があり、排除された人びとが、路上や海岸の洞窟、山中の小屋、そしてスラム街に吹き寄せられ、集まっていた。米民政府の支配のもとで、琉球政府による社会保障の整備も遅れていた。

当時の沖縄では、社会保障の制度化はまったく進んでおらず、基本的には生活上の困難は、市民が自力でなんとかするほかなかった。それは日本本土もそれほど大きくは変わらなかったかもしれないが、しかし沖縄は米軍に占領されることで、状況は輪をかけて深刻だったに違いない。公的なセーフティネットの不在は、おそらく人びとの直接の横のつながりを強めると同時に、市民のあいだに「自治の感覚」を育てることになっただろう。要するにそれは、自分で何とかしないといけない状況であり、「お上」には頼れない社会ということである。頼るべきものは、家族や地域の共同体か、あるいは完全な自力しかなかった。悲惨な沖縄戦によっていちど社会全体が解体し、そのあと長年にわたる米軍支配のなかで、沖縄の生活は一方では捨て置かれ、また同時に、行政権力の監視から逃れていた。このようにして沖縄的共同性、あるいは「自治の感覚」が構築されていったのである。

当時の沖縄社会では、急激な経済成長と都市化がもたらすさまざまな社会問題が、「少年」や「精神病者」などの「他者」へと帰属させられていた。そうした「他者」的存在は、沖縄の社会から排除されていた。

隣り近所で助け合い／不遇な貧困者を見まもる

十九日ひる那覇署は、那覇市一区○班無職○○○○さん（四二）を生活無能力者として那覇市役所に連絡、生活扶助を申し入れた。同署の調べによると、○○さんは戦前熊本県から沖縄に転籍、この戦争で家族を失った一人暮らし、二年前失職していらい希望ガ丘の仮小屋に定住、市内の各パチンコ店をかけめぐってこぼれた玉をひろい集めて金にかえ、一日五円から十円のどん底暮らし、こういうみじめな生活がたたり身体は弱る一方、パチンコ店での玉拾いにもたえられずこのところのまずくわずで寝たっきり、近所の人が気づいたときは死をまつばかりの状態だったといわれ警察に訴出たもの。市の方で面倒をみるまでは付近の人がかわりばんこに世話するという。

（1958年8月20日）

救済ことわって死ぬ／あばらや家暮しの○○さん

他人の世話になってまで生きる必要はない。ときっぱり市役所の生活扶助を拒み、死んだ孤独の老人がいる。さる五月三十日よる九時すぎ、栄養失調で死んだ那覇市六区○組○○○○さん（六三）がそれ。

那覇署の調べによると、○○さんは五五年のころから両足の自由がきかなくなり家で寝たっきり。

その家も広さは三・三平方メートル足らず、軒は傾き屋根から月がさしこむというテント張りのあばら家。面倒を見る人もなく、近所の子どもたちに買物を頼み、食べ物はすべてナマのままといったひどい暮し。昨年からことしにかけ何回となく受持巡査から本署へ救護要請の申報《ママ》がだされた。ところが昨年末、那覇署からの連絡で実情調査にきた市役所吏員に○○さんはきっぱり救済を断ったという。「若いころに貯めた金がまだ幾分残っている。たとえ金は使いはたしても他人のやっかいになってまで生きのびようとは思わない」といって断った。その○○さんがさる三十日ぽっくり死んだ。死因は栄養失調による衰弱死。のまずくわずの生活がたたったものとみられている。救済をうけるのを○○さんがいやがってもこのままでは命にかかわる、と受持巡査から本署への何度目かの報告で市役所が救護にのりだした直後のことだったという。

（1959年6月5日）

はじめの記事中にある「希望ヶ丘」は、現在の桜坂や壺屋《つぼや》、牧志《まきし》に隣接する、静かな高台の公園である。いつも観光客で賑わう那覇の街のなかにある、この野良猫の楽園のような公園には、誰も知らない物語があったのだ。戦前に熊本から沖縄に移住したというのは、当時としては非常に稀なケースだっただろう。彼がどのような人生を送って希望ヶ丘のバラックに至り、そしてそのあとどのような人生を送ったかを知るすべはまったくない。

もちろん、琉球政府もただこのような状態を放置していたわけではなく、徐々にだが生活保護などの制度がつくられていったこともまた事実である。

暗い人生よさよなら／更生ものがたり二題
成功した生業・医療扶助

　暗い日々を送っていた身体障害者が生活保護によって希望を見出し明るい人生へ再出発することになった。これはコザ福祉事務所石川市駐在が取扱った〝更生ものがたり〟二題である。

（その一）石川市三区○班○○○○さん（四三）は、十五才のとき製糖機に左手首をはさまれて不具《ママ》の身になってしまった。事情があって長男（一五）、長女（一二）それに母の△△さん（七八）をつれて夫と別れているが、不幸にも△△さんは右目を失眼した。現金収入は全くなくなり、○○さんは、日雇いに出て毎日の生活を維持しつづけたが、長くは続かず、生活は、極度の困苦にさいなまれた。ニッチもサッチもいかなくなった○○さんは、五四年二月生活扶助をコザ福祉事務所からうけた。五七年六月に入ってからこんどは生業扶助費をもらい、生後二ヵ月の仔豚を飼い、生活の建て直しに励んだ長男の手助けをかり、また飼料は隣近所の残パンをもらいうけて育てあげた仔豚は、昨年十一月二百斤までに肥り、八千円で石川屠場に出し、更生の道を立派に切り開いてみた。今、二度目の仔豚を買い入れているが、○○さんは、豚を売り上げたとき早速〝自分達はもう生活の目途がついたのでこれ迄の生活扶助は停止して下さい〟と自ら断って来ている。コザ福祉事務所□□社会福祉主事は「最初義手によって更生させ様としたが使い慣れず、とうていだめだった。それで生業扶助で試みたところ○○さんの独力で生きようという真剣さが実って今度は見事に生活の見通しがついてやりがいがあったとよろこんでいる」と語っている。

（その二）○○○○さん（四六）＝石川市山城区○班＝は、幼少のころから目が悪かったが、五〇年二月ごろ完全失明状態にまでなって、自分自身再起不能とあきらめていた。この事情を知った△△主事は医療扶助の手続きをとってやり早速市内の専門医に診せに行かせた。視力は、まだ生きているとの診断で手術治療を施したところ、日に日に快方にむかい、1ヵ月後には、両眼とも完全にもとの健康な眼になって、これまで人手をかりて用足しに行っていたのが一人で何不自由なくトットとやることができるようになり、小踊りしてよろこんだ。その後○○さんは、山城、伊波部落で出来たお茶を市内に運び出し、帰りはうどんかんづめ、米など日用食品を持ち帰ってこれを部落民に売るといった行商で生計をたてている。昨年春には、結婚してこれまでの無味乾燥な独身生活ともサヨウナラした。○○さんは「治らないと思っていた眼が、立派に治って何不自由なく働けます」とよろこんでいる。

（1958年1月30日）

当時の沖縄の貧困層が、いったいどれくらい貧しかったのか。行政による総合的な実態調査もほとんど存在せず、その全貌を知ることは非常に難しい。ただ、以下に引用するように、きわめて簡単に家族が崩壊し、子どもや老人たちが捨てられている状況をみると、たとえ域内総生産が年率10％もの割合で成長していたとしても、やはり沖縄社会のそこここに深刻な貧しさが残っていたことは確かなようだ。

四姉妹へ保護の手／〝ご飯さえあればいいの〟

那覇署は那覇市三区○組○○○子ちゃん（一〇）ら四人姉弟を保護、児童相談所に引渡した。この四人姉弟は両親に見捨てられここ二月あまりその日その日の食事にもことかくというどん底暮し。上の二人は学校へもいけず下の二人は栄養失調気味、どうにかしてくれと近所の人から那覇署に連絡があったもの。警察にひきとられた幼い姉弟は、〝ご飯があるんだったらお父ちゃん、お母ちゃんはいらない〟といっていた。

（1958年11月25日）

いまもあるオバ捨山／山羊小屋に住む母
〝哀れな生れ…〟と目頭おさえる

美里村松本区○班○○○○さんは今年九十六歳、六人の子供から、四人死んで残ったのは五男の△△（六二）と六女A子さん。△△の先妻は十九年もまえに二人のこどもをのこして病死、その後すぐ現在のS子さん（四六）を迎えた。S子さんとの間に四人のこどもができた。

ところが△△は大の酒飲み、他人の土地約千坪を借り、キビ、イモ、野菜を植えているが、朝から晩まで酒びたりで、人を雇って耕作させ、たまにしか畑仕事をしない状態。金は酒代に注ぎ込み、借金は雪だるま式にふえていった。S子さんの話では五百ドルはあるとのこと。酔うと、こどもたちやS子さんを殴ったりのし放題、S子さんは何回となく警察に保護を願出たという。またS子さんは別れようと実家の金武《きん》村に帰ると、△△が来て大暴れ、家財道具をこわすようである。二日も金武から帰ったS子さんを殴ったりしたのでコザ署に訴え出た。調べてみると△△の実母○○さんは昨年の九月ごろから、一枚のござを敷いてその上に寝起きしていた。足も悪く歩けない。そばには二頭の山羊がおり入口はウンとかがんではいれる位。戸ビラもなくて、冷たい風が吹き込み、○○さんは二枚の着物を身につけて、寒さをしのいできた。○○さんは「長男が生きておれば、こんなあわれはしないのに…」と、目頭をおさえた。

コザ署では△△を尊属遺棄の疑いで捕えた○○捜査課長、○○係長らが現場にとんで調べたが、食事（イモ）は与えていることなどから遺棄になるかどうか迷っていたが、○○さんを本家に入れることを△△に訓戒するものとみられる。

（1959年2月5日）

すてられた三人の子…石川／お母ちゃん早く帰って
祖母がくず鉄拾って飢えしのぐ

児童福祉週間にそむき「三人の幼い子供を残して家出した母親」がいる。年老いた祖母が六日あさ石川社会福祉事務所に「この子らの母親を捜してください」と、泣きこんできた。

　石川市五区○班○○○○さん（六九）がその人で、娘の△△△△さん（三二）が二か月前、中学校二年の長男○○君（一四）小学校五年生長女○○ちゃん（一二）、小学校二年○○ちゃん（八才）の三人の子供を祖母のカミさんにあずけたまま家をとびだしまだ帰ってこない。このままではかわいい孫を育てることができないと、福祉司に実情を訴えている。○○さんは、福祉司のすすめで警察にも捜さく願いをだした。○○さんはこれまで精神病者の息子□□さん（二九）と生活扶助をうけているが、さらに三人の孫たちをあずけられてどうしようかと路頭に迷っている。□□さんは六年前北谷の軍作業で働いていたとき車から落ち頭を打って精神異常《ママ》をきたし、さいきんでは狂暴《ママ》性をおび○○さんを殴るなど暴行している。このまま同居していたのでは、いつ子供たちを殴るかわからないというのでひそかに八区○班に孫をつれて隠れたが、息子が見つけておいかけてきた。母親さえ見つかれば早く引渡して子供たちも安心させたいと涙をこぼして語る○○さんは、五月五日の子供の日には三人の子供たちに遠足のおべんとうをつくってやるお金もなく、一日中スクラップや空かんをひろって二十五セントにかえ、カマボコや赤いご飯をたいておべんとうをつくった。

　隣人の◎◎◎◎さん（四九）は、「子供たちが遠足というのでおいしいおべんとうをつくってあげようと○○さんが、老身にむちうって一日中スクラップ拾いをしているのを見ると気の毒でならない。息子がときたま暴れだすといつも逃げてきている」と語っている。

○○さんの話

はじめはすぐ帰ると思っていたが、二か月たってもまだ帰ってこないので恥をしのんで福祉事務所に訴えた。子供の日にはおかあさんがいてくれれば…と○○〔小2の孫。名前はアメリカ風のもの〕は母のことばかり話しています。新聞を見て早く帰ってきてくれればいいのに…。

（1959年5月7日）

父ちゃん早く帰って／二人の子置きざり

三か月も帰らぬ／〝働きに〟と出たまま

「お父ちゃんは山原に行って働いてくるから…」と子どもたちに言い残したまま三か月もたつというのに父親は帰ってこない。家主のコザ市山里区○班Bさん（二四）から、さる十日ごろ間借人コザ市山里区○班Aさん（三四）の捜索願いがコザ署に出されているが、いまだに消息はわからない。置きざりにされた長男Cちゃん（一三）小学四年と次男Dちゃん（九才）の二人は〝お父さん早く家に帰ってきてちょうだい〟と父親をさがし求めている。

Aさんの親子三人が、コザ市山里区○班Bさんの家に間借りしたのはさる四月下旬、Aさんは隣近所ともあまり口をきかなかったので、どこから引っこしてきたかわからないという。自動車の修理工をしていたということだが、さる八月ごろ家主になんのことづけもなしに子どもたちだけを置きざりにしたまま家をとびだしてしまった。しばらくしてCちゃん兄弟が「家のお父ちゃんはまだ帰ってこない…」と家主のBさんに泣きついてきて、はじめてAさんがいなくなっていることがわかった。Cちゃん兄弟は、隣近所の人たちがいろいろと世話をみる一方、あちこちと心あたりをさがしてみたが、Aさんの行く先はつかめず、Cちゃんらのおじさんにあたるというコザ市室川区○班Eさん（四六）に問い合わせてみたが、立ち寄ってない、心配した家主のBさんとEさんは、さっそく警察に捜索願いを出した。

Cちゃんらは、おじさんのEさんのところに引きとってもらうことにしたが、Eさんは八人家族で、それに家がせまいためあとしばらくCちゃんの間借り先で寝泊まりしてもらい食事や身のまわりはEさんがみることにした。現在Cちゃんら兄弟は、山里区の間借り先で二人で寝泊まりをして父親の帰るのを待っている。

Eさんの話

Cちゃんらの母親は、次男のDちゃんが生後六か月ごろAと離婚してその後の消息はわからない。Aが家をとびだしたということは子どもたちから聞いてはじめて知った。山原に行って働いてくるといっていたようだが、山原には親せきもなく心あたりはない。Aはふだんまじめな方で、あまり酒ものまなかった。四、五年前南大東から帰り那覇やコザで修理工をして働いていた。こんなことはいままでになかった。早く帰ってきてほしい。

（1961年11月22日）

戦後の沖縄社会には、行政権力の監視を逃れる「隙間」がそこらじゅうに存在していたが、子どもや障害者、あるいは貧者などの「他者」たちは、さらにそこからも排除され、山中、空き地、草原、洞窟、路上、そしてスラムの片隅などに居場所を見出していた。

ある人びとは洞窟に捨てられ、また自ら死を選んで洞窟にこもり、そして行き場を失って洞窟へと流れ着いた。次に引用する記事の、最初のふたつにある「波之上旭ガ丘」「波上北側崖下」は、本章の冒頭でも登場した、現在の「波の上ビーチ」のことである。この波の上ビーチには、石灰質の岩でできた高台があって、その崖の上に、琉球八社のひとつに数えられる「波上宮《なみのうえぐう》」という小さな神社がある。沖縄では神社は珍しいが、いくつかある神社のなかではここはもっとも格式が高い。

そのあたりは、ビーチから急にそびえたつ岩山の崖がたくさんある。石灰岩のそうした岩山には、しばしば鍾乳洞のような洞穴ができていることがある。この洞穴を沖縄では「ガマ」と呼ぶ。沖縄戦のときに住民が多数避難し、米軍と日本軍による虐殺や集団自決が起きたのも、多くはガマのなかだった。

戦地となった糸満や読谷、あるいは記事中に出てくる波之上に限らず、沖縄の海辺にはこうした洞穴が多数存在した。それらは戦時には住民たちの避難所となり、戦後には、社会から排除された人びとの避難所、あるいは「最期の場所」になっていたのである。

洞窟に忍びよる死の影／波之上／旭が丘で二人目の悲劇

二日未明五時ごろ、那覇市波之上旭ガ丘の洞窟住いをしている住所不定無職○○○○さん（二九）が病死した。

付近の話によると、○○さんは、三月程前から洞窟住い、その間肺結核を患って寝たっきり、紙屑拾いの収入で生計をたてている同居人、△△△さん（五一）の世話になっていたもの。

これまで何度となく市役所や警察へ救護するよう連絡したが取合ってもらえずこの悲劇となった、と同居人の△△さんはなげく、こういうケースは前にもあった。□□□さん（五六）といい、市役所が腰をあげ赤十字病院に入院手続きをとったときはすでに手遅れ、浮浪の精神異常者《（ママ）》に見まもられて息を引き取ったという。行路病人の悲劇はこれで二度目とあって付近の人々は、社会問題として逆境にあえぐ薄幸な人々の救護強化を望んでいる。

同居人△△△△さんの話

これまで何度となく警察や市役所に連絡したが取合ってくれない、三週間程前やっと社会課の方がみえ赤十字病院で診断の結果、肺結核と分ったが収容施設がないとの理由で洞窟にもどってきた。何べんとなく無駄足を踏み苦労が報いられた、と思うとこの始末だ。なんとかならぬものか。

西武門《にしんじょう》交番の話

訴えのある度に本署を通じて市役所へ連絡している、決して見殺しにはしていない、とかく行路病人というのは市町村役所の主管だ、警察は実情を通報するのが職分、○○さんの場合も何度となく文書で報告した。

那覇市社会課長◎◎◎◎さんの話

○○さんのことは警察からの連絡で知った。早速係をおくり、三週間前診断もした。ところが収容施設がないため具志川村にいた妹に身柄を引渡した。話によるとその後二人とも勤め先を追い出され、真和志市三原にいる叔父の元に移ったと聞いていたがどうしてまた洞窟に戻ったのか分らない、○○君の場合は身寄りもいるのだから家族が面倒を見るべきだ、社会課で取扱う行路病人にも該当しない。だが私としてはできるだけの手はうった。

（1957年12月1日）

救われたおばあさん／死の直前から
福祉事務所や市職員の世話で

那覇福祉事務所と那覇市役所の親身の世話で死線を脱して更生の道を見出した一老母の明るい話がある。

名護町宮城区○班○号○○○○さん（六○）は生きる望みも失いまた持病の頭痛も高じてさる八月ごろ波上北側崖下の壕内二十五米奥で断食して死を待っていた。その月の二十六日にそれを知った那覇署から那覇市役所に連絡があり早速救急車で赤十字病院に入院させた。そのときは強度の栄養失調で骨と皮ばかり、言語障害を起しすでに死の直前だった。それから二ヵ月余の手厚い看護と那覇市役所と福祉事務所のあたたかい心づかいにすっかり元気をとり戻した○○さんは昭和八年ごろ離婚して若狭町の嫁ぎ先からでて不幸な人生がはじまった。戦後名護から那覇に来て転々とし、落着きのない生活をしていた。そうしているうちに生きる気力も失い人手をわずらわさないよう壕で死ぬことを決意したという。

　入院するときに丸坊主にされた髪もいまはすこしのび顔色もよくなり、二ヵ月前のおばあさんとはどうしても思えないと係の市役所社会課の△△△△氏は語っている。市役所が繰返し支弁した費用はざっと百六十ドル。

　○○さんは身寄りもいないので福祉事務所と相談して近く更生園《〔ママ〕》〔本来は「厚生園」〕に送る準備を進めている。

○○さんの話

　ひどい頭痛に六年前から悩まされていますが、こんな苦しい思いをするよりは一層《〔ママ〕》死んだ方がよいと壕の中で断食しました。だされたときはどうしていらないことをしてくれたかと腹立たしく思いましたが、元気になったいまでは生きてほんとによかったと市役所や福祉事務所の人びとに感謝しています。まだ少々頭は重いですが、更生園に行って静かに生活したいと考えています。

（1958年11月12日）

岩穴の中で野宿生活／よるべのない○○じいさん

各家庭では今年もよいお盆を迎えようと、おそなえ物などに大わらわである。ところがここに、あたたかい家庭にも恵まれず、日々の食べ物にもありつけない放浪の生活を送っている孤独な老人がいる。那覇市楚辺《そべ》俗称フチサー森の岩穴に住んでいる○○○○（七一）がその人。○○さんは那覇市西新町の生まれで、戦前ハシケの仕事をして人並みの生活をしていたという。六人兄弟（女二人）の四男であるが、二十一歳のころ両親を失い、兄弟も一人のこらず死んでしまった。妻は二年ほど前、病気でなくなり、ひとり娘もとついでしまった。それいらい一人ぼっちの生活がはじまった。戦後はライカム〔琉球米軍司令部 Ryukyu Command headquarters〕でカーペンター〔大工〕をしたり、那覇市衛生課に働いていたが年をとるにつれて働けなくなった。最近まで石川市の妻の実家でほそぼそと暮していたが、さる三月謝刈に住んでいる娘をたずねて家をとび出した。ところが娘の家もすでに子供三人ができて精いっぱいの生活、○○さんの世話には手が回らない。○○さんは「私が世話になると負担が重くなる」とすぐ娘の家を飛び出た。それからが放浪のはじまりである。六月に現在住んでいる岩穴を見つけ、自分で板切れを集め床をしき雨もりの中で暮らすようになった。それまでは足にまかせてさすらいの野宿生活をしていた。今は鉄クズを集めてスクラップ屋に売ったり、貝を取って市場で売ったりして生活のカテにしている。そのかせぎは多いときで一日二、三十セント程度。

暴風雨とか体の調子の思わしくないときは、ミソを半斤位買ってきて水にうすめ、食べている。ひどいときはミソとなま水で十八日間を過ごしたそうだ。○○さんは、素直な人柄で隣り近所からのうけもよい。朝早く水をもらいに行くときは、にぎりめしをいただいたり、お茶にさそわれてよもやま話にふけるときもある。茶のみ話ではきまって昔の思い出を語っている。ただ寂しいのは三人の孫を見られないということで、謝刈までの往復二十六セントのバス賃がなくがまんしているという。

○○さんの話

私は年ではありますが、まだまだなんとかやって行けると思います。たよりになる身うちがなくて、仕方なく野宿生活をしている。娘も生活に追われているのでやっかいになりたくない。つらいこともあるが一人暮らしも楽しいものです。夜はローソク代がなくて暗いのが悩みです。

（1960年9月3日）

○○さんに愛の手ぞくぞく／感謝の涙ぽろぽろ
婦人や少年、外人からも

よるべなく、岩穴の中で野宿生活をつづけている孤独な老人（既報）に同情が集まり、ぞくぞく贈り物が本社に届けられている。

三日あさ本紙朝刊で、那覇市楚辺通称フチサー森の岩穴に住んでいる○○○○さんに贈ってほしいと、一婦人から現金三ドルが届けられた。この婦人は名前を聞かれても「名のるほどのことは…」と、つげずに出ていった。本社では早速○○じいさんをたずね金を手渡したが、じいさんは「見知らぬ方からそのような大金をいただくとは…」涙を流して感激していた。またひるには自分のこづかいをためた金で買ったと、ローソク一袋と五十セントを届けた一少女、ソーメン、ソーセージ、ローソクを届けた無名の婦人、衣類と金二ドルを届けた楚辺二中前の△△△さんなど、方々から同情が寄せられている。本社ではきょう四日あさ、これらの贈り物を○○さんに届ける。

なお三日ひる二時ごろ外人夫妻が○○さんをたずね、夏ものワイシャツ五枚、オーバー一枚、カン詰め、コンロ（小型）などを贈り、○○さんを勇気づけた。

（1960年9月4日）

旅路の果てにほら穴暮し／三十年も〝人間脱出〟
厚生園に温かくひきとられる

美里村明道《あけみち》の俗称〝山岳〟で、戦前からこれまで約三十年も洞穴生活をつづけていた老人が、コザ福祉事務所のはからいで十六日、那覇市首里の厚生園にあたたかく迎えられた。ひとりぼっちで、だれにも迷惑をかけず、一般社会と没交渉で山に暮したこの老人は過去の生活について一切話そうとしない。「何が老人をそうさせたのだろうか……」

さる七月二十五日の十八号台風で、〝山岳〟に山くずれが起きたとき、この老人は落ちてきた石にうたれ、左足骨折の大ケガをした。通りがかりの農夫がみつけてコザ病院に入れ、行路病人として約三か月治療したが、戦前から〝山岳〟の洞穴に住んでいた、ということで、肝心の身元はサッパリわからない。何を聞いても「ハイ、イイエ」というだけで、要領をえなかった。世話したコザ福祉事務所や病院側でもいろいろ調べたがやはりダメ。

ところが、さる九日、キズもなおって元気になった本人が、はじめて自分の名前を名のり、勝連《かつれん》村平安名《へんな》〇〇、〇〇〇〇さん（六四）とハッキリした。勝連村役所に問いあわせると、戸籍名簿にチャンと名があり、老人を知っているという部落民もいた。

いっぽう厚生園でも指導員の△△△△さんらが勝連まで出かけてしらべた。これらの結果をまとめると大体次の通りになる。

〇〇さんは幼いころ両親を失った。兄弟は四人いたが、兄は大阪でなくなり、妹の一人は幼死、もう一人の妹は消息が知れない。いま身寄りとしてはオイ〔甥〕だけで、このオイとも音信不通。むこうは〇〇さんが死んだものと思い、一昨年大阪から帰郷したとき、〇〇さんの法事をすませたという。小学校四年までで、十四、五歳までは日雇い仕事などをしていたらしい。その後盗みの疑いで刑務所へ入った。釈放されると、一たん平安名にかえったが、ある日プイと出ていったきり、行くえをくらました。美里村の四十代の人々が小学校時代に〇〇さんの姿を洞穴でみるようになったとのことで、部落民は〇〇さんを〝山岳フラー〟〔フラーは「ばかもの」の意味〕と呼んでいた。

物乞いをしたり、部落民がもってきてくれる食べものなどで今日まで生きのびてきたようだ。

厚生園でも○○さんの口は重い。○○園長らが何か聞き出そうとしても本人は「ウーサイ」〔目上の人に対する丁寧な返事〕と頭を深く下げるだけ。身のまわり品はコザ病院でくれた衣類とツエが一つ。オドオドした態度で人がきらいらしく、人の視線からすぐ目をそらす。そうかといって悪い印象はあたえない。厚生園でタオルをかえてやろうとしたら「キタないからさわらない方がいいでしょう」とことわったともいう。

○○さんにたいしてまわりの人たちはもっと早く救済の道を考えてやるべきではなかったか、という批判の声もあるが、いっぽうその過去について、つぎのように推理する関係者もいる。（1）○○さんはどうみても善良だ。過去三十年の山の生活で、女子どもにイタズラしたり、悪いことは一つもやってない。こういうことから若いころ盗みを働いた、ということは案外無実の罰ではなかったろうか（2）罰がはれて部落にかえったとき、村八分の扱いをうけたので、気の弱い本人はいたたまれなくなり、飛びだしたと思われる。あれやこれやで一種の恐怖症になり、山へ入ったのではないか。

（1961年11月18日）

3　子どもたちの共和国

戦後の沖縄では、経済が急拡大し、人口も爆発的に増加していた。戦後すぐに大量に生まれた子どもたちは、1960年ごろには中学生になっていく。だが当時の琉球政府には、激増した子どもたちに対応するだけの予算もなく、特に那覇市を中心とする都市部では、教員の人手不足や、子どもたちを収容する校舎の不足に悩まされていた。

1960年4月6日の『沖縄タイムス』には、那覇市内の中学校で校舎が足りなくなったことを伝えるニュースが掲載されている。それによると、前年度の中学校への入学生が1万3510人だったのに対し、その年度は2万4590人と、わずか一年で2倍近くなっているのである。当日の記事には、「一年生だけでざっと二十五学級というのだから、それで一つの学校をつくってしまうことになり。学校の職員たちもびっくり、運動場一ぱいに並んだ生徒たちの顔をただみつめるだけだったというほどだ」と書かれている。

もちろん琉球政府も中学校の新設を計画していたが、対策は後手にまわっていた。なんと一挙に1225人の新一年生が入学した那覇中学の校長は、あちこちを駆け回り、交渉の末にある小学校の建て替え時に出た廃材をもらい受け、それを使ってやっと木造の教室を六つ建設したのだが、これは当時の建築基準にも違反するものだったという。それでもまだ足りずに、音楽室や工作室も急遽教室として使用することになった。

こうして急激に増加した子どもたちのなかには、貧困のなかで放置され、まともな教育も受けられないものもいた。経済成長と人口増加にともなって拡大する都市の盛り場で働くことを余儀無くされた子どもたちも多かったようだ。

1958年2月2日付の記事で、前月28日に行われた、那覇の盛り場での一斉補導の様子が簡単に報じられている。この一斉補導は、那覇地区教育長事務所（教育委員会にあたると思われる）が主導し、那覇地区の小中学校の生活指導担当の教師が30名ほど集まって行われた。記事によれば、その場所は「桜坂一帯、沖映一帯、国際通り、松尾区、神里原《かんざとばる》、遊園地付近、安里《あさと》栄町《さかえまち》一帯、小禄、中西・屋富祖《やふそ》・安謝一帯」であり、那覇と浦添の主要な盛り場で行われたようだ。この夜、29名の子どもたちが補導されている。

盛り場で子どもたちは何をしていたのだろうか。記事中で目につくのが「ガム売り」という言葉である。内地でも同じように、盛り場で酔客にお菓子や花などを売る子どもたちを「ガム売り」と称していた。おそらくは貧困家庭の子どもたちだろうが、次の記事では、ネオン街でたくましく生きるガム売りたちの姿が描かれている。

深夜の歓楽街／あと断たぬ物賣り兒童／（写真）ガムを売り歩きぐったり疲れて座り込んだ二人の少女、十八日午前一時すぎ波上のバー街で
お巡りさんも知らん顔／実行されない改正立法

十七日よる八時から十八日午前二時までにかけて桜坂、波上の歓楽街の実情を調べてみると、い

ずれのバー街も二、三十人のアルバイト児童（十五歳未満のもの）がくり出していた。ときおり、夜けいの警官がまわってくるが、街頭補導をしている様子はなく、そ知らぬ顔で過ぎ去って行く。学童たちはますますだいたんになって、のき並みにまわり、半ば強制的に品物を売りつけようとする。ひどいケースになると客が座敷にあがったすきをねらって、靴を勝手に持ち出し、みがいたあと金をせびるのもいるという。桜坂のバーAに零時半ごろ二人の少女があらわれた。客の質問に、T小学校の四年生と答えていたが、やがて女給が「早く帰って寝ないと学校におくれるよ」としかり、追いかえそうとした。すると一人の子は今年の二月から学校にはいっていない。お菓子を売ってお金がたまらなければ学校に出してもらえないのだと悲しそうな顔をしてみせる。それでも客が相手にしないと、手まね足まねで客にふざけ、わるい言葉を発して逃げる。その悪態ぶりは大人も赤面するほどだ。ところで、この児童たちにカメラを向けると、「新聞にのるぞ」と叫んで、三々五々に散って逃げる。おさないながらも深夜のバイトが悪いことだということをよく知っている。

同情するのは禁物

これについて客の○○○○さん（公務員）は、取締まりもぜひ必要だが、同情して品物を買うことはその行為を助長することであり、絶対に禁物だといっている。また、バー街で質屋を営んでいる○さんは「児童たちはよる八時ごろから集まってくるので、うちの子供もときどきいっしょになって遊んでいるのを見かける。悪いえいきょうを受けはせぬかといつも心配している。どうにか取

締りができないものか」と訴えていた。（1959年11月18日）

こうした状況のなかで、犯罪や非行にはしる子どもたちも数多くいた。たとえば、18歳の少年ふたりが喧嘩の末に片方が自宅の鎌を持ち出し、相手に切りつけ重傷を負わせている（1958年10月6日）。1959年には、二人の少年が顔見知りの少年から自転車のチェーンで殴られ負傷（1959年12月5日）。1959年にはその加害者は高校を中退しているようだが、在学時にタクシー強盗で逮捕されたり、多額の盗難事件の共犯者として補導された「問題児」だったようだ。このような日常的な喧嘩や暴力は、ここで挙げきれないほど大量に報道されている。

少年が性犯罪を起こすことも多かった。1960年には那覇市のある小学校の中に中学生らしい制服の少年が入り込み、小学5年生の少女をナイフで脅してトイレのなかで暴行を加えようとしたところ、校内で工事をしていた作業員がたまたまトイレに入ってきたことで、未遂のまま逃走した、という事件があった（1960年5月13日）。他にも少年が子どもを暴行した事件がいくつも報じられている。

だが、少年犯罪で多かったのはやはり窃盗だったようだ。1961年の記事で、他人の家に忍び込み窃盗をくり返していた10歳の少女が補導されたことが報じられている。記事によれば、少女はある家から「十五ドル余りを持ち出し、こども用ハンドバッグ、靴、菓子などを買っていた」（1961年8月23日）。子どものこそ泥やスリは多かったようだ。同じ年に、バス停や雑貨店でスリをしていた少女が与那原《よなばる》で補導された。

三十余回、少女スリ／盗んだ金を親も使う？

バス停留所や雑貨店の混雑を利用してスリを働いていた少女が、このほど与那原署から児童相談所にひきつがれた。二十一日ひる与那原町役所前バス停留所でスリの現行犯でとりおさえられ与那原署に補導された同町字××、小校四年生Z子（一〇）が問題児。

調べたところ昨年末町役所前バス停留所で同字〇〇〇〇さんの三ドル五十セント入り財布をハンドバッグからスリとったのに味をしめつかまるまでに三十一回、二百二十一ドル六十四セントを盗んでいた。犯行はいずれもバス停留所、雑貨店、映画館の混雑をねらい、盗んだ金は映画見物や飲みくいに使っていた。

一部は生活苦にあえぐ両親が使っていた事実もあり、贓物収受の疑いで調べている。

（1961年10月28日）

あるいは、もっと本格的な窃盗団もいた。1961年の11月に二人の少年が窃盗の現行犯で補導されたが、30件以上も盗みをくり返していたことを自白したのである。「手口は目につきやすい場所に貴重品や金を置いて仕事をする主婦のスキを見はからい腕時計や金をねらっていた。二人とも野宿を続けながら買いぐい。汚れた服は新しい服が手に入りしだいすてるという浮浪生活を続けていた」（1961年11月2日）。

同じ月に那覇で発覚した未成年5名による窃盗団はより大規模である。盗品のなかには、錆びてはいるが本物の銃まであった。

ぞくぞく盗品の山／商店荒らしの高校生窃盗団／オートバイなども

工業高校生の窃盗事件を追及中の那覇署少年係は、十六日午後三時那覇市××のK（一六）＝二年生＝の自供で、Kの家にかくしてあった腕時計一、さびたピストル一、おもちゃのピストル七、西洋包丁一、キャンプナイフ一、切り出しナイフ一、ピストル弾数十発、ペンチ一、のみ三、ドライバー二、エロ本、ピストルのカタログなど百点余の盗品を提出させ、領置した。

一味は十六日つかまったKと市内××A（一七）のほか、同級生あと三人が共犯者という。本格的な調べはこれからだが、領置した品物のほか、オートバイ二台も盗んでおり、まだ余罪があるものとみて、追及中。

Kらは夜、友だちの家に遊びに行くといって家を出て、那覇市内の大越百貨店、山形屋、三虎工具店、国際通りの商店など荒らしていた。客を装ってはいり、二、三人で店員や店主に話しかけ、そのスキにかっぱらうという手口。オートバイのカギを持ち、道にとめてあるのを盗み、五人で乗り回していたようだ。盗んだ二台のうち、一台は共犯者がまだ乗り回しているという。

Ｋの家庭は雑貨店を営み生活は中流以上。親は刑事が品物を押えに行ってはじめてわが子の悪事を知り、あぜんとした表情だった。品物は勉強室の箱にカギをかけておさめてあったが部屋内にも散らかっていた。Ａの家庭は同じく雑貨店で生活ていどは中流。（１９６１年11月17日）

非行少年たちは、多くの場合、地元の同じような少年たちと徒党を組んで、ひとつの「不良グループ」を形成していた。1960年に逮捕された4人組の窃盗団にも16歳の少年がいたことで話題になっている（それにしても、「転落児「悪の縁」「重苦しい雨雲の切れ間から顔をみせる十六夜の月の光」「顔を見合わせてニタリ」「酒と女でゆがんだ青春」といった当時の新聞の「活劇風」の文体にはいつも驚かされる）。


この四人組は、いずれも片親、敬親のめぐまれぬ家庭に育ち、肉親の情愛にうえた転落児。新聞配達のアルバイトをつづけながら高校に進学、月ぷで買ったばかりの新聞配達用の自転車を盗まれ、その借金苦から学校をやめグレた子もいる。

盗み、タカリ、ユスリの悪の縁でたがいに結ばれ、ともに寝起きして悪の道を突走ったもの。こんどの場合もぶらり、四人肩をならべてセンター区内をうろついているとき、外カギのかかった被害者宅を発見。主人は留守との見込みをつけ、とっさにしのびこんだという。

重苦しい雨雲の切れ間から顔をみせる十六夜の月の光を頼りに錠破りのバールをふるった。トランジスターラジオ七個、時計十五個、指輪、腕輪など思いがけぬ金目の品に一味は顔を見合わせてニタリ。手当たりしだいにとりまくった。この事件のほか、一味は中の町、諸見《もろみ》、山里とかくれ家を転々、八件の盗みを働いていた。

金が入ると一味は、酒と女でゆがんだ青春を楽しんだ。美里村吉原、コザ市諸見の特飲街にそれぞれなじみの女をつくったほか、傷害事件をおこして警察につかまった仲間の世話女房Y子（一八）にまで、かわりばんこに手をつけるという無軌道ぶり、オニという異名をもつ刑事たちもさすがにこのときばかりは顔色を変えた。……

四人のうち三人までがキャバレ、カフェのボーイ出身。こうした環境が一味を〝悪〟と〝色〟の裏街道に追いやったのではないか――と刑事たちはなげく。少年犯罪は単純なケースといわれたのもむかしのこと。いまでは成人犯罪をしのぐ悪化ぶりだ。（1960年6月15日）

記事によれば、後に「Y子」は、内地で生活する叔母が呼び寄せ、沖縄を離れた、とある。

こうした不良グループや窃盗団のなかには、ゴム製のドクロのマスクを被って強盗を働いたり、チェーンやナイフといった武器だけではなく、旧日本軍の銃剣や米軍の着剣を使用するものまでいた（1960年9月26日）。上記の錆びた銃とあわせて、おそらく当時の沖縄では銃剣や着剣《ちゃっけん》などの戦争の遺物や基地の放出品が容易に入手できたのだろう。

さて、1961年に那覇署が作成した「防犯広報資料」をもとにした解説記事に、興味深い記述がある。

少年犯罪をなくそう／〝親の関心がほしい〟／夏休み前に那覇署が防犯PR

少年事件は毎年ふえる一方、それに犯罪手口もだんだん大胆で巧妙になりつつある。那覇署の取り扱った昨年の非行少年は千百三十四人で、戦後最高をマークした。特徴としては、粗暴、凶悪犯の増加と、集団化があげられている。これから夏休みにはいると、子どもたちは悪の道に走りやすい。那覇署は夏の各種犯罪と夏休みを目の前にしてこのほど「防犯広報資料」を作った。この資料を市内の各学校にくばり、犯罪予防に役立てることになった。この資料から、少年事件の二、三をひろい、原因などをさぐってみた。

親の偏愛で殺しを計画

少年（一八）は、高校をきちんと卒業した。父は社会的地位もあり家庭は上流。だが、母親が継母のため、折り合いがうまくいかない。少年はスキがあれば継母を殺そうと、ねらっていた。ある日、家で継母が少年のカゲ口しているのを耳にした少年はカッとなり、大工用のキリを持ち出し、継母の背中を刺し、さらに手で首をしめたが、継母の抵抗で目的は果たさなかった。これは継母の偏愛が原因だった。それにカゲ口をたたかれ、大きいショックをうけたようだ。

不良グループで輪かん

十人の少年（一八歳－一六歳）で、一人の女高校生をつぎつぎ暴行した。バスを待っていた女学生を、話があるからと草むらにつれこみ乱暴したもの。この少年たちの親はこどもへの理解がない。いつも放任で「まさかうちの子が…」の安易な気持ちでいたという。

ピストル強盗

M少年（一七）は、家出、万引き、ケンカの常習、中校も中退したが、拳銃を持ち、覆面で押し入り強盗をして現金二ドルあまりをうばった。少年は母親の手で育てられた。しかし親はまったく無関心。家を留守にしたりして、素行が悪い。少年が二、三か月家をあけても、注意一つしなかった。

包丁もち押し入る

少年五人（一八歳－一六歳）は、これまでなんども警察に世話になった。家出して遊び回り、金がないと、盗みをした。しだいに高じ、包丁をもって押し入り強盗をして現金八ドルをうばった。この少年たちは問題児だった。リーダーの指示で、こづかい銭をかせいでいたがやはりモトは、家

庭の放任と、悪友の影響だった。（1961年7月10日）

この記事で印象的なのは、問題を起こした少年たちの、その問題そのものよりもむしろ、それを少年たちの「生活史」と「生活環境」のなかに位置づけ「原因」を探ろうとする、その書き方である。こうした臨床的、あるいは病理学的な逸脱に対する見方は、少年や少女の逸脱行動を、主に「本人の心理的問題」、「家族が抱える問題」、「都市的なものがもたらす問題」の三つの軸で捉えようとする。まず少年たちが問題とされ、次に家族が問題となり、最後に都市が問題となる。「心」「家族」「都市」は、当時の「少年問題」を語る際に、必ず参照される「原因」として構成されている。

おそらくこれは、当時の大人たちの、急激に増加する人口、変容する世帯構造、そして拡大する都市的世界に対する、根源的な恐怖が投影されているのだろう。およそあらゆる「好ましくないもの」の源が、子どもたちの心のなか、誰も踏み込めない家族のなか、そして都市の混沌のなかで必死に探索されていた。

一九五七年をかえりみる／少年犯罪　芽ばえる桃色遊戯／対策なく手放しの格好
青少年の犯罪や不良行為は、今や少年警察の手に余る存在となった。……そして基地オキナワのもつ特殊社会現象や環境に支配され最近では、高校生徒間の不純な異性交友やアルバイト児童の赤線地帯出入りといった未成年者の性犯罪までひきおこした。

その点少年犯罪面からみた五七年度は、桃色犯罪が芽生えた最悪の年ともいえる。少年犯罪が深刻な社会問題として取り上げられたのは昨年辺りからだ。……昨年に比べ事件は増え犯罪も悪化。とくに殺人、強盗、放火、傷害、暴行といった凶悪粗暴犯の増加が目立つ。

……結局こういう現象は社会環境の影響によるものらしい。青少年を対象とする防犯活動の主軸となる防犯協会のドギモを抜いた高校生や未成年者による不純な異性行為は、さる四月ごろから発生の兆をみせた。具体的な実例を拾ってみると、桜坂のガム売り、靴みがきのアルバイト児童たちがグループを組んで花売り少女に呼びかけ大人並みに金を積んで桃色遊戯にふけった。アルバイトの不振から小遣い銭欲しさに盗みを働いた十四才の少年を那覇署で補導、調べた結果、売春婦と手を組んで客引き。その稼ぎで赤線地帯に出入りしていた。こういう一部アルバイト児童の不良行為が問題になったころ、今度は高校生の赤線地帯への出入りが指摘された。

……こうして芽生えた未成年者の不純な異性交遊は、みるみる広がった。コザでは一高校生が板の間稼ぎの少女と同棲し補導され十三歳の家出少女が旅館で女中勤め、春をひさぐ始末で性に関連した不良行為が続発した。

……第一線の少年係はこういう成年犯罪に比べ少年犯罪はとくに扱いにくい、成人の場合は刑法を適用、悪事を働いたものはそれ相当にこらしめ〝更正のムチ〟を打つこともできるが刑事責任のない少年の場合は、補導するだけで罪《ママ》することができない。捕らえてもすぐ釈放し警察とシャバをいったりきたりという悪循環をくり返す。

（1957年12月12日）

「桃色遊戯」というふざけた言葉のなかに、当時の大人の男たちの、複雑に屈折した欲望を読み取ることは、勝手な解釈でしかないかもしれないが、それはともかく、この短い記事のなかでさえ、子どもたちの性的な逸脱行為への激しい恐怖と好奇心を読み取ることができる。そして、その恐怖と好奇心を、あるいはこの二つが合わさってつくられる深い「不安」をもたらすものは、あっさりと「社会環境」へと還元されてしまう。

ありとあらゆる「好ましくないもの」を、子どもたちの心や人格、貧困家庭や「核家族化して崩壊した中流家庭」、米軍や日本社会がもたらす都市的なものへと還元するということは、問題の本質を「他者化」して、自分たちとは無関係のところへ持っていくことだ。つねに問題は外からやってくる。危険な子ども、危険な家族、危険な街。

〝大人の遊びは多いが　もっと僕たちの遊び場を〟／きのう子供を守る中央大會

第四回子供を守る中央大会は、二十一日ひる二時から教育会館ホールで開かれた。

……新垣朝範（P・T・A）、竹野光子（婦連）、瑞慶覧《ずけらん》長仁（青連）の三氏を三議長団に選出、教職員会P・T・A、婦連、子ども代表、児童相談所、警本刑事課など各界代表の意見発表があり、引き続き行政主席、立法院、福祉事務所らの来賓祝辞が述べられたあと、大会決議を宣言、閉会した。

……ついでコザ地区P・T・A代表から基地を中心とした街の子供たちの不良化問題をとりあげ、映画や雑誌や歓楽街の実態を例にあげて説明、子供たちは日常生活の中で実際に見聞することによってその行動も性格も支配され易いので大人たちがもっと子供たちの生活に深い関心をしめし見守ることが大切であり、環境の浄化は先ず映画館、バー、料亭経営者やスクラップ業者の協力が第一であるとしてさっそく業者や政府、市町村当局に善処を要望したいと訴えた。

また子供代表はバー街のガム売り子、クツみがき、花売りなどアルバイト児童の多いことを嘆き、パチンコやビンゴ、バーや料亭など大人の遊び場だけがたくさんあって、子供の遊び場がつくられないのは何故か、と鋭く大人たちを批判、子供が安心して勉強できるような社会を築いて下さいと訴えた。

（1957年12月22日）

基地の生徒気質
自己中心でテーゲー型も／問題児は個別指導／〝大きくなったらバーテンダーに〟

……次は十九日のコザ地区教研集会で発表されたコザ中校と越来小校の研究からのぞいた〝基地の生徒気質〟の一面である。……まず同校生徒中央委員会で取り上げられた校内生活の問題点からみると1 方言使用者が多い。2 挨拶がよくできない。3 下級生の指導ができない。4 公共物を大切にしない。5 規律正しくない。など八項目がある。

これは、うわついた基地の環境が原因の一つだともいわれ、全般的にあきっぽく、「テーゲー」〔適当〕だという考え方がこうした生徒をつくり出すといわれる。

同校が最近調べたところによると、怠学、長欠児が男女合わせて五十六名、その中には金も滞納、孤独、映画狂、飲酒喫煙、浪費、性的早熟その他不良行為がふくまれている。こうしたいわゆる〝基地の子供〟を校内外の生活指導を通して導こうと同校では、学校長、教頭、補導教師、訪問教師、生徒会補導教師らがいっしょになって生活指導部をもうけ、ホーム・ルーム、週番活動、校外生徒会を通して生徒の生活指導に当たっているほか、とくに問題児に対しては学友、福祉司、警察の少年係の協力で個別指導をしている。

……この学校も近くには、歓楽街、商店街があって都市的環境下にある。在籍千余名中、半数が、他からの転入児、家はほとんどが、商活動をしている関係上、地元児童との間にいろいろな相違点がある。

（1957年12月22日）

しかられた腹いせに／放火事件／S子の取調べ結果
犯罪意識もたぬS子／女所帯で放任／負けずぎらいの子

具志川村××部落の連続放火事件は、つかまえて見れば十二歳になる少女の犯行だった。それも部落の大人間ではおとなしい子で通り、子供の世界では、負けずぎらいのヤンチャで知られていた。この幼い少女の放火癖はどういう環境に芽ばえたのだろうか。

前原署の調べによるとS子は母親（三八）と弟（九才）と三人暮らし。月六ドル十セントの生活扶助と百七十八坪の耕地が、生活源という恵まれぬ家庭。その上、家庭環境も複雑。母親は南洋で初婚で破れ、終戦直後再婚して二子をもうけた。子供のできない先妻が身を引き、喜んで迎えられたというものの苦労続き。末っ子が三つのころ、病弱の夫に先き立たれた。女手一つで二つの子を育て、自然、子供の相談相手にはなれない。つまり放任の暮らしが続いた。これがS子の性格をゆがめる結果になったようだ。大人のいうことには何一つ逆らわず、従順、半面大人の目のとどかないお友達とのつきあいや学校では負けずぎらいの意地っぱり。同級生をいじめたり、髪をかきむしってのケンカ騒ぎもたびたびあったという。男の子も一目おいたというやんちゃ。子もりをさせなかったという腹立ちから二度も火を放った隣家の○○○○さん（五四）方へはその後もかわりなく出入り、すすんで○○さんの孫○○ちゃん（生後七か月）の子もりを引き受け、五月五日の遠足の日などは、○○さんからこづかいをもらったという。

相ついだ事件はいずれも罪悪意識はなく、腹立ちまぎれの単純な動機。区民の間では子供の養育をかえりみなかった家庭への非難が高い。（1960年5月13日）

長欠　那覇だけで189人／中流家庭に多いアルバイト児

那覇教育長事務所では、このほど長欠児と児童生徒のアルバイトの実態調査をまとめたが、これは、各学校別をこまかくわけてあるが、那覇、浦添両教育区の長欠児が百八十九人、アルバイト児童生徒が六百九人にのぼっている。長欠の理由は十種類にわかれているが、その中で本人の病気がもっとも多く、次に学校嫌い、家庭放任、家計手伝い、貧困、その他の順になっている。家庭の生活程度別にみると中流家庭が全体の半数を占め、ボーダーライン層、困窮家庭、救済家庭といったものは案外少ない。

アルバイト児童生徒は中流家庭の子弟が全体の半数以上を占め、ついで、生活程度が割りと低い家庭、困窮家庭、救済家庭の順となっている。アルバイトの種類は、新聞配達、牛乳配達、子守、果物袋売り、空きびん、スクラップ集め、靴磨き、ガム売りといったもの。（1961年7月5日）

危険な14－19歳／やはり不遇な家庭に多い／非行少年の統計まとまる

中央巡裁家庭課は、少年事件統計表を二十六日発表した。少年法が施行された昨年十二月三十一日から六月三十日までの刑法犯の統計で、非行少年の年齢別罪種、職業、処遇を保護者の職業などをまとめている。

刑法犯として同家庭課に送られてきた非行少年は六か月間に百五十一人（男百四十人、女十一人）、窃盗の八十一件をトップに強盗の十三件、傷害の八件、詐欺、横領、四件、婦女暴行の三件とつづいている。年齢別にみると十四歳、十九歳の三十二人が群を抜いている。これからみて、少年の犯罪は凶悪化のキザシがあり、また年齢層が低くなる傾向がある。

家庭環境を調べてみると、片親しかいない子どもに非行少年が多い。これら非行少年の保護者は農家の人が多く、また一般労務でその日暮らしの人たちで、全般的にみて家庭的に恵まれてない。

……

家庭保護少年に再犯のおそれ

警察から同課に送られてきた少年たちは、ほとんど鑑別所に送られているが、そこでの鑑別期間が長くなるのは少年調査官の手不足が原因で、とくに鑑別所に送られないので家庭に帰されている少年たちの調査や監視の目がとどかないのが原因となっている。これら家庭保護になっている少年

には、罪の意識が薄く再犯をするのも多く、関係者から批判の声もある。（1961年7月28日）

ふえる一方の少年犯罪／名護署管内／環境の悪化が原因／すでに昨年を上回る

名護署捜査課のまとめによると、名護町内の少年犯罪の件数は年々ふえており、五九年三十二件だったのが、六〇年は四十三件をかぞえ、さらに六一年は八月一日現在で五十三件と、すでに昨年を上回った。このままだと、年末までにはゆうに昨年の二倍以上になるだろうとの予想だ。ふえた理由はいろいろあげられているが、第一に名護町の急速な発展にともなう環境の悪化にある、と名護署はいっている。ことに歓楽街が目立ってにぎやかになった。一昨年まで、バー、キャバレーと名のつく店はわずか三軒しかなかったが、現在は十二軒もあり、小料理店などの一ぱい屋は二十軒を余る。そのほかビンゴ、パチンコ屋など…。ほとんどがこの一年の間にふえたものであり、そうした環境の激変に対して青少年の指導、補導面が追っつけなかったということもある、とみられている。（1961年9月5日）

このようにして、子どもたちはいったん排除された後に包囲されていく。子どもたちを逸脱行動や非行に追いやるものとして、さまざまなものがあげられている。「映画や雑誌や歓楽街」「映画館、バー、料亭」「パチンコやビンゴ」「うわついた基地の環境」「歓楽街、商店街」「都市的環境」「女所帯」「恵まれぬ家庭」「子供の養育をかえりみなかった家庭」「本人の病気、学校嫌い、家庭放任、家計手伝い、貧困」「中流家庭」「生活程度が割りと低い家庭、困窮家庭、救済家庭」「不遇な家庭」「片親」「家庭的に恵まれてない」「急速な発展にともなう環境の悪化」……。そして、子どもたちの「心」にも問題がある。すなわち、「負けずぎらいのヤンチャ」「負けずぎらいの意地っぱり」「罪の意識が薄く再犯をする」「金も滞納、孤独、映画狂、飲酒喫煙、浪費、性的早熟その他不良行為」。

沖縄だけに限った話ではないだろうが、戦後になって急激に増加した子どもたちは、「愛すべき対象」であると同時に、「社会の「外側」から問題を持ち込む危険な集団」として見られていたのかもしれない。戦前の記憶をはっきりと持つ当時の大人たちはみな、戦後世代に対して、強い恐怖感を抱いていたようにみえる。特に、「他からの転入児」には「地元児童との間にいろいろな相違点がある」、という記事では、「もともと平和だった私たち」と「外からやってきたトラブルの元」との対比がはっきりと表現されている。

それでは、「社会」によって排除され居場所をなくした子どもたちは、その社会に対してどのように抵抗していったのだろうか。

1960年代の新聞記事を読むと、当時の沖縄社会はまるで、大人たちと子どもたちの総力戦のような状態だったのではないかと思えてくる。

当時の新聞には、子どもたちが家や学校から飛び出し、墓場や洞窟や草むらのなかに自分たちの

「共和国」をつくっていたことが多数報じられている。厳しい規制を押し付けてくる大人たちがまったく知らないところで、いつのまにか子どもたちは、沖縄のいたるところで、自分たちの陣地を、領土を、治外法権の自治空間を作り上げていたのである。子どもたちは、親や教師、地域の小うるさい大人たちの目から逃れ、空き家や屋上、草むらや洞窟などにこっそり集まり、共同生活を送っていた。そしてそこにつきものだったのは、あの「桃色遊戯」である。抑圧的な家庭や学校から飛び出した子どもたちは、拡大する那覇都市圏の膨大な隙間に穴を開け、空間を切り開き、盗んだ食物を食い散らかし、飲酒し喫煙し、ギターをかきならし、そして「桃色遊戯」にふけっていたのである。

女生徒が桃色遊戯／高校生やバーのボーイ相手に

高校生やバーのボーイを相手に中校女生徒が、集団で桃色遊戯にふけっている事実があり、那覇署が補導にのりだした。これは昨年末、八重山から沖縄に渡り那覇市内を転々、子守りや女中奉公をつづけているうちに転落して那覇署に補導され十一日、児童相談所に引継がれた那覇市字松川、中校二年長欠児S子（一六）の話で明るみにでたもの。

それによると、このグループは那覇市内某高校生二人にバーのボーイの男三人、相手の少女は、那覇市中校二年生Y子（一五）同T子（一五）にS子の三人。親がわりの兄がキャバレー勤めで家をあけがちなため高校生の家や学校の屋上を溜り場にして、遊びをくりかえしていたという。このグループの仲間は、いずれもS子の口から身元が分っており、ちかく那覇署が招致補導をする。

（1960年1月13日）

「長欠児S子」の家族は、八重山（石垣諸島）から那覇に移り住んだ。沖縄のなかでも貧しい地域である八重山の「生まれジマ」から、仕事を求めて、急速に経済を拡大させる那覇都市圏に移動したのである。そして、桃色遊戯の相手が「バーのボーイ」であることから考えて、当時隆盛を極めていた「夜の街」に自分の居場所を見つけていったのだろう。同居する「親がわりの兄」もまさに「キャバレー勤め」であった。彼女は「子守りや女中奉公」を転々としていた、ということから、S子は単なる「長期欠席」ではなく、おそらく学校に行きたくても行けない「不就学児」だったのだろう。

八重山から那覇に移り住んだ経緯はわからないが、同居していたのが「親がわりの兄」だとすれば、家族や親族のつながりから完全に切断された状態で、子どもたちだけで暮らしていたに違いない。那覇市の松川もまた、戦後早くから発達した盛り場であり売春街でもある栄町にほど近い場所だった。現在は首里にむかう坂道の途中にある閑静な住宅街になっているこの松川で、こどもたちだけで、生まれ故郷の八重山から遠く離れて暮らしていたのだろう。

戦後の経済成長によって周辺部から那覇都市圏に集まってきた「居留民」（沖縄の表現で「流入

者」のこと）たちは、夜の盛り場で、新しい「共同体」をつくりあげていった。栄町、桜坂、波之上のバーやキャバレーは、こうした孤独な沖縄人たちの、新たに構築された結節点だったのである。

子どもたちが独力でつくりあげた自治空間が、擬似的な共同体あるいは家族だったことは、次の記事からもよく伝わってくる。

ローティーンが集団桃色遊戯／盗品生活で夫婦きどり／逃走児や靴磨きの少年

中学生をまじえた未成年者の集団桃色遊戯、小使い銭かせぎの集団強盗事件と、さいきん少年の非行が相ついて発生、問題となっているおり、こんどはまた家出少女四人と実務学園の逃走児やくつみがきの少年三人が同居、昼は悪事、夜は桃色遊戯にふけるというケースがおきた。

那覇署は十四日よる、那覇市辻町×の××○○○○さん（六三）方間借人小校五年生M子（一四）同中校一年生S子（一四）常欠児S子（一五）の三人を補導、実務学園逃走児N（一四）A（一四）くつみがきアルバイトT（一五）K子（一七）の四人を仲間として捜査にのりだした。調べによるとこの一味は、買物客をよそおって市内新天地市場から現金六十ドル、同トヨコンロ店から現金八十ドルを盗んで生活資金をつかみ、一月九ドルの約束で○○さん方四畳半を借りうけ、同居生活をはじめたもの。家賃の半額は前払いしてあったという。

男の子は、いずれも盗みを重ねて生活費をかせぎ女子グループは共同で家事を切りもり。よるに

なるとたがいに好きな相手をえらんで夫婦のまねごとまでしていたという。（1960年2月15日）

M子は「小校五年生」だが14歳であると書かれている。二人のS子も14歳だが、それぞれ中学1年生（14歳であれば通常は中2である）と「常欠児」とされている。おそらく3人全員が、さきほどと同じく、はじめから学校に行きたくても行けなかった不就学児童だったのだ。そして次に出てくる「実務学園」とは、現在でも「若夏学院」と名称を変え存在する、沖縄の少年少女のための矯正施設（現在では児童自立支援施設）だが、当時のいくつかの記事によれば、ここから「脱走」する者が時おりいたらしい。14歳のふたりの脱走児が、どのようにして三人の家出少女と出会ったのかはわからないが、あとふたり「くつみがきアルバイト」の少年と少女が関わっているところからみて、まず間違いなく夜の繁華街で出会っていったのだろう。

那覇の新天地市場とは、国際通りから平和通り商店街を抜け、牧志の公設市場をさらに通り越した「水上店舗」が並ぶ一角にある大きなマーケットである。おもに服飾関係の市場で、現在は観光客もあまり来ない寂れた場所になっているが、当時は買い物客でごった返していた。ここで盗みを働いた彼女たちは、その金を元手に部屋を借りた。家賃も半額を前払いしていた。彼女たちは、別に犯罪をおかしたり、悪いことをしたりしたかったわけではなかった。ただ単純に、家族が欲しかったのだ。ただいま、と帰る場所が欲しくて盗みを働き、そして堂々と部屋を借りた。女子たちは共同で家事をし、夜は「夫婦のまねごと」をしていた。ただただ、自分の家とよべるものが欲しかったのだ。
もちろん、子どもたちが都市の隙間に必死でつくりあげていた「自分たちだけの領域」も、温かい家族のようなものだけだったわけではない。そこには過酷なボス支配や上下関係がある場合もあった。

吹き出した悪の芽／勢力扶植をはかる不良中学生／仲間を集めヤブの中で野宿

七日あさ、市内をパトロールしていた真和志中○○補導教師らは郊外真嘉比《まかび》の山中にたむろする同校補習生F（一五）、同二年M（一四）、同H（一四）、同A（一四）、同C（一四）、コザ中校二年G（一四）、同T（一四）の七人を発見、那覇署に連絡して同日ひる一時四十分補導した。少年らはこれまでも再三補導されているが、M、Hらは一月前の暴力事件でも問題になっている。さる二十四日家を出たMが一人一人仲間を呼び集め、ヤブ中に共同生活をしていたもので、一味のボスFが毛布、ご飯などを運び着々勢力をきずいていたという。日中はヤブにこもり、夜は市街に出ていたようだが盗みの点についてはまだ明らかでない。
G、T少年は真和志中校からコザ中校に転向したもので、いずれにしても早期に、グループの勢力が他校に深くはり出す以前に発見できてよかったと、関係者をほっとさせている。
（1960年7月8日）

いまは住宅地になっている真嘉比だが、当時はこうした膨大な隙間が広がっていたのだろう。こうした場所で、子どもたちは自分たちの共同体を作っていたが、多くの場合この共同体は人の目のつかない場所に設けられ、盗品が生活資源となり（それにしても当時の窃盗の多さには驚かされる）、女子は「桃色遊戯」の対象となり、そして男子のあいだには厳しいボス支配があった。特に女子の身体的・精神的な負担を考えれば、「桃色遊戯」を含んだ子どもたちの自治空間をロマンティックに語ることはできない。言うまでもないことだが、過酷な社会的監視の網の目から逃れた先の共同体も、それはそれで過酷なものだっただろう。

以下は、そのような子どもたちの「抵抗の共同体」に関する記録の、ごく一部である。長くなるが引用しよう。

無軌道な少年たち／野宿して手当り次第盗む

那覇署少年係は十九日七人の少年を盗みで捕え、十二人の非行児を補導した。

××町F（一四）、××町O（一四）、××町G（一六）の三人、逃げている五、六人と一緒に昨年からグループをつくり、××町××、教員〇〇〇さん（二五）の留守中に、現金二十五ドル、タバコを盗んだのをはじめ、首里を中心に現金、衣類、にわとり、タマゴと、手当たり次第に十三件の盗みを働いた。一時は首里中校の天井うらで寝泊まり、生徒たちの授業中に天井で小便するし、無軌道ぶり。さいきんは山川町の防空壕に野宿していた。

……また補導された者では、O少年（一七）ら八人は、十九日午後二時ごろ、松川在の神村酒造工場近くの防空壕で、ローソクをともし、木炭をたいて車座になり、ギターをかきならしていた。字××N（一四）ら四人は、長田原《ながたばる》のどうくつで野宿していた。これら非行児たちは、盗んだ金で、食堂に入ってくいつないでいた。壕に持ち込んだ毛布も盗品だった。

（1961年1月21日）

墓地で不良遊び／少年少女ら七人を補導

那覇署は九日午前零時半ごろ、宜野湾村普天間F子（一五）ら、男三人女四人の少年少女を補導した。

調べだと、F子はさる二十五日家出、那覇市内の食堂や、おでん屋を転々として働いていたが、七日午後十一時ごろ、那覇市古島××、○○○○さん方の墓地で、男女七人が不良遊びしているのを通行人がみつけ、那覇署に届けた。

同署は九日午前零時ごろ、署員四人が現場に踏みこみ七人を捕えた。

（1961年9月9日）

ホラ穴で深夜酒もり／識名《しきな》に不良児グループ

十一日繁多川《はんたがわ》駐在から那覇署へ那覇市字識名に巣食う不良児グループの補導要請があった。

このグループは、識名俗称〝ウフミ森〟のホラ穴を遊び場としている十四－十七歳ぐらいの七、八人組。ホラ穴でローソクをともして酒をのんだり、夜中から大声をはりあげてさわぎ、明け方になると姿を消すのだという。

松川あたりからくる非行児のＡがリーダー格といわれ、いまのうちに補導しないと、とりかえしのつかぬ結果になるという。

（１９６１年９月13日）

床下住いの少年補導

那覇署は十七日那覇市××Ｓ（一二）、Ｍ（八才）の二人を補導した。

調べによると同日午前四時ごろ壺屋町××○○○○さん（四○）方の床の下に不良児がいるとのききこみで、那覇署員が急行したところ、二人は床下にもぐっていたもの。

さる八月から家出、盗みぐいしていたものだが、床下でローソクをつけたり、紙くずを燃やしていたという。

（１９６１年11月17日）

四畳半でザコ寝／無軌道ハイティーン補導

那覇署少年係は、十五日午前九時半ごろ那覇市××○○○○さん（二六）方の貸間を手入れ、四畳半でザコ寝していた少年たち八人を補導した。

この少年たちはさる十一月ごろから少女三人をまじえて間借り不良行為をしていたもの。中校生一人のほかはいずれも十六歳で、高校中退したのも二、三人いる。

少女三人は十四日さらに貸間さがしにと出かけ留守だった。四畳半にはからになった酒ビン二十本ぐらい、コーラ、ジュースビン三十本ぐらい、タバコのすいがらが一ぱいはいった灰皿などがちらかっていた。

少年たちはひる間から酒を飲み、さわぐという無軌道ぶりだった。家出娘T子（一六）の母親の訴えでわかったもの。

一味は十五日午前四時ごろ古波蔵《こはぐら》××○○○○さん（三四）の養鶏場からレグホン二羽（時価八ドル相当）を盗み、酒のさかなにしていた。同署は盗みなどの余罪もあるものとみて追及中。

（1961年12月15日）

ほら穴で寝泊まり／嘉手納の窃盗少年あがる

防犯運動の初日の十四日、嘉手納署では少年のいっせい街頭補導と防犯診断を行なったところ、嘉手納村水釜《みずがま》海岸でほら穴をねぐらに嘉手納一帯で盗みを働いていた大島出身住所不定M少年（一九）を補導した。

調べだとM少年は、水釜ふきんのほら穴に寝どまり、嘉手納一帯の民家をあらしまわったのをはじめ、水釜射撃場近くに止めてあった外人車から金品を盗んだ。

さいきん同署管内でひんぴんとしておこっていたリヤカー、自転車、銅パイプなどの窃盗事件も同少年が盗んでいることがわかった。これまでに約二百ドル相当の盗みをはたらいており、窃盗十件を自供している。

（1962年5月16日）

中・高校生など／不良グループ補導／墓あけて寝泊まり／少女まじえ桃色遊戯／保護者に注意うながす

十二日午後八時すぎ、那覇署寄宮派出所は、識名青年団の協力をえて、識名墓地一帯に巣食う不良少年十人（そのうち少女二人）を補導した。

この一帯は非行児たちのたまり場で毎晩十人、二十人と集まり、付近のキビ畑を荒らし、墓を開けて寝とまりしていたという。同夜、補導された少年は高校生三人、中学生六人、無職少年一人で、同日あさ那覇市内の神原小校で知りあい、ひる中市内をぶらぶらして、よる識名の墓地にゆき、盗んできた菓子、キビをかじり、飲酒、喫煙、桃色遊戯にふけっていた。

識名部落の青年団員が周囲をとりかこみ、全員補導したもの。那覇署では一味のなかには市内で相当の盗みを働いていたものもおり、余罪を追求する。

（1962年8月23日）

数十人で袋だたき／通行中の少年／仮小屋につれこみ

九日午後六時半ごろ、那覇市寄宮三三一旧与儀試験場あとの橋の上で、少年による集団暴行事件がおきた。那覇市与儀S少年（一五）ほか四人が通りかかったところ、橋の上でたむろしていた十人くらいの少年たちに呼びとめられ、〝話があるからついてこい、逃げたら殺してやる〟とおどして少年たちのかくれ場所であるちかくの仮小屋に連れて行き、そこに待っていた約三十人くらいの少年もいっしょになってS君ら他四人の少年を一人ずつひっぱりだして殴る、つくの暴行を加えた。

通行人の訴えで那覇署員がかけつけたが、少年たちは警官をみるなり被害者もいっせいに逃げた。腹をかかえてうめいていたSを保護した。

これら少年たちは中学を出たA（一七）を中心に親分、子分の組織をつくり、通りがかりの少年たちをおどしたり、盗みをはたらいていたようだ。仮小屋は草のおい茂った中に、板などを持ち込み、外部からはわかりにくいように上に草をかぶせていた。那覇署少年係は集団暴行事件として捜査している。

（1963年1月10日）

草むらに非行児たち／天久《あめく》の草原、小屋もつくる

那覇市天久の草原一帯が不良者のたまり場になり、ふきんの人たちは環境浄化をよびかけている。

一帯は約十六万五千平方メートルのススキ原で、その中にススキで小屋を作って寝泊まりしたり、古い空墓や新しくできた墓をねぐらにしている。昼の間はほとんどおらず、晩になって集まるようだ。中学生や中学卒業ていどの少年たちに、二、三の女もまじえて十人前後のグループを作っている。ついさいきん母親が娘を捜しに来たが、母親がふきんの人たち四、五人の応援を求めグループの中から娘をつれだした例もあるという。彼らのたまり場は道からそう遠くないが、ススキが人の背たけ以上にのびておりそばを通っても声さえ出さなければわからない。人が近づくと思うとくもの子を散らすように逃げてしまうという。なお一帯はハブが多く、昼間でも人通りはほとんどない。

安謝派出所員が時たままわっているようだが、付近の人たちは、都心ちかくにこのような草むらがあることは不良者の巣くつになるだけだ。公園化すれば市民の〝いこいの場〟になると語っている。

（1963年7月1日）

以上の記事群を読んであらためて思うのは、いまにいたるまで沖縄の社会に根付く「自治の感覚」である。戦後数十年の長きにわたって粘り強く続く反基地闘争や、さまざまな社会学的・民俗学的な調査から浮かび上がる沖縄のインフォーマルな共同体の強さのもとにあるのは、本質主義的な「文化的DNA」のようなものではなく、戦後の沖縄社会が経験してきた独特の「歴史と構造」にあるのではないだろうか。

たとえば、戦後27年間も米軍に支配され、日本の近代化と切り離されそこから別の道を歩んだ沖縄社会では、「フォーマルな社会装置」が相対的に整備されてこなかった。沖縄の子どもたちが切り開いてきたハードな暴力を内包する「自治の空間」の物語から浮かび上がるのは、戦後の沖縄における「フォーマルな装置」の弱さであり、人びとが生きのびるために必死でつくりあげてきた「インフォーマルなつながり」と「自治の感覚」の強さだったのである。

4　自治の感覚

こうした自治の感覚が沖縄の（あるいは他のどこでも）共同性の基盤になっているとすれば、その上になりたつ共同体とは、どのようなものだろうか。それはひとことでいえば、特権的な基準であり、善悪を判断する最終的な権威である。それは法や行政の力より強く人びとの暮らしや行いを規制している。

たとえば次の記事にその感覚と論理が象徴的に現れている。

犯人かばう青年会員／久米島の獅子舞で集團傷害

青年会が集団傷害事件の容疑者をかばい捜査陣を手こずらすという事件がある。九日久米島警部補派出所から那覇署捜査課への報告によると、久米島○○村字○○農業○○○○さん（二九）は、さる九月十八日午前零時ごろ、具志川村○○広場で数人の男に袋だたきされ全治十日の傷。

調べでは、○○部落の年中行事旧八月十五夜の獅子舞の見物にきて災難にあったもの。あとを追いまわす獅子をさけるため身体をかわしたはずみに獅子舞の二人が、○○さんの足につまずいて転倒。○○さんがおし倒したものといいがかりをつけられたもの。さっそく久米島警部補派出所が捜査にのりだし同区青年会員K（二八）S（二五）A（二四）の三人を容疑者としてつきとめたが、事件の目撃者は口をそろえて「犯人の顔ははっきりおぼえていない」とシリ込み。青年会は青年会で「部落の年中行事におきた事件は、全会員の責任。しいて犯人をあげるというのなら全体責任として全会員を罰してくれ」と捜査には非協力的、ついに確証がつかめず容疑者は検挙できなかったという。

（1959年1月10日）

身内のなかの「容疑者」を「警察に売り渡す」ということは、共同体のなかでは大きなタブーとされることである。外部の権威による合理的で普遍的な判断に委ねることは、自らの共同体そのものを売り飛ばすことと同じなのだ。

こうした「共同体感覚」をもっともよく表しているのが、本章の冒頭でも紹介した、次の区長の談話である。1959年におきたこの殺人事件では、被害者の男性が他所者で、つねづね村のものみんなに迷惑をかける厄介な存在だった。そして加害者は、そんな男性の迷惑行為に憤りを感じた村の若者たちである。ここで発生している暴力は、聖なる共同体を守るための、善なる暴力であることは明らかだ。村の論理からいえば、最後に引用される区長の談話もまた、どこもおかしいところのない、きわめて自然なものだったのである。

三和《みわ》村〇〇で殺人／集団で殺し池に投げる？
被害者は大島出身の似顔絵かき

二日あさ七時ごろ、三和村〇〇小学生〇〇〇〇君（一一）が、自宅ちかくの字共有水池＝水深一メートル半径二メートル＝に上半身はだかの変死体が浮いているのを発見、検視の結果、他殺の疑いがあり糸満署が捜査にのりだした。

糸満署の調べによると、変死者は大島喜界島出身住所不定の似顔絵かきで○○○○（二九）という、出入管理令違反で手配中のもの。

検視の結果（1）水死体ではない（2）額に長さ二十センチの裂傷、両足、左肩、右胸に打撲傷を負う（3）脱ぎすてたと思われる上着や靴が見当たらない（4）用水池ちかくには血痕や争ったあとがない。といったことから死後投げこんだ疑いがあり、他殺の線が強まった。区民の話では、死んだ○○は酒のみの乱暴者。それも夜中から一軒、一軒部落内をまわり、酒代をゆすっていたといわれ、ゆすられた被害者が後難をおそれて泣き寝入りするのをいいことにさいきんでは、村内各部落にまで足をのばしゆすりやたかりを続けていた。糸満へ女中奉公にでていた同字出身のK子さん（二八）と結ばれたことから部落との関係ができた。

K子さんとはいま五つになる長男が生後八ヵ月のときに別れてぶらぶら暮らし。K子さんの実家にあずけた子供との面会を口実に部落内に出入りしていたという。

一月ほど前、糸満で酒座の口論から袋たたきにされ大けがが、K子さんの実家で四、五日やっかいになったとき「どうせおれはまともには死ねない。もし死んだと聞いたら喜界島の実家へ一言知らせてほしい」とK子さんの母親にくりかえし頼んでいたという。

K子さんの母親Uさん（五七）の話

娘が○○と知り合ったばかりにこの四、五年苦労続きでした。酒をのむと私たち母娘に手をかけるばかりか、区民にまで乱暴を働き、つらい思いをしました。柔道三段をうりものに警察ざたにするとか、注意する人がいると家を焼き払うと脅迫、手がつけられぬ始末でした。

なお死因は、発見現場ちかくで篠田警察医の手で解剖の結果、頭蓋骨骨折と分った。○○の横暴に反感をいだいた仕返しの集団殺害の疑いが強いという。

（１９５９年10月３日）


三和の殺人、11人逮捕／酒座に暴れ込み、集団で袋だたき

三和村○○部落の集団殺害事件追及中の糸満署は、三日までに同部落○班農業○○○○ら十一人を傷害致死の疑いでつかまえた。これまでの調べによると、被害者の○○○○（二九）は、三十日よる十一時半ごろ同部落区長○○○○さん（五三）方の家屋新築祝座に割りこんで乱暴、災難にあったもの。

事件をみた区民の話では、隣座の○○に〝酒をおごれ〟とたかり、断られた腹いせにいきなり○○の首をしめあげて暴行、日ごろから○○にたかられ通しで腹にすえかねた○○ら数十人の区民に、ちかくの部落共有用水池広場につれ出され、こん棒で袋だたきにされたという。

軽くたたいて池に放りこみ、はいあがってきたのをまたなぐるという二度目の凶行が命取りになったらしい。

結局、水死を装って池に投げこまれた死体は、二十四時間池底に沈み、犯行後二日目に発見されたことになる。

区長○○○○○さんの話

○○さえおとなしくしておれば、こんなことにはならなかったと思う。無断で酒座にわりこんだうえ○○さんにいいがかりをつけ、乱暴を働いたのが悪かった。この部落は人口わずか三百人たらずで戸数が四十八戸、戸数の半数以上が○○に荒らされた家庭だ。それでもいつかは立直るものと信じ、みんなしのび続けてきた。すべて被害者の身からでたサビ、区民によびかけ、つかまった容疑者の嘆願運動をおこしたい。（同日夕刊）

これ以上の説明は不要だろう。これはたしかに、めったにないような極端な事例だが、しかしここに象徴されるような感覚は、沖縄社会のさまざまなところに、より穏やかなかたちで生き残っている。

本章では、まず議論の前提として、沖縄戦における「所有権の解体」と、それに続く占領の時代がひとつながりのものであることを主張した。社会秩序の根源である私的所有権が戦争によって解体されたあとも、米軍による占領がながいあいだ続くことで、さまざまな基本的人権が充分に保証されない時代が続いた。それは現在の私たちの沖縄イメージを覆すような、貧困と暴力と犯罪の、苦難に満ちた歴史である。

本章で引用した『沖縄タイムス』の記事を読むだけでも、沖縄の戦後がいかに過酷なものだったかを、そして、そうした過酷な状況のなかで沖縄の人びとがいかに必死で生きてきたということを、私たちは理解することができる。第3節で紹介した「子どもたちの共和国」は、貧困が放置され、基本的人権も保証されない状況で子どもたちによって切り開かれた「居場所」だった。ときには犯罪や法律違反も含みながら、子どもたちは「こうするしかなかった」のだ。

本章を終えるにあたり、特に強調しておきたいのが、自生的な秩序の過酷さである。たしかに私たちは、所有権をはじめとする基本的な人権が上から保証されないところでも、自分たちで秩序をつくりあげ、生きていくことができる。しかしその際の秩序は、ここで見てきた記事に書かれているように、老人や子ども、女性や障害者などの、いわば「周辺的」な人びとにとっては、きわめて過酷なものになるのだ。

沖縄は「共同体社会」であると言われる。同時に、戦後何十年にもわたり米軍や日本政府と闘ってきた「平和の島」でもある。沖縄の人びとは、強い絆や共同体的なつながりを作り上げてきた。そして同時に、粘り強く平和への闘いを維持してきた。これらの絆や闘いを、沖縄戦と戦後の苦難の歴史のなかから描きなおすことで、「所有」と「規範」との関係をこれまでとは異なる角度から考えることができるだろう。

註

1　本章の第1節以降は、『αシノドス』で２０１４年1月から11月まで連載された「もうひとつの沖縄戦後史」の一部に大幅な加筆修正を加えたものである。連載第１回と最終回は以下のＵＲＬで無料で読むことができる。

https://synodos.jp/opinion/society/6734/

https://synodos.jp/opinion/society/11769/

2　ここで紹介した語りは、岸政彦（編）『生活史論集』（２０２２年、ナカニシヤ出版）でさらに詳しく紹介し、考察を加えている。

3　のちに那覇市に合併される真和志村、首里市、小禄村の当時の人口も加えた人数である。

第2章　手放すことで自己を打ち立てる

――タンザニアのインフォーマル経済における所有・贈与・人格

小川さやか

はじめに

「循環型社会」「シェアリング経済」「持たない暮らし」。日本社会で目にするこれらの用語には、ICT（情報通信技術）などの利用を通じて不用品を交換したり、遊休資産へのアクセスを可能にしたり、特定のモノへのオープンアクセスを実現することで、限られた資源を有効活用するとともに、資本主義経済の進展で失われた「つながり」やコミュニティを再興する意図が込められている（ボッツマン&ロジャース　2010）。本章では、こうした議論が基盤とする「個人と個人のあいだのモノの融通・共有」とそれによる「持たない暮らし」とは異なる世界観で成り立っている、東アフリカに位置するタンザニア社会の「持たない暮らし」を提示したい。

欧米諸国や日本の人びとが捨てた不用品は、タンザニアを含む発展途上国に輸出され、SDGsが叫ばれるよりもはるか以前から、モノの寿命限界までリユースやリサイクルされてきた。タンザニアでは現在でも、中古車や中古家電、古着など中古品が人びとの消費生活において重要なウェイトを占めている。タンザニアの消費者が購入した中古品は、彼らの隣人や友人、故郷の親族へ贈られたり、生活に困窮して転売されたり、金銭を借りる担保にされたりする。贈られた中古品がさらに別の誰かに贈られたり、担保として友人に預けたモノが買い戻されたりもする。誰かがひとたび所有したモノが贈与や転売を通じて別の誰かの所有物となる。それが何度も繰り返されることで、モノは「私のもの」「誰かのもの」「さらに別の誰かのもの」「ふたたび私のもの」などと変化を遂げながら、社会の中で循環してきたのだ。

こうした循環が起きるのは、ある面では新品の商品を購入する能力が不足しているからであり、豊かな者から貧しい者へと富が分配されることを是とする社会規範があるからである。またある面では、手に入れた財を転売したり投資したりしながら、「自転車操業的」に営むインフォーマル経済がひろく展開しているからである。

いずれの場合でも重要なのは、「私のもの」が「他の誰かのもの」に変化する際、そのモノは、それを一時所有した「私」から切り離された無色透明の「モノ」になるわけではないことである。

人類学者のアルジュン・アパデュライは論集『モノの社会生活 The Social life of Things』（19

88）において、モノの価値は、使用価値だけでなく、モノの社会的履歴に伴って変化する交換価値によっても決まることを論じた。私たちの身近な例で説明すると、わかりやすいだろう。たとえば、ある骨董品店で売られている万年筆は、すでに書くという行為には使えないとしよう。だが文豪に使用されていたという万年筆の社会的履歴によって、そのモノは非常に高価なものになっている。もし、その万年筆の履歴に恋人から文豪へ贈られたというロマンスが発見されれば、その価値はより高くなるだろうし、万年筆を購入した富豪が次々と不審な死を遂げたという履歴が明らかになれば、呪われた万年筆としてその価値は下がるだろう。

同じことは、文豪やセレブリティによる所有に限らずに生じる。論集に寄稿したイゴール・コピトフが述べる通り、車などの日用品から美術品、奴隷などのヒトを含め、多くのモノや財は「個人化・人格化 individualization」と「商品化」を行き来している。それぞれの文化的な履歴には、そのモノにまつわるさまざまな関係性が埋め込まれている。そして、ひとたび誰かのものとされたモノが再び商品化されるとき、そのモノは、そのモノの履歴に関係する人びとのアイデンティティを帯びることもあるのだ（Kopytoff 1986）。

元の所有者や関係者のアイデンティティがモノに付帯するという考え方は、人類学ではとりわけモノが贈与される場面において強調されてきた。そのような議論の端緒は、マルセル・モースの『贈与論』におけるマオリの贈り物の霊「ハウ」をめぐる謎だ。よく知られている通り、モースは、贈り物に返礼が起きるのは、贈り物にとり憑《つ》いた霊「ハウ」が、元の持ち主のもとに戻りたいと望むからであるとするマオリのインフォーマント（情報提供者）、タマティ・ラナイピリの説明にこだわった。モースは彼の説明を手がかりに、マオリの法体系において、モノを介して形成される紐帯は「魂と魂との紐帯」であり、「何かを誰かに贈るということは、自分自身の何ものかを贈ることになる」と論じた。なぜならモノには元の持ち主、贈り手の魂が宿り、元の持ち主は贈り物を介して受け手に影響力を発揮しているからである（モース 2014：p.99）。

ハウをめぐるモースの議論はさまざまに再検討がなされ（サーリンズ 2012など）、いまだハウとは何かをめぐっては議論が続くが、贈り物に持ち主の人格が宿っていること自体は、私たちにも経験的に理解できることである。

たとえば、日本では、恋人からもらった手編みのマフラーを誰か別の人に贈ったり売ったりすることは忌避されがちだ。それは、そのマフラーにマフラーを編んだ恋人の思い、すなわち魂が込められているように感じられるからだろう。恋人がデパートで選んだ商品でさえ、そこに「彼／彼女らしさ」、すなわち贈り手の人格が憑いていると感じ、不要になっても捨てるのを躊躇《ちゅうちょ》する人は多いだろう。別れた恋人の贈り物を捨てるという行為が、そのモノとの関係だけでなく、そのモノを媒介にして恋人への執着と決別するという儀式になるのも、モノが元の持ち主のアイデンティティやその持ち主と受け手が共有する何がしかを帯びていると考えるからだろう。

こうした贈り物に与え手の人格の一部が宿っているといったヒトとモノとの分離不可能な関係を論じてきた人類学は、「個人」が所有物に対して排他的な権利を有するという、個人の「身体＝労働」を基盤とする私的所有論の考え方に対して異議を提示してきた（中空２００９など）。

モノの社会的履歴、そしてモノに付帯して循環する持ち主たちの人格は、所有（私的所有）と他者への贈与や分配を対立するものとみなす議論に再考を促す。すなわち、法的な権利とはべつに、贈り物をエージェントにして受け手に働きかけ続ける元の所有者は、その贈り物の所有権を放棄したと言えるのだろうか。そのモノはいまだ持ち主に帰属しているのではないか。「譲渡不可能」な贈り物とはいかなるもので、それはいかにモノとヒトとの関係を取り結んでいるか（ゴドリエ２０１４；Weiner 1992）。これらの問いは必然的に、さまざまな角度から「自己」とは何かをめぐる問いも喚起してきた。[1]

たしかに松村圭一郎がエチオピアの農村社会を事例に論じた通り（松村２００８）、タンザニアのインフォーマル経済従事者のあいだでも共同（集団）所有か私的（個人）所有か、あるいは所有権が認められているか否かといった慣習的、法的なルールだけでなく、何をどこまで他者に分け与えたり、他者と共有したりするか、いかにして譲り渡すのを回避するかをめぐるミクロな攻防がモノの所有をめぐる大きな関心であることは間違いない。実際、タンザニアのインフォーマル経済従事者は金銭や動産、不動産として所持しているモノは少ないものの、それらのモノや財を金銭的価値に換算したり、それらを排他的に使用したり、他者に自由に販売したり担保にしたりする「所有権」を十全に理解している。だが、明らかに自身に所有権がある場合でも、「譲ってくれ」「共有させてくれ」という要請を心情的あるいは社会道徳的に断ることができず、モノや財を手放すことは多々ある。そうした事態は、「私的所有の失敗」のように見える。

しかし、先述したように、元の所有者がモノを媒介として財を譲り受けた者たちに働きかけていることを前提とすると、私的所有に失敗することを「損失」とみなし、贈与や分配を「利他的な行為」であるとみなす必然性はどこにもない。そのような所有と贈与を対置させる見方は、身体のなかに閉じ込められた自己、自己と身体との同一視を前提とした考え方に過ぎない。

本章では、タンザニアのインフォーマル経済従事者を事例に、彼らが財の所有権等を第三者に譲り渡していくことで、社会関係を維持するだけでなく、経済実践を成り立たせ、さらに他とは区別された自己を確立していく論理を検討する。それを通じて人間と所有物を分離可能とする所有論とは異なる所有の想像力のひとつのあり方を提示する。

まず第1節では、インフォーマル経済従事者が身の回りのモノから不動産まで贈与や分配、転売を織り込んで所持していることを明らかにする。

第2節では、他者への支援としての所有する財を利用したビジネスの遂行や所有権の移転・贈与が、個々の生計多様化実践における経済的な戦略と整合していることを検討する。

第3節では物理的な財の所有に対する彼らの態度がいかなる背景のもとで築かれているのかを説明し、第4節でその特定の状況下において、資本主義経済で得た財を移譲・贈与することで、自己の一部を分散させ、モノを介して他者に働きかけることで「ヒトのかたち」の財を蓄積する実践が理にかなっていることを明らかにする。

第5節では、贈与を通じて他者に分散させた自己の一部と「自己」との関係に関する研究を整理し、集団のなかで他と区別された自己を打ち立て他者からの承認を得る方法について社会の成り立ちの違いを踏まえて考察する。それを通じて、なぜインフォーマル経済従事者が物理的な財の蓄積・所有ではなく、人間の蓄積を目指すのかを考察し、その論理が体現されたインターネットビジネスの方法を提示する。

私は、2001年1月から現在まで約20年にわたり、タンザニアにおいて路上商人をはじめ、家具職人や建設労働者など多様なインフォーマル経済に関する研究をしている。2000年代末までは、タンザニア第二の都市ムワンザ市において「ウスワヒリーニ」と呼ばれる居住区の長屋の部屋を借りたり、調査助手の部屋に居候したりしながら、零細商人の商慣行について調査していた。2010年からは東アフリカ諸国間の越境貿易を調査するため、タンザニア、ウガンダ、ケニアの主要な市場で研究を行い、16年からは香港に移動したタンザニア商人たちによる母国とのインフォーマル交易の研究をしている。本章の内容もこれらの調査で得たデータから構成している。

1　私有した後の財のゆくえ

転売・転贈・シェアを想定した所持

まず、タンザニアの零細商人たちが所持する動産や不動産が、転売や転贈、共有に開かれたものであることを確認したい。

私が調査を始めた2000年代、ムワンザ市の長屋暮らしの圧倒的多数は、地方から都市へと出稼ぎにきた若者たちであった。彼らの多くは、荷車一台で引っ越しできる程度の家財道具しか所持しておらず、その上、それらの家財道具がどこまで本人の所有物であるかも不明瞭だった。それは家財道具が実に気軽かつ自然に隣人や同居人に借用・共有される（小川 2022）からだけではない。

長屋の住民の間では、モノの個人化・人格化と商品化、あるいは私有と転売・譲渡のスパンが短く、かつその境界が曖昧であった。というのも長屋の住民たちは、商品としてモノを購入する時点で、モノの第二の人生、すなわち「私のもの」として個人化した後のモノの人生を考慮に入れている場合が多かったためである。「過去」の履歴だけでなく、「将来」の軌跡によっても、モノの所有のあり方は変化する。たとえば、以前新聞に寄稿したエッセイを加筆し、この状況を記述しよう。

海外旅行用品には、手のひらサイズのアイロンや折り畳める湯沸かし器、食器など携帯に便利な製品が数多くある。栓抜きや鋏《はさみ》のついた小型ナイフ、携帯電話を充電できる懐中電灯などの多機能製品も、使い勝手を想像するだけで楽しい。私はこうした個人使用の多機能商品を買い集めてはタンザニアに持参していた。長屋で私が荷ほどきをしていると、決まって「今年の新兵器は何か」と友人たちがのぞき込んできた。

ただ、長屋の友人たちはその場では驚いてくれるものの、すぐに関心を失った。ひとつの理由には、軽量化された製品はタンザニアの過酷な環境で使用するには頑丈ではないことが挙げられる。より大きな理由としては、個人使用の小型製品が彼らの生活スタイルに合っていないことによる。

友人たちは、何でも大きめサイズを好んだ。成長しても着られるように大きめの服や靴を買うだけでなく、他者と共有したり、将来に他者に贈与したりするために大きな商品を買うのである。たとえば、一人暮らしをしていても急な来客があった時に備えたり、家族のいる隣人らが借りに来たりすることを想定して鍋やポットは大きめを買う。着古した後に田舎の親戚や友人に贈ることを織り込んで、背の低い男性が平均的なサイズのジーンズを買って裾を折り曲げて穿く。後々譲ったり共有したりするためには「大は小を兼ねる」原則が重要だ。私が軽量折り畳み傘をプレゼントした女性は最初こそ持ち歩きに便利だと喜んだが、しばらくして「このサイズだと知人に偶然会っても傘に入れてあげられない。それは気まずいので困る」と子どもにあげてしまった。

また、多機能で最新のデザインよりも、贈与や共有、転売しやすい無難なものが好まれることも多い。日本でも転売を想定して無難なデザインの車や立地条件の良いマンションを買う人は多いだろう。だが長屋の人々は、より多様な日用品について転売や転贈、共有を想定する。買い替え時に古い自転車を田舎の親族に贈ることを予想して、マウンテンバイクではなく、田舎でも部品が手に入る自転車（いわゆる「ママ・チャリ」）を買う。年老いた親族がいつ泊まりに来ても困らないように、なるべく操作が簡単な一昔前の家電を買う。女性たちの生活になくてはならないアフリカン・プリント布（カンガ）は、急に結婚式に招待された時などの交通費を得るために転売したり、花嫁への贈り物にしたりできるように、まずは汎用性の高い格言の書かれた布[2]を保持してから、自身の好きなデザインを購入する。

（小川さやか「シェア想定した暮らし」『朝日新聞』２０２１年6月23日）

こうした贈与・転売・共有を想定したモノの所有は、先述した通り、現地の社会関係や道徳的な規範を反映している。アフリカ諸国の民族誌で頻繁に言及されてきた通り、タンザニアでも「ケチ *mchoyo*」は最大の侮辱の言葉であり、分け与えることを拒むことは、嫉妬や妬みのみならず、呪術や妖術の対象となる恐れもある（Green 2005a；Green 2005b）。そのため、他者との共有や他者への贈与・分配を想定した所有はつねに好んで行われているものではないし、いざモノを手放すときには葛藤もある。たとえば、私の調査助手ブクワは、ケニアに古着を仕入れに行った際に購入したケニア製の革靴をとても大事にしていた。革靴は彼がはじめて海外に出かけた記念の品であり、毎日、念入りに靴墨を塗り、雨の日には決して履かず、長持ちさせるよう慎重に扱っていた。しかし故郷に戻った時にオジにせがまれ、彼は革靴を泣く泣くプレゼントした。その際に彼は次のように語っていた。

「そのとき俺には、革靴の他に何も与えるものがなかった。父親のいない自分にとってオジは恩人だ。そのオジのささやかな頼みを断ったことが故郷の人々に知られたら、俺は二度と故郷には帰れなくなってしまう」

しかし、所有が贈与・分配の可能性に開かれていることは、個々の生計実践や人生設計において不都合なことばかりではない。それを検討する前提としてまず、インフォーマル経済従事者個人の生計実践においても、衣類など身の回りのモノ、そして家や土地といった不動産ですら、必ずしも永続的な所持（または子孫への相続）を目指して所有されていないことを説明したい。

生計多様化戦略としての財の所持

タンザニアの都市住民にとって家を建てることは一つの夢だ。年金のような社会保障制度は整っておらず、都市部の労働人口の7割近くを占める（Tanzania 2006 : p.7）インフォーマル経済従事者の多くは独立自営業者や日雇い労働者なので、退職金もない。彼らには現金の貯蓄もほとんどない。2016年の調査によると、タンザニアでは銀行口座を持つ14歳以上の人口は、全人口の約20％に留まっている（Lotto 2018 : p.6）。すなわち、貯金どころか銀行口座自体を持っていない者が、同国ではいまだ大多数を占める。[3]

2000年代、私が調査していた零細商人たちは、「歳をとっても日々食べていくだけなら、何とかなる」と口をそろえていた。軒先で揚げパンを売ったり、キオスクを経営したりという零細商売は、介護が必要になる直前まで続けられる。しかし家賃は数か月から1年の前払い制であり、老いて生計手段が限定されていくなかで、家賃の支払いに悩まされることだけは避けようと考える者は多い。故郷に農地を持っていたり、親戚が残っていたりすれば、帰郷する選択肢ももちろんある。だが都会生活に慣れ、都市で家庭を築いた出稼ぎ者の中には、最後まで都市で暮らしたいと望む者たちも少なくない。

家を建てるといっても、日本のように戸建てやマンションを購入し、ローンを返済していくわけではない。零細商人を含むインフォーマル経済従事者の生計は不安定であり、担保となりうる不動産を所持していなければ、ローン契約は結べない。それでも多くの者たちが家を建てる。以下では、インフォーマル経済従事者が家を建てる典型的な方法を紹介し、彼らが不動産などの財をどのように扱っているのかを説明する。

事例1

露店商ピーター（仮名、当時25歳、男性）とは2003年に出会った。彼は、1998年にカゲラ州の農村からムワンザ市に出稼ぎに来た。2003年に出会った当初は、同市最大の古着市場ムランゴ・ムモジャで婦人服の露店を経営していた。彼は出会ってしばらくして古着商売の儲けの一部で中古冷蔵庫を購入し、露店のそばでソーダ販売を始めた。生活費はそれまで通り古着商売で賄い、ソーダ販売の利益を貯めて、数か月後に中古の複合コピー機を購入した。コピー機を市場付近の文房具店に貸し出し、1か月もしないうちにソーダ販売とコピー機を貸し出した利益で2台目の中古冷蔵庫を購入した。この間、彼は居住する長屋で家禽《かきん》類を飼ったり都市菜園をしたりし、小遣い稼ぎに勤しんでもいた。

2004年初頭、ピーターはこれらの副業収入で古着市場内の倉庫を借り、夕方に在庫を預けに来る商人たちから倉庫使用料を得るようになった。しばらくして故障が増えたコピー機を文房具店に売却し、その費用でミシンを数台購入、同市場内の古着の修繕業者に貸し出すようになった。

2005年1月に古着の輸入関税が引き上げられ、古着商売は次第に儲からなくなっていった。2007年、ピーターは古着の露店をたたんで、市場近くで小さな新品衣料品商店を始めた。その間にも、ソーダ販売業、倉庫業、ミシンの貸し出し業に加え、衣料品店の片隅で携帯電話のSIMカード販売をしたり、荷車を数台購入して貸し出したりするなど、小さな収入源を増やしていった。

ピーターは、2010年にいくつかの商売を整理して資金をかき集め、「いまは未整備だが、十数年後には電線や道路が敷かれるだろう」と予想される郊外の土地を安価に購入した。土地の購入後しばらくは収入源を再度、増やすことに費やした。ある程度、収入源が増えて生活が安定してくると、彼は儲かった日などに砕石やレンガを買い集め、建材がたまると、まずは家の土台部分だけ完成させた。ふたたび儲かった日にセメント袋2つ、トタン5枚というふうに建材を買い集め、1部屋だけ完成させる。このような方法でピーターは、何年もかけて家を建てていった。

郊外に電線や道路が通って住める状態になるまで、ピーターは長屋暮らしを続けていた。郊外の建設途中の家はそのつど誰かに賃借させることを模索した。1部屋完成したら、1人の賃借人を探し、2部屋完成させたら2人の賃借人を探すという方法で彼は家賃収入を増やし、それを元手にしたので、3部屋目になると建設は急ピッチで進んだ。

ただし、もし商売にしくじったり、病気などの不測の事態に陥ったら、建設を一時中断したり、途中まで建てた家屋を誰かに売却し、再び収入源を増やして生活の安定を図るステージに戻るのがふつうだ。幸い、ピーターの商売は順調であったが、他の露店商の中には自身が居住し始める前に、建設途中の家を売却し、それを元手に新規ビジネスを始め、土地探しからやり直すことを都合4回経験し、5回目に最初に途中まで建てた家を買い戻し、ようやく完成させた者もいる。

家の建設と生活の安定を図るステージの行き来は、家が完成してからも生じる。ピーターは、2003年に出会った当時は「いまの稼ぎじゃ結婚なんて想像もできない」とぼやいていたが、2020年の時点では、電気の通った家に妻と3人の子供と住み、商店を構え、中古車を購入してタクシーとして貸していた。「銀行口座は持ってない」という彼は、私から香港とタンザニアの貿易業で成功した商人に関する話を聞いて、いまの商売をすべて畳んで資金をかき集めれば、貿易業で成功できるかと尋ねてきた。42歳の彼は「俺は、まだ若い」と繰り返し、「いまよりも儲かる可能性があるなら家を売ってもいい。転がり続けてこそ人生だ。それとも家は残したほうが外国で商売をする際に担保として役立つか」と真面目な顔をして聞いた。

この事例に示されているように、インフォーマル経済従事者の多くは、複数の収入源をもつ生計多様化戦略を採り、日々の生活費に充てる収入源以外の収入で家の建設を始める。そして建設された家も複数ある収入源の一つになり、生計多様化戦略に組み込まれる。

インフォーマル経済従事者は一般的に、行商から露店商へ、露店商から小売店へとある程度の規模の成長は目指すが、会社や企業へと規模の拡大を続けることは稀である。彼らは経営に余裕ができると、別の零細事業へと投資し、「アメーバのように」(Tinker 1987) 分裂・増殖していく。この「生計多様化」は、特定の事業に失敗しても食いつないでいくために、異なる種類の収入源を持つことでリスクを分散する戦略として議論されてきた。

実際、インフォーマル経済従事者の「成功」は、傍目《はため》にはわかりにくい。事例のピーターも長い間、露店商をし、その後に始めた衣料品店も6畳ほどの間口の小さな店であった。ただその間にピーターは、零細な収入源を増加させ、たしかに豊かになった。たとえば、主たる仕事である露店商の手取りが日本円に換算して1か月約4万円、ソーダ販売の利益5000円、ミシン3台の貸し出し料5000円、倉庫業の利益3万円、タクシーの貸し出し業の利益3万円、家禽や野菜販売の利益1万円と仮定すると（実際には、零細商売は不安定なので、試算は難しい）、彼の収入は、露店商のみの場合に比べて3倍に増えたことになる。当然、転がす財が中古自動車や中古バス、工場用機械など高価なモノになると、さらに手取りは増える。インフォーマル経済従事者の中には、このような細々とした収入源をいくつも持つことで、公務員や企業の正規の被雇用者よりもはるかに豊かな暮らしをしている者もいる。

また、複数の収入源があれば、転職や起業にも気軽に挑戦できる。インフォーマル経済は参入障壁が低く、儲かる商材や仕事を見つけても、すぐにそれを模倣する新規参入者が殺到し、創業者利得で優位性を得た一部の者以外はいずれ利益の減少に見舞われる（小川 2016）。そのため、生計多様化は、複数の生計手段を同時に持つだけでなく、稼げなくなった生計手段から別の生計手段に労力や資本を振り分けながら、漸次的に収入源の「種類」を変化させていく経過をたどる。それゆえ、冷蔵庫、ミシン、コピー機などの財も、転職や開業に応じた売却を想定して所持されている。

土地の購入や住居の建設も、この変化し続ける生計多様化戦略の一翼に組み込まれており、完成後も衣類や自転車と同様に、転売や贈与の可能性に開かれている。端的に言えば、所有する財は、不動産を含めて「投資」、あるいは他の生計手段へと転職する「踏み台」となりうることがつねに想定されているのである。

実際、地方から都市への人口移動による都市化が進展するタンザニア都市では、不動産の賃貸業は見込みのある投資先である。自身が居住するまでに完成した部屋は、郊外の長屋ですら家賃が払えない最貧層に賃借させる。だが、もし不動産収入とその他の新規ビジネスで期待できる利益を天秤にかけた時に後者のほうが上回れば、彼らは不動産を手放すことを厭《いと》わない傾向にある。

事例2

路上商人ローレンス（仮名）は、2012年にムワンザ市中心部の商店に空きが出たので、それを賃借する費用（1年の賃借料）400万タンザニアシリングを得るために、電気が通っていなかった地区に2部屋だけ建てた家を600万タンザニアシリングで売った。賃貸料を引いた残りの額で商店を飾る衣類を仕入れ、商店主として4年間働いた。その収益で、電気が通っている地区に家を建て直した。彼は、郊外に建てた家の賃貸料で商店の賃借料を賄って商店主を続け、複数の収入源を持つようになった。2017年、彼は商店を別の露店商に又貸しし、その商店の賃貸料と他の生計活動で得た利益をあわせて香港に交易にやってきた。

この事例のように、私が2016年から調査を始めた香港と母国のインフォーマル交易を担うタンザニア人商人たちには、渡航費や初期資本をつくるために家屋や土地などを転がしてきた者が数多くいる。国外への移動でなくとも、転職を頻繁に繰り返す彼らは、移動に応じて不動産を転がすことは珍しくない。このように検討していくと、社会関係の維持のためだけでなく、個人の生計実践上の都合でも永続的な所持を想定した所有物は決して多くはないと言える。

ここまで、身の回りの所有物が他者への贈与や分配、共有、転売に開かれたものであること、不動産のような財産ですら、日々の生計実践の変化に応じて転売が想定されていることを説明した。次に、こうした他者への贈与や分配、共有と、経済活動における利益の獲得が、長期にわたる生計実践のなかで矛盾することなく一つの軌跡を描いていることを述べる。

2 「私有の失敗」の合理性

長期的な商売戦略

先述の通り、タンザニアではいまだ銀行口座を持つ者は限られている。ただし、インフォーマル経済従事者が貯金をほとんど持たない理由は、必ずしも口座開設の条件を満たさないからではない。実際には、彼らの中にも担保となる土地や動産を用意して口座を開設できる「成功者 *tajiri*」はいる。それでも彼らが、貯金せずに零細な事業への投資を繰り返す背景の一つには、先にも述べた通り、親戚や縁者からの支援の要請に迫られることが挙げられる。

たとえば、ダルエスサラーム市最大の商店街カリアコー地区の商店主は、次のように語った。

それに応えることが可能な時に、支援の要請を断ることは難しい。その際、日々生活費をねだられるのと、仕事のチャンスを与えてWin-winな関係を築くのとどちらかを選べと言われたら、当然、後者を選ぶだろう。だから俺たちは、次々と仕事をひねり出す必要があり、貯金をする余裕がないのだ。

（ダルエスサラーム市、衣料品店主、２０１９年２月）

家族や親族に仕事にあぶれた者がいれば、それらの人びとから支援を要請されることになる。家族や親族に適当な者がいない場合でも、都市には生計基盤を持たない若者が大勢おり、成功者はそうした若者からの支援の要請に頻繁に直面する。その際、上記の商人が述べる通り、日々生活費を支援するよりも、親戚・縁者が日銭を稼げる何らかの零細な仕事を捻出することを選択する者は多い。それゆえ、個人の生計多様化とは、リスク分散の戦略だけでなく、支援を要請する身近な他者への応答と渾然一体のものとなっている。

アフリカ諸国のインフォーマル経済研究ではかつて、このような自身の経営に投資したり貯金に回したりしうる金銭を、支援を必要とする他者に分配することこそが、この経済が規模の拡大を遂げない一因であると指摘されてきた（Bienefeld 1975；Kennedy 1988：pp.135-183；Marris and Somerset 1971など）。すなわちインフォーマル経済従事者にとって、親族や縁者との関係を維持することは不安定な都市生活での窮地に支援を受け、帰郷の選択肢を保持しておくために重要であるが、自身が成功すれば、これらの人びととの互酬的な関係が企業家としての利益を追求し、資本を蓄積する阻害要因になるのだと議論されてきたのである。

だが、親戚・縁者・仲間のために事業を捻出することは、経済的にみても必ずしも不合理ではない。たとえば、香港や中国とタンザニアの貿易業に従事し、「成功者」として扱われている商人たちは、以下のようにも語っていた。

あらゆる零細ビジネスはいずれ行き詰る。儲かる仕事はみなが真似をするからだ。大事なことは事業が回っているうちに次のアイデアを探すことだ。仕事をしたいという者にいまの事業を任せる。その間に別の事業を模索する。つまり、人助けをすることで、次のビジネスを切りひらく。これがタンザニアの成功者たちの賢いやり方だ。

（ダルエスサラーム市、携帯電話の輸入商、2020年2月）

ここでは、成功すると、バーでも経営してみようと気軽に手を出す人が多い。だが、実際にはバー経営はとても難しい。人びとはとにかく新しいバーが好きだ。付近に新しいバーができると、一見客はみな移動してしまう。そのうえ定食屋（*mama ntilie*）と違い、バーは生存に必ず必要なものではないので、馴染み客に毎日来てくれと説得するのも難しい。するとバーの建物のメンテナンス費が稼げなくなり、色あせ、設備が古くなっていく。ますます客が減っていくのに焦って改装費の借金をすると、あっという間に借金地獄だ。だから賢い成功者たちは、バーは最低でも二つ必要だと知っている。うまく稼げているうちに、仕事をしたいという若者に事業を任せ、毎週、決まった額の売り上げを届けさせる。その売り上げで別の土地に新しいバーを建てはじめ、古くなったバーの付近に競合店ができる前に、自身も新しいバーを開店させる。その新しいバーの稼ぎで、若者に任せているバーをリニューアルオープンさせる。そうやってどの店もいつでも開店ほやほやであるよう装うことがバー経営を続けるコツだ。

（ダルエスサラーム市キノンドニ地区、バー経営者、2022年8月28日）

これらの商人たちの言葉からは、支援を請う他者のために事業を生みだす実践は「人助け」であると同時に、長期的な個人の商売戦略の中に組み込まれているようにみえる。では、どのような形で仕事が生みだされ、当人のビジネス戦略にいかなる論理で組み込まれていくのか。事例を挙げながら、もう少し詳しく検討しよう。

マリ・カウリ取引

事例3

2010年にモハメド（仮名）は、ムワンザ市において輸入雑貨の卸売店などを経営する傍ら、中古自動車を1台購入した。彼は、運転手をしたいと希望する知人の若者オマル（仮名）と、自動車をタクシーとして走らせ、毎日、売り上げの中から2万シリングを彼に届けるという約束を交わした。自動車の所有者モハメドと運転手オマルとの間に雇用関係はなく、この約束はあくまで対等な独立自営業者どうしの信用取引であった。

オマルは、モハメドとの交渉で決まった額以上の利益を得ることを目指し、タクシーを走らせた。オマルには、売り上げをモハメドに報告する義務はない。モハメドは、オマルがどれだけ稼ごうが一切関知しないし、特に興味もないと語っていた。ただしオマルが「ここ最近、新規のタクシーが増えて売り上げが落ちている」などと届ける額を引き下げるように交渉することも、モハメドが「先日、修理に出して散財したから、3日間だけ頑張ってくれ」と額を引き上げるよう交渉することもある。交渉が決裂すれば、モハメドもオマルもいつでも取引をやめることができる。

多くの中古自動車の所有者は、車の経年劣化を見越して、運転手に分割購入を認める。モハメドも、オマルが儲かった日には交渉で決められた額に自動車の購入費を上乗せして支払うことを認めた。財の購入費も交渉しだいだが、通常は所有者が購入した額よりも低い価格で取引される。所有者は運転手との取引により日々利益を得ており、元の購入費の全額を取り戻そうとはしない。オマルも、その日その日の稼ぎに応じて無理なく購入費を支払った。また当初決めた自動車の買い取り額は修理に出す回数が増えて劣化が明らかになると引き下げられたり、運転手が支払いを終えていなくても長い期間働いて良好な関係が築かれると、所有者のほうが「十分に元は取った」と無償で譲ったりすることも多々ある。

オマルは2012年に自動車を手に入れ、自前稼ぎのタクシー運転手となってしばらく稼ぎ、13年に中古自動車を解体業者に売って資金を得た。その資金でオマルは輸入雑貨の小売店を開業し、モハメドと今度は、小売店主と輸入雑貨の卸売店主として取引関係を結んだ。

このような形態の取引は「マリ・カウリ取引」と呼ばれ、職種を問わず同国のインフォーマル経済で広くみられる形態である（小川 2011）。マリ・カウリ取引とは、「マリ（財、商品）」＋「カウリ（声、口約束）」を掛け合わせたスワヒリ語の業界用語であり、①担保を要求したり、契約書を交わしたりしない口約束での財の委託、②その財を用いた仕事の遂行、③利益をめぐる財の所有者と使用者間の口頭での交渉、という三つの特徴が多くの取引で共通し、財の種類によって双方が希望すれば、④使用者への財の移譲や使用者による財の買い取りが含まれる取引形態である。

露店商ピーターの事例にも示されている通り、生計多様化を行うといっても、身体は一つであるため、複数の仕事を同時に行うことは難しい。そのため、自身が従事する仕事以外の生計手段は、マリ・カウリ取引である場合が多い。ピーターと、彼が購入した荷車を使用する荷運び人や足踏みミシンを使用する仕立て業者との取引も、さらには上記の商人の語りにあるバー経営を任せている若者との取引も、マリ・カウリ取引である。

マリ・カウリ取引がインフォーマル経済従事者のあいだで選好されている理由は、主として二つある。

第一に、正式な雇用契約を取り結ぶことが資本家と労働者双方にとって困難であり、かつ忌避されていることである。インフォーマル経済の成功者たちは掻《か》き集めれば大きな資産を持っていても、一つ一つの事業は小さいので、特定の事業で正式な雇用契約を結んで労働者を雇用する体力はない。所有者たちは、マリ・カウリ取引であれば、労働者に決められた給与を支払う必要も有給休暇を与える必要もないと主張する。他方、労働者の側も条件の悪い雇用に縛られるのは「人生を遅らせるだけだ」と主張する。マリ・カウリ取引であれば、その時々の市場の変化や自身の必要性に応じて支払い額を交渉することも、仕事を休んだり、他の仕事と兼業したりすることも自由であり、稼げなければいつでも辞められる。

実際、生計多様化を前提にすると、財の所有者にとって「雇用」は取引コストが高すぎる。インフォーマル経済従事者は、未熟練労働者である自身が得られる雇用労働は条件が悪いとして、独立自営を好み、雇用労働を他の商売のための資金稼ぎと位置づける傾向にある（小川 ２０１１：pp.290-294）。そのため、生計多様化戦略を行う労働者を固定給で働かせると、彼らは他の生計手段に労力を振り向けてしまう。だが同じく雇用者も生計多様化戦略を採っているため、彼らを監督するのは困難である。たとえ高い監督コストを払っても、労働者は他にも複数の生計手段を確保／検討しているので、副業を禁止するなど規制を強めたり、口うるさく指示するなどして雇用者との関係に不満を抱えたりすると、すぐにやめてしまう。

経済学者のアルバート・ハーシュマン（2005）が述べた通り、「離脱（退出）」オプションが行使できる労働者はバーゲニング・パワーが高く、雇用を継続させるには、労働者の「発言（告発）」を取り入れて忠誠心を高め、事業を改善させていくしかない。だが労働者による「給与が安すぎる」「この方法では儲からない」等の発言を確めるコストも非常に高い。努力したのに儲けられなかったのか、それとも単にサボったり他の仕事に労力を振り向けたりしたのかを、ふだん他の仕事をしている雇用主が把握するのは非常に困難であるためだ。

よって残る選択肢は、労働者自身に財を用いて生計を立てる権利を付与するか、第4章の冒頭で瀧澤が挙げた社会主義体制下のベトナムの事例のように彼ら自身に財の所有権を与えて自分自身のために働くようにさせるかしかない。マリ・カウリ取引はこの二つを橋渡しするような形態である。

第一、この取引では、一定の使用料さえ払えば、あとは労働者の努力で稼ぎを調整できるので、彼らの仕事へのインセンティブは高まる。また事例3のように、労働者に財を分割で買い取らせていく取り決めをすると、彼らは投資した分が無駄になるので取引を継続しようとし、いずれ自分の所有物になる財を丁寧に扱うようになる。この場合、中古自動車、荷車、足踏みミシン、バーなどの動産・不動産は、それを用いて誰かに仕事をさせた時点から少しずつそれを使用している相手の所有物へと変化していることになる。すなわち、所有者にとっての財が「100％私のもの」である期間は短く、多くの財は誰かへと所有権が移動しているプロセスの途上にあるのである。

こうした所有権の緩やかな移譲は、先述の成功した商人たちが語る通り、所有者自身の生計戦略上の合理性にも裏付けられている。財を緩やかに手放していく期間において、所有者は生計を安定させ、別の事業を模索する「時間」を稼ぐ。創業者利得を得たら、自身を真似る者が飽和する前に別の事業を始めるのが得策だと考える所有者たちは、もともと特定の財をいずれ手放す心づもりでいるのだ。

第二に、マリ・カウリ取引は、支援を請われた者（財の所有者）と支援を請うた者（労働者）の双方にとって、現金等の融資に比べ、リスクが小さく心理的負担の少ない支援であるとされている。

この取引は、先述した商人の言葉にある通り、支援を請われた者が、現金を与えるよりも仕事を与えることを選択して始まることが多い。彼らが好んで使う「魚を与えるよりも、魚を獲る網を与えよ」というスワヒリ語の格言の通り、支援を請う者に労働機会を与えることは、際限のない支援の要請から逃れたいと考える成功者と、いつか自身の商売で成功したいと望む労働者双方の希望が合致したものである。重要なことは、その際、両者ともに開業資金の融資よりも、開業に必要な道具（資産）の貸借（と分割払いでの購入）のほうがよいと主張することである。

バングラデシュのグラミン銀行の成功で、アフリカ諸国をはじめとする開発途上国では、小規模金融が処方箋のように扱われることがある。だが農村部と違い、人口の流動性が著しく高く、住所が不定で、頻繁に職種を変える都市下層のインフォーマル経済では必ずしもそうではない（Fraser and Kazi 2004）[4]。

「助けあい」の意識

タンザニアには、住民票や戸籍などは存在せず、国民IDカードの導入が始まったのは2013年以降のことである。IDカードが普及しても住所の記載があるわけではない。2022年8月、タンザニアでは国勢調査が実施されていたが、チャリンゼ県の県庁で働く担当官によれば、「州」「県」「地区」までの住所の登録は進められており、将来的には未整備の地区を含めて道路に名前がつき、各家の番号が付される計画にあるという。

だが現時点では彼らが暮らす長屋には番地どころか道路に名前すらついていない。それゆえ、借金で首が回らなくなれば、踏み倒して逃げるという手段は今もって有効である。こうした状況では、銀行から融資を受ける際にも、仕事の資本そのものが担保となるケースが多い。たとえば、ダルエスサラーム空港と市内ホテルを行き来する空港タクシーの運転手は、次のように説明した。

> この車は、1300万タンザニアシリングで[5]購入した。購入代金は、空港タクシーの運転手仲間30人で（逃亡の際に連帯保証人となる）グループを組織して銀行から借りた。僕の毎月の返済額は、（利子込みで）60万タンザニアシリング。3年で返済を終える契約だ。〔中略〕もし返済が滞ったらだって？　その時は、（途中まで購入代金を支払った）車が取り上げられるだけだ。実際、（仲間の中には）車を取り上げられた者もいる。空港タクシーの売り上げは、シーズンごとに変動する。特に新型コロナの影響で観光客が減ったので、ここ2年はみな苦しかった。〔中略〕僕は、2022

年12月で返済を無事に終える。でも見ての通り、この車はすでに（窓が開かないなど）ガタが来てしまった。だから借金を完済したらすぐに売るつもりだ。中古の（トヨタ）ノアを買いたい。ただ、今の車を売却してもノアを買う資金には足りないだろうから、またしても借金生活を送ることになる。〔中略〕マリ・カウリとどっちがましかって？　そりゃあ、良い成功者と出会えたら、マリ・カウリのほうが断然いいさ。だって銀行は返済額があっているか否かしか興味がないし、一度、決めた返済計画は絶対に変更してくれないから。

（ダルエスサラーム、２０２２年8月17日）

また、マリ・カウリ取引でもうすぐ車の代金の返済を終えて自前稼ぎの運転手になるという年配の運転手に、上記の空港タクシーの運転手の話をしたところ、次のように語った。

毎日、車の所有者（*tajiri*）に届ける額は（車の買い上げ費込みで）2万シリング。つまり、ひと月60万シリング。君が話した空港タクシーの運転手が銀行に返済する額とまったく同じだ。ただ、彼と私（の置かれた状況）は違う。私は、かれこれ7年間運転手をしている。私はもう年老いたので毎日2万シリング以上を稼ぐまで走るといった無理が利かない。それに歳をとれば、ああ、今日は国勢調査があって人の動きが少ないなとか、今日は雨上がりで人の動きが多いなとかが自然とわかってしまう。稼げない日だと察知した時には、ボスに電話して今日は切り上げると伝える。あるいは稼げた日に払うので、今日の返済はなしにしてくれと頼む。ボスは私の意見を尊重してくれるし、私もどこそこの地域でタクシーが減ったようだから、商売の場所を移動したらどうかといったボスの助言を尊重している。私たちは何年も一緒にビジネスをし、いまでは幼馴染《おさななじみ》のような関係を築いている。

（ダルエスサラーム、2022年8月18日）

これらの運転手の言葉にある通り、浮き沈みの激しい仕事をする労働者にとって、毎月決まった返済を求められる銀行の融資よりも、マリ・カウリ取引のほうが、融通が利くと考えられている。それは何より財の所有者は自身では運営できない事業を彼らにしてもらっているビジネスのパートナーであり、ビジネス環境の変化に対しては基本的にともに考える立場にあるからだ。

成功者にとっても、現金の融資は、急な病気や家賃の支払いなどに流用されたり、踏み倒されてしまったりするリスクが高い。これに対してマリ・カウリ取引で仕事の道具や機材を与える場合、仕事以外の用途に流用されにくく、転売されても現金よりも足がつきやすい。何より道具や機材の購入代金の支払いが遅滞しても、長く働いてもらえば、いつか元手を取り戻すことができる。むしろ財の所有者からすると、次のビジネス計画を練るまでは働いて欲しいため、あまりに早く返済されるほうが困る。

以上のことから、「成功した商人たちは身近な者たちからの支援の要請によって財を私有し続けることが困難である」という「私有の失敗」は、じつは彼らの長期的な経営戦略において「転職や新規ビジネスの開業に備えた時間の捻出」として合理的に組み込まれていることがわかるだろう。

ただし、それでも仕事の機会を与えること、仕事をする機会のない者に代わって仕事をすることは、あくまで「助けあい」であると認識されている。この助けあいであるという認識こそが、モノを所有せず、次々と別のモノへと投資していく生き方において彼らが蓄積しているものの正体を明らかにする上で重要である。その前に、彼らが財の蓄積に信用を置いていない背景について説明しておきたい。

3　変転する環境における所有

タンザニア現代史

身の回りの財を贈与や転売に開くだけでなく、不動産ですら投資の対象として所持するインフォーマル経済従事者の暮らしは投機的なものに思えるだろう。だがそれは、私たちが「財」の蓄積に安定や安心を見いだすのに対して、彼らは預金や不動産が将来の安定をもたらすことにさほど期待していないという違いに過ぎない。その背景には、特定の社会経済状況が永続することへの疑義、とりわけ経済活動の不安定さがあると推測される。やや迂遠《うえん》であるが、タンザニアのインフォーマル経済の歴史的な背景について触れておきたい。

1961年にイギリスの植民地支配から独立したタンザニアでは、初代ニエレレ大統領のもとで独自の社会主義体制（ウジャマー社会主義）による発展が目指された。１９７０年代にかけて数多くの国営・準国営工場が設立されたが、「経済をアフリカ人の手に」という政治的な衝動とともに設立された工場には近代的な経営技術がなく、ウガンダの侵攻に伴う東アフリカ共同体の崩壊やオイルショックが重なったこともあり、70年代末期には軒並み危機に陥った（小川２００７：pp.84-85）。

この時代、地方から都市へ移住した自営業者たちは、「自助努力とウジャマー社会主義政策の敵」「農業に基盤をおいた平等主義的国家に寄生するパラサイト」「浮浪者 *mhuni*」と呼ばれていた（Burton 2005：pp.8-10；Lugalla 1995：pp.161-166）。「「怠け者、秩序を乱す者」「ならず者、浮浪者」に関する刑法」（Shaidi 1984：p.83）が存在し、彼らは当局に見つかり次第、出身農村への強制送還になった。１９８３年には「経済妨害者・市場主義者との闘い」「経済的サボタージュに対する戦争」が布告され、すべての国民が地方自治体の支部に登録し、労働者の身分証を携帯する義務が課せられた。正規に雇用されていない者たちは、強制的に故郷へ送還されるだけでなく、サイザル麻農園に送られた（Kerner 1988：p.41）。

だが農業生産性の低下、国営・準国営企業の閉鎖や給与未払いなどに伴い、正規の仕事を持つ人びとも含めて国民のインフォーマル経済（タンザニアでは「セカンド・エコノミー」とも呼称される）への依存は増していった（Maliyamkono and Bagachwa 1990：Tripp 1997）。当時のインフォーマル経済の割合は統計がないため不明であるが、実際、都市労働人口の約7割を占める現在と同じか、それ以上の数を占めていたと推測される。

1980年代半ばにIMF（国際通貨基金）が主導する構造調整政策を受け入れ、経済が自由化すると、第二代ムウィニ大統領は一転、「政府は国民の生活を保障できないので、各自で自由に現金稼得活動をせよ」という主旨の宣言を行う（Maliyamkono and Bagachwa 1990：p.32）。そして「*Nguvu Kazi* 労働力」という営業許可を取得すれば、インフォーマル経済従事者も合法的にビジネスする道が開かれた。だが、路上商人の激増によって登録が追いつかなくなり、1993年には同ライセンスの発給が停止。ライセンスを取得する意志がある者も含め、インフォーマル経済従事者は不法労働者へと逆戻りした。

1995年に第三代大統領ムカパは、国営・準国営企業の民営化と外国投資の誘致に励み、インフォーマル経済を貧困削減の観点からより積極的に許容するようになった。1991年に「行商・路上販売条例 Dar es Salaam City Council（Hawking and Street Trading）By-laws」を改訂し、商人たちも営業許可を取得することが可能となった。だがそれは営業許可の取得が困難な貧しい商人を取り締まる正当な理由にもなり、公設市場へ強制的に移動させる取り締まりが強化された。さらに1992年には国連開発計画と国連人間居住計画がダルエスサラームを世界持続的都市計画の対象に選んだことで、路上の自営業者は都市の美観を損ね、交通麻痺などの都市問題を引き起こす原因とされ、この観点から「零細商人のためのガイドライン *Mwongozo kwa Wafanya Biashara Ndogo Ndogo*」が公布された。しかしガイドラインが定めた条件は実質的には路上営業が不可能なほど厳しく、遵守できる者はほとんどいなかった。

２０００年代、第四代キクウェテ大統領は当初こそスマートな容姿と弁舌で人気を博したが、恩顧主義的な派閥政治に加え、民間企業と与党幹部との癒着による大規模な汚職が次々と露呈し、国民の政府への信頼を失墜させた。彼はまた、２００３年に「営業許可法 Business Licensing Act」および04年に「財政法 Finance Act」を成立させ、Nguvu Kazi の営業許可を無効化した。新しい営業許可料は高額であり、零細自営業者たちはその取得を断念せざるを得なかった。

第五代マグフリ大統領は反汚職キャンペーンを大規模に展開して国民の信頼回復に努めたが、職務倫理規定の違反者に関する密告を推奨し、公務員を次々と馘首《かくしゅ》・左遷するとともに市民に厳しい緊縮経済を強いた。

所有への信頼低下

こうした変転する政治経済体制のなかで、インフォーマル経済従事者は不条理な事態の連続に直面した。自営業者たちは経営が軌道に乗っても、彼らを取り締まる行政職員や警官らによる賄賂の要求、商品の没収、路上からの立ち退き命令に日々さらされ、一から商売を立て直すことを何度も強いられてきた。各都市では、政府による路上商人一斉検挙とそれに抵抗する路上商人による暴動、政府による制圧、ゲリラ的に出没する路上商人らの監視に疲れた行政職員や下級警官によるボイコット、路上商売の復活というお決まりのサイクルが何十年も繰り返された（小川 ２０１１；Tripp

1997)。そのたびに路上商人たちは商品の一部や露店を失った。さらに路上クリアランスは、露店やキオスクだけでなく、フォーマル、準フォーマルセクターである零細商店も対象とされた。

たとえば、ムワンザ市では2003年10月に交通の円滑化を目的に、市内商業地区に数百の小道を開通させる計画が発表された。その後、小道開通予定にあたる商店のドアに「×」印がつけられていき、期限までに立ち退くよう布告された。そして数か月後、政府による商店の強制取り壊しが実行された。そのときに、大半の零細店舗には十分な補償はなかった。

政府の施策で、それまで儲かっていた商売が突如として破綻することもあった。たとえば、政府は、2005年の東アフリカ関税同盟の結成に伴い、域内衣料品産業の保護・育成のために輸入関税を引き上げた。だが、域内衣料品産業が育つ前に、コピー商品を含む廉価な中国製衣料品が急激に輸入されるようになり、それとの競争にさらされた古着商人たちが危機に陥っただけに終わった(小川 2007)。また、政府や市当局はコレラの蔓延《まんえん》を防ぐため、海外から要人を迎えるためといった理由で、路上総菜売りや零細な飲食店に対する営業停止命令を頻繁に下してきたが、営業停止期間に彼らへの支援がなされたことは一度もない。マグフリ大統領はある日突然、勤勉に働くことを推奨する施策として、バーの営業時間を15時から23時までに短縮する決定をした。出勤や退勤の時間が決まっておらず、稼げなければ、深夜も休日も働く代わりに、稼いだ日には昼から飲むこともあるインフォーマル経済従事者を主たる顧客としていたバーは経営悪化に直面したが、政府が彼らの苦境に取りあうことは一切なかった。

このような経験を日々していると、政府に対する信頼だけでなく、「財の所有」「特定の事業の継続・拡大」へのインセンティブも低下する。市中心部の正規小売店ですら当局の一声で取り壊される状況で、郊外の未整備の土地に建設した家屋はどこまで将来の備えとして頼りになるだろうか。市場の動向を適切に判断していけば、事業を続けていけるという保証もどこにもない。それゆえ、彼らは口癖のように「仕事は、仕事 *Kazi ni kazni*」と語る（小川 2016）。「どんな仕事にも価値がある」という意味ではなく、いかに良い仕事だとしても状況の急転に応じて即時に撤退・転戦できるよう「固執するのはやめる」という意味である。「諸行無常」をつねに意識せざるを得ない環境では、現金を含む物理的な財の蓄積を将来の安心や安定の柱にすることは困難である。

ただし、物理的な財の蓄財はしないが、インフォーマル経済従事者は代わりに別のものを増やしていく。発想を逆転させ、人生の安定化を動産や不動産の贈与から図ろうとするのだ。

4　財の分散と人格の分散

「保険」としての財の分散

さて、いつ何時、財が取り壊されたり没収されたりするかわからない場合、そしていかなる商売が突然の政策転換によって立ち行かなくなるかわからない場合、自身のもとに財を集中させず、あちこちに分散させるのは、ごく一般的な対応策である。

たとえば、コレラの蔓延防止策による営業停止期間中、私が調査していたムワンザ市の路上総菜売りたちは、馴染み客からツケを回収することで苦境をしのいだ。彼女たちの客の大部分は、「その日暮らし」をする貧しい単身出稼ぎ男性たちであり、彼女たちはその日の食費を稼げなかった者には、稼げた日にまとめて払う約束で頻繁にツケをしていた。だが稼げない日が続いた客の中には、しばらくして顔を見せなくなる者が現れる。私は当初、路上総菜売りの女性たちが「馴染み客に逃げられた」と嘆くのを聞いて、ツケは焦げついたのだと考えていた。彼女たちに取り立てに行かないのかと聞いても、「生活に追いつめられている客にどうやって払えと言うのよ」と諦めたようなことしか語らなかったからだ。

しかし営業停止が発表されると、彼女たちは即座にツケの回収に奔走しはじめた。その中にはもう何年ものあいだ顔を出さなくなっていた客も含まれていた。ふだんはのらりくらりと支払いを延ばす馴染み客たちも「私はあんたが食えない時に助けてやった。私はあんたの母親のようなものだろう。いまは私が追いつめられている。今度はあんたが私を助ける番でしょう」などと泣きつかれ、金を工面するしかなかった。

零細商人たちの中には、半ば意図的に掛け売りした代金を放置している者たちも大勢いる。彼らは「俺のカネは銀行ではなく、友人（客）のところにある」と語る。そのように語る人びとに「私は銀行にしか貯金していない」と話すと、たいてい「銀行が倒産したらどうするのか」などと驚き、中にはタンザニアから撤退したり倒産したりした銀行の事例を長々と説明し始める者たちもいる。彼らの言い分は「銀行が信用できない」ではなく、政府であれ、銀行であれ、大企業であれ、仲間であれ、「ひとところに信用を置きすぎるのは危険だ」というものだ。それゆえ、銀行口座に十分な預金があるとなおさら、「ツケ」や「未払いの負債」の取り立ては気軽に放置されるようになる。万が一に備えた「保険」とは、余裕がある時にこそ準備しておくものだ。

分散させておく必要があるのは、商品や機械や道具も同じである。たとえば、中国からDVDを輸入していた女性商人は、2020年に政府の海賊版DVDの摘発によって、自身の店の在庫を海賊版か否かにかかわらず没収された。だが彼女はすぐさま若者たちに連絡し、彼らに任せている店の商品を自宅などに隠すようにさせたことで、「失ったのは10分の1程度だった」と語っていた。全国の店舗が一斉に摘発されることはないので、マリ・カウリ取引を通じて在庫を分散させておけば、失うものも少なくて済む。大きな事務所を構えるよりも、小さな事務所を複数もったほうが、行政による取り壊しや火事などに直面しても生き延びられる。さらに言えば、すべての財を自身で管理しておくよりも、他者に管理させたほうが、自身に何かあった時には安心である。

この最後の点は重要である。私は、タンザニアのインフォーマル経済の成功者が時として20も30も収入源を持つことに驚き、「忙しくないのか」「混乱しないのか」「相手に裏切られたらどうするのか」と質問攻めにしていたが、友人たちは私が一つしか仕事をしていないことに驚き、「もし君の身に何かが起きたらどうするのか」「仕事に対するやる気が失せたらどうするのか」などと質問攻めにし、「人間は誰しも完璧ではないから、何でも自分で考えたり、自分でやろうとしたりせず、抱えている荷物を誰かに分担させたほうが楽に生きられるんじゃないか」と助言した。要するに、政府であれ、銀行であれ、企業であれ、仲間であれ、一つのところに信用を置きすぎるべきではないと語る彼らは、当然「自分にも信用を置きすぎるべきではない」と捉えており、ゆえに所有物のすべてを自身で管理経営せず、管業権や経営権を他者に移譲することを、自身の負担を分散する、自身が上手くできないときに助けてもらう「保険」だとみなしているのである。

そして、このようないざというとき、互いに互いが保険になるという「助けあい」の認識さえ共有されていれば、実際のところ、財の分散において「所有権」を保持しておく必要はない。むしろ、財を積極的に贈与・譲渡してしまったほうが良い場合もある。次にこの点を検討しよう。

贈り物の来歴と人格の拡散

まず、所有権を移譲・売却したり、贈与したりした財がその後にどのように扱われるのかを検討したい。

事例3のモハメドは、最終的に運転手オマルに車の所有権を売却したが、モハメドは売却した後も用事がある時には、オマルのタクシーに無償で乗っていた。オマルにとってモハメドは仕事の機会を与えてくれた恩人であり、彼が手に入れた車には、モハメドとオマルとがともにビジネスをした記憶が刻印されている。車は法的に争えば、オマルの所有物だと認められるだろうが、モハメドの頼みをオマルが断ることは心理的に難しいだろう。冒頭で紹介した通り、贈り物に宿る元の持ち主の「人格」は、それが返されるまで贈り物の受け手とともに生きているからだ。それは、純粋な贈与ではより顕著だ。

たとえば、アルーシャ市で木材流通の調査をしていたときに、私は次のような出来事に遭遇した。

事例4

2015年、ある若者は、アルーシャ市の木材問屋から木材を買いつけ、郊外で木材の小売店を営んでいた。しかし、生真面目で人づきあいが苦手だった青年の商売は上手くいかず、資本を失った。彼は、仕入れ先の木材問屋の年配女性に掛け売りを頼んだ。すると、彼女は亡くなった甥が家具職人をしていたことや彼女が使っている家具は甥がつくったものであること、甥も商売が下手だったが器用で評判の職人になったことなどを話した後、「あなたは甥とよく似ているので、職人になったほうが良い」と彼を諭した。そして彼女は、青年に甥の遺品の鉋《かんな》などの道具を与え、鋸《のこぎり》だけ買い与えた。私は木材問屋の女性に頼まれ、調査で知り合った家具職人たちに彼を紹介してまわり、うち一人の職人が彼の弟子入りを認めた。

2017年に再会した彼は、かつて木材の小売りをしていた場所で家具職人の工場を開いて独立したばかりだった。彼は、木材問屋の女性にもらった鉋などの道具を見せながら、はにかんで次のように語った。「仕事道具の手入れをしていると、木材問屋の女性のことを思いだすんだ。

もちろん君にも感謝しているさ。駆け出しだから、僕にはまだ彼女の亡くなった甥のような技能はないし、正直、経営にも余裕がない。でも、早く腕を磨いて、いつか自分が作った家具を、彼女にプレゼントするのが夢なんだ。

事例の青年の夢が実現する日が来るかはわからない。彼は、良い職人になれないかもしれないし、仕事は軌道に乗らないかもしれない。だが、少なくとも彼は、木材問屋の女性に家具を注文されたら、通常よりも安く売ろうとするのではないかと思う。経営に余裕がなくて安くは売れず、代わりにその時の彼の技術を最大限に発揮して心を込めた家具を制作しようとするかもしれない。それはわからない。ただ、彼が手にした道具に木材問屋の女性の人格がとり憑いているのは確かだ。彼が語る通り、彼は「甥のような職人になってほしい」と願った彼女の「分身」とともに日々生きている。もしかしたら、彼は、道具の最初の持ち主である彼女の甥の分身とも一緒に生きているかもしれない。両親の形見や師匠から相続した道具、恋人からもらった指輪などと同様に、彼の仕事の道具は、贈り手である女性やその当初の持ち主の代理行為を果たしている。その道具のエージェンシーは、彼自身の生き方、人生そのものに作用している。

もちろん、すべての贈り物に与え手の人格が宿っているわけではないだろう。飲み会で奢られたビールのことは忘れてしまうか、奢り返すことで簡単に解消されるのが普通だ。それは、レヴィ＝ストロースがワインの交換の事例で説明したように、なくても構わないものだから成立する遊び、社交というコミュニケーションに過ぎない（レヴィ＝ストロース 1977：p.142）。だが、その飲み会が馘首にあった自身を励ますために開かれたものであるなら、話は別だ。「あの出来事があったから、いま自分は生きている」「あの時の贈与があったから、人生が変化したのだ」と、有形無形の贈り物の来歴を思い返すことが可能な贈与に、与え手の人格がとり憑いていると事後的に承認されるのだ。

仕事を与えたり、再起をはかるチャンスを贈与したりすることは、間違いなく、来歴が伴う贈与の一つだろう。とすると、財の所有者たちが、支援を求める若者たちに道具を与えて仕事をさせたり、所有権を移譲したり、時には気前よくただで与えることは、相手に自らの一部を与え、自らの分身をばらまくことと同義である。そのことは、少なくとも二通りの意味で、インフォーマル経済従事者が生きている経済的・社会的状況において理にかなっているように推測される。

一つは、不確実な将来に対する備えとして、他の物理的な財に比べた「人間」という存在の確実性である。先述した、ダルエスサラーム市でＤＶＤを販売する女性の夫は、香港や中国での商売経験を踏まえて次のように語っていた。

僕が、アジア諸国に滞在して学んだことは、アジア人はみな銀行預金を持っていて、予算なるものを考えて行動することだ。日本人である君は、家を3軒、車を2台所有していても、銀行口座に一銭もお金がないという人がいることが信じられないだろう。だが、タンザニア人はそれが普通だ。

なぜなら、タンザニア人は、銀行にあるカネはいかなる人間関係も生まないと信じているからだ。何らかの事業に投資すれば、たとえビジネスに失敗しても人間関係だけは築ける。

（2020年2月）

この言葉は、「貯金よりも、人間関係のほうが頼りになる」とほぼ同義である。ジンバブエのようにハイパーインフレが起きて貨幣が紙くずになっても既存の貨幣の価値を奪う仮想通貨が発明されても、農機具の導入によって農民が都市へと押し出されてきたように、AIによって現在の仕事がなくなっても、人間は生きている限り、その時の状況に適応すべく変化を遂げていき、何らかのものを与えてくれるだろう。

ただし、その見返りは、計算できないものである。銀行預金のように利子は均等に増えて行かないし、助けた人間は必ず期待通りに変化し、返礼するわけではない。けれど、人間が必要とするものは、経済的な価値が高ければ高いほど良いとは限らないし、人の変化は事後的に好意的に解釈できる余地がある。

たとえば、木材問屋の女性にとって、助けた青年が評判の職人になるか否かは、道具を介してしか働きかけることのできない彼女にはどうにもならないことだろう。自身の手先の器用さに気づいた彼はその後にIT機器の修理工になって、木材問屋の女性に今どきのビジネスを教えるかもしれない。スリになり、彼女が仲間のスリに狙われないように守ってくれるかもしれない。何はともあれ、彼が彼女を気にかけ、偶然に彼女が彼を必要としたときに彼女に何か返してくれたら、彼女はそれを受け入れるしかないのだ。むしろ、木材問屋の彼女がこの先も経済的には豊かであり続け、ただ周囲に話し相手となる者がいなかったとしたら、その青年がまるで甥のように、時々彼女の愚痴を聞きに訪ねてきてくれることのほうが、彼が家具を返礼するよりもずっとありがたいかもしれない。このように、生計多様化戦略を「資産を転がしていく」というビジネスや投資の論理から、助けあい、贈与交換の論理へと変換することとは、計算できる利益を、「その時に自身が必要とするもののうち、相手ができることを期待する」という計算できない利益へとコンバートすることを意味する。[6]

そして、たしかにタンザニアのインフォーマル経済従事者たちは、そのようにして生きている。生活が苦しいときには、馴染みの総菜売りにツケで食べさせてもらう。家具をつくるにも、商品を買うにも、病院に行くにも、なるべく友人や縁者のつてを頼り、相場よりも安くしてもらったり、何らかの便宜を図ってもらったりする。現行のビジネスがうまくいかなくなったら、自身がかつて支援した仲間たちの中から何らかの新しいビジネスを立ち上げている人を探して、便乗したいと頼み込む。これらの関係は、どこかの時点でそれだけ自身の財を手放し、贈与するという行為をしてきた証左である。

かくいう私も20年にわたる調査で、さまざまな人びとに支援を要請されてきた。足踏みミシンをプレゼントした調査助手の妻ハディジャは、調査に行くたびに、プリント布でワンピースを仕立てて帰国時の土産に持たせてくれる。「もう十分もらった」と断ろうとしても、「私の楽しみなの」と言って聞かない。古着の行商人たちに資本として古着の梱《こり》（数百枚の古着）を援助したことも、仕事のない若者に運転免許の取得代や中古パソコンをあげたことも、数えるのが不可能なほどさまざまにある。

20年後の今では、いつでも卸価格で売ってくれる古着商人も、無料で乗せてくれるタクシー運転手も、私がスリに遭うたびに取返しに奔走してくれる強盗の親分もいる。それは所有せずに、さまざまなモノや能力へのアクセスが増えている状態とも言える。たとえば、私は車を持っていないし、ペーパードライバーで運転もできないが、必要となれば無料でタクシーと運転手を利用できる。もちろん、贈与した中にはいまだ何も返してくれていない者も二度と会わなかった者も大勢いる。実のところ、ほとんどの人は行方不明なので、彼らへの贈与に費やした金品と見返りの帳尻があっているのかはよくわからない。ただ、これらの人びとが増加していくこと自体に私は安心を感じている。何があっても何とかしてくれる人が一人くらい現れるだろうと。おそらく彼らもそうなのだと考えている。

すなわち、①資本主義経済で稼いだ貨幣と購入した物理的な財を、生計多様化戦略の一環として他者に移譲したり、あるいは純粋に無償で贈与したりすることで、多様なヒトを生かす。その行為を通じて、②ヒトのバラエティを貯めていく。そして③多様なヒトから、その時々で必要とするモノを手に入れることで、生計を維持したり安心感を得たりして、ふたたび資本主義経済を生きぬいていく原動力にする、というプロセスで彼らの実践を捉えると、物理的な財の「私有の失敗」は、ヒトという財産の蓄積を目指す、自発的な行為になるのである。

いま一つは、職や住所を転々とする彼らにとって、財を手放すことは、彼らが何者であるかという自己のアイデンティティの構築にも関係している。最後に、この点を掘り下げて検討したい。

5　社会をつなぐハブとなる

自らの系譜を打ち立てる

前節では、贈り物にとり憑いた与え手の人格が受け手とともに生きていること、その人格が受け手の人生に作用しうることを述べた。だが自らの一部、分身を他者に与えるとはどういうことだろうか。贈り物が、たとえば、「甥のような職人になってほしい」「独立独歩な人間たれ」「いつも笑っていてほしい」といった信条や願望を抱く特定の人格を宿し、モノを通じて受け手に働きかけていくとは、どのような現象だろうか。それは、子どもや弟子を育てるように、ヒトを創造する行為に近いようにみえる。もちろん、それはヒトを破壊する行為にも近いだろう。贈り物にとり憑いた人格は、時として重たいものになる。良かれと思ってした贈与や親切が相手の尊厳を傷つけることがあるように、贈り物にとり憑いた与え手の人格は、ときに受け手の人生に悪影響も及ぼす。意図的に相手を呪い、破壊するために親切を装ってモノを贈ることもできる。実際、モースが取り上げたハウは、動詞になると、「攻撃する」「指揮する」「元気づける」「駆り立てる」など何でも意味していた（Graeber 2001 : p.180）。

所有を考える上で面白い点は、贈与を通じて他者に分散した分身と、与え手本人との関係である。私たちの社会では、有形無形の贈与を通じて子どもや弟子を育てるとき、その帰結をときとして自身の働きかけの成果であるかのように自慢したり、自省したりすることがある。だが、タンザニアの社会では、あまりそうしたことは語られない。「他者の人生は他者のものである」として彼らは支援した相手について干渉することを避けようとするし、先にも述べた通り、流動的な社会なので相手の動向が知りたくても、すぐに行方不明になってしまう。そのため、中心にある自己と、贈り物に乗せて他者に預けている自己の一部を統合した「輪郭のある自己」、あるいは自己と分散した自己の一部が太い線でつながる「拡張したネットワーク型の自己」を想像しているわけではないだろう。

この点を考える上で、森山工《たくみ》の『贈与と聖物』（２０２１）は示唆に富む。彼はモースの贈与論を精緻に再考し、いくつかの矛盾を指摘した上で、次のような論を展開している。モースは、「何かを誰かに贈ることとは、自分自身の何ものかを贈ることだ」と述べたが、「自分自身の何ものか」は「自分自身のすべて」ではない。だとすると、贈られる自己と贈られずに保持される自己との関係を問うことが重要であるが、この問いが十分に解かれていない、と。

森山は、自身のフィールドであるマダガスカルを事例にこの問いを次のように解く。同地では、親族の遺骨は「譲りえぬモノ」である。かつて遺骨は、親族の集合墓に埋葬され、他の遺骨と混ざりあい風化して、没個性的な「祖先一般」となった。そこに外から石の墓が持ち込まれたことで、祖先は一人一人独立した「祖先」になった。遺族が、本墓から祖先の遺骨の一部を移し、個別の墓を建てることは、祖先一般のなかに自分自身の系譜を打ち立て、「他」と境界づけられた「自己」の同一性を生む行為となった。新墓が築かれる祭宴では、譲りえない遺骨の前で、客人たちに見返りを期待しない食事が振舞われる。それは新しく生成した自己を承認してもらうために、譲りえるモノを他者に与える行為である。森山は、この自己の生成のために、与えることを通した自己の承認を必要とする運動が、徹頭徹尾義務に縛られた人間観も何ものにも縛られない人間観も、すべてを与え尽くす自己犠牲的な寛大さもすべてを我が物にしようとする完璧な利己主義も退け、そのあいだで贈与を思考したモースの贈与論の核にあるとみる。

マダガスカルの民族誌的事象から論点だけ取り出せば、森山は、譲りえない「自己」の境界を確立するためには、その他の人びとの承認が必要であり、その承認を得るために、譲ってもよい自己の一部を贈与しているのだと主張している。確かにその論理は、タンザニアの社会に置き換えても成立しうる。都市社会で流動的に生きる人びとにも、民族や同郷集団、宗派といった帰属先があり、自分自身の家族や弟子、仲間をつくり、自分自身の系譜、生きた痕跡を打ち立てようとするのは、家を建てるよりも基本的な人類の営みである。その際に彼らが、埋め込まれている集団から独立した存在として自己を承認してもらい、その自己と自己の系譜の継続を支援してもらうために、冠婚葬祭やお披露目式などでの贈与を行うことは広く観察される。

「自己」の生成

ただ、自己の同一性を築くために「自」と「他」の境界を築く方法は、その者たちが置かれた社会の成り立ちに即して、多様な方法があるように思われる。

たとえば、デヴィッド・グレーバーは、同じ論点で、贈り物の「ハウ」や「マナ」などで知られるマオリ社会と、「ポトラッチ」で有名なクワキウトル社会を対比している（Graeber 2001）。要約すると、次の通りである。

マオリの社会は、何らかのかたちで神々の血筋を引いている、一つの系譜のうえに構造化された全体的なコスモロジーとしてみることができる。そのため同社会は均質化に向かう傾向があり、貴族たちの問題は、ともすれば溶けあってしまう世界のなかで、何らかの独自の行為、あるいは驚異的な行為によって、自身を際立たせることにあった。それゆえ、貴族たちは西洋のモノとの邂逅《かいこう》においても独自の「宝物」を探し求めた。このようなマオリの歴史は、モノに宿った誰かの内面と別の誰かの内面との互酬（贈与交換や復讐）の物語であり、実際、何が贈与交換されたかという富の内容に関する記述はほとんど登場しない。大事なのは、モノに宿った人格であるからだ。

それに対して、クワキウトル社会のコスモロジーは、独自の神話的な起源をもつグループに断片化された、ラディカルな異種混淆性を特徴としている。貴族たちの問題は互いを比較するための同一の媒介が欠如していたことにあり、ゆえに貴族たちは、西欧のモノとの接触において名声をはかるための均一の指標となる毛布（後の貨幣）の蓄積に力を注いだ。彼らの歴史は富、所有物に関する詳細な説明はあるが、貴族どうしの内面的な互酬の物語はほとんどない。

このような比較の上で、グレーバーは、いずれの社会でももっとも価値あるモノはヒトの性質を体現していたが、人格がモノにいかに巻き込まれるとみるかで異なった社会になったという。マオリの何らかの家宝は、元の持ち主のアイデンティティに帰属しつづけ、受け手に返礼を促した。クワキウトルの家宝（称号や役職を示す衣装など）は贈られると、受け手は与え手のようになった。ここではエルヴィス・プレスリーにギターのピックを贈られたファンがプレスリーに自身のピックを返礼するのが滑稽なように、王から衣装をもらった臣民が王に返礼するのが侮辱になるように、贈り物を受け入れ、返礼しないことこそがその権威の承認に相当した（Graeber 2001：pp.168-228）。

容易に想像される通り、これは馴染みのある社会の二つの極である。翻って、現代のタンザニアのインフォーマル経済とはいかなる社会かを考えてみよう。前節で述べた通り、インフォーマル経済従事者は、クワキウトルのような社会で金銭や財を獲得し、それをマオリのような社会の贈与交換へとスライドさせ、またクワキウトルの社会へと立ち戻るという循環の中で生きている。

資本主義経済の市場では、富や財を蓄積したり、称号や役職を得たりすることで、自と他の境界が築かれる。私たちは他者が所有するモノをみながら、その個人の豊かさや地位、嗜好性や趣味を推し量ることに慣れている。そうした「所有」に重きを置く社会とは、マオリの場合のように、あるいは森山が明らかにしたマダガスカルの場合のように、「どのように全体的なコスモロジーに埋め込まれた中から独立した自己を確立するか」ではなく、最初の地点において、「いかにして互いを比べる指標を持たない、ばらばらの個人を形式的に同じヒトと措定し、社会をつくるか」にジレンマがある（Graeber 2001：p.78；グレーバー　２０１６）。ヒトを比べるための指標は、貨幣の量や富の大きさでなくても、効率性でも生産性でも業績でも健康指数でも感情知能指数でもいいだろう。ただ、何らかの指標がないと、民族や宗教も、身体も感覚も、置かれた状況もすべて異なるヒトを同じ土俵で動かすことができない。もし給与や商品の対価を決めるのに、「彼女は手が小さい」「彼は気が弱い」「彼は最近、恋人にふられた」「彼女は笑顔が素敵だ」といった個々の人間の違いをすべて考慮に入れようとすれば、市場経済は回らなくなる、と現代の私たちは考えている。

インフォーマル経済従事者が、市場で取引したり、現金を稼いだりするときのジレンマも同じである。資本主義経済が浸透したタンザニアにおいて、現金や財の量、役職の高さ、業績といった指標で自他を区別する世界は受け入れざるを得ないものだ。だが、そうした市場の指標のことごとくは、彼らの大部分にとって自己の確立を不安定にする。学歴も専門技能も大きな資本もないのだ。夢を抱いて都市へ出てきた若者たちは、路上商売や路上総菜売り、靴磨きといった「誰でもできる仕事」を渡り歩きながら、気がつけば「貧困層」「雑業層」の中に埋もれている。

そこから一抜けする困難な競争に勝って、持ち家や電化製品、役職を所有しても、政策転換などによって、ふたたび有象無象の集合の中に戻ってしまう。そのような集合から他とは異なる、独立した自己を確立し、それを他者に承認してもらう方法に何があるだろうか。手っ取り早いのは、所有物を手放し、譲りえる自己を贈与することではないか。この方法なら、誰にでもできる。先述した通り、一枚しか購入しない他者に卸価格で売る、ただでタクシーに乗せてあげるだけで、他の露店商、他のタクシー運転手の集団とは異なる「他でもないあなた」として承認してもらえるのだ。しかも、そうして分散した自己の一部は、家族をもうけて自立的・自律的に生きるといった狭義の系譜とは別に、商世界の中で彼ら独自の「系譜」を創ってもいくことになる。

第1節で述べた通り、インフォーマル経済従事者たちは、その所有物をみても彼が何者であるかはわからない。身に着けている衣類はその個人の好みではなく、転売のしやすさや譲りやすさを反映しているだけかもしれず、所持している財はいまだ誰かのもの、逆に権利を誰かに移譲している途上のものに過ぎないかもしれない。彼らが所有物をほとんど持たず、そのうえ限られた財にすらさほど執着しないのは単に貧しいからではなく、所有物ではかるのとは違う方法で、自己の唯一無二性を他者から承認される方法を選んでいるからである。最後にそうした贈与を通じた「系譜」——客筋、弟子筋、仲間——といったものが機能してインフォーマル経済の商世界が組み立てられていることを提示しておきたい。

客筋の「ネクサス」としてのインフルエンサー

タンザニアではここ数年の間に、Instagram や WhatsApp, Facebook, TikTok などのソーシャルメディアを活用した商品の売買が急成長した。ソーシャルメディアを使用したビジネスには、実店舗をもつフォーマルセクターだけでなく、路上商人や行商人をはじめとするインフォーマル経済従事者も多数参入している。

このビジネスの活性化の背景には、エストニアのモビリティ企業Ｂｏｌｔが立ち上げた、バイクタクシーや三輪駆動タクシー（*Bajaj*）の配車サービスの普及がある。ダルエスサラーム市内の人びとが携帯アプリで行き先を登録すると、付近のタクシーがＧＰＳ機能を使って現在の所在地まで来る。これがビジネスにも活用されているのである。

タンザニアのソーシャルメディア・ビジネスは多様であるが、たとえば、Instagram を例にすると、次のようなものである。

まず①商品画像や商品の広告動画、②販売価格、③WhatsApp の連絡先を Instagram に流す。商品の購入希望者はその連絡先にメッセージを送り、個別に値段交渉をする。交渉が成立すると、携帯口座を介したモバイルマネーで購入代金を支払う。その後、出品者に現在地の画像を送ると彼らが手配したバイクタクシー等がＧＰＳ機能で購入者まで商品を配達する。この方法で、Uber Eats のような便利さで、食品のみならず、衣料品や日用雑貨から、家電製品までさまざまな商品が即時にデリバリーされている。商品の売買だけでなく、靴や家具の修理から、クリーニング、髪結い、ネイルアートまで、さまざまな出張サービスも類似の方法で展開している。

このソーシャルメディアのビジネスで成功するためには、パーソナルなネットワークが重要であると人びとは言う。タンザニアにも、サッカー選手やミュージシャンなどフォロワー数が多い著名人はおり、そうした者たちが商品の宣伝を行うことは多々ある。ただ、実際に誰から購入するかは、既知の商人、あるいは友人ネットワークを伝って本人までたどることのできる商人が選ばれがちである。

その理由の一つは、彼らが使用しているメディアが、専門的なビジネスプラットフォームではなく、ソーシャルメディアであることに起因する。要するに、匿名の有象無象の商人から商品を購入すると、よく詐欺に遭い、かつ騙されても Instagram に個人情報の開示請求をするなどの方法がわからないという問題があるからである。たとえば、中国から化粧品や髪染めなどを輸入するサンゼ（仮名）は、次のように語った。

アフリカのインターネットビジネスの最先端を知りたければ、ケニアに行くべきだ。ケニアは E-Commerce が浸透している。Jumia というショッピング・プラットフォームがケニアではポピュラーだ。他にもいろいろある〔中略〕タンザニアでは、これらの E-Commerce はなかなか浸透しないと思う。ひとつは、プラットフォームを使いこなすにはリテラシーが必要だからだ。たとえば、ケニアでは利用されている Twitter は学歴が高い人たち（*msomi*）が好きなツールで、政治的意見や社会批評を楽しむ土壌がないと普及しない〔中略〕タンザニアの人びとは写真や動画をやり取りするほうが好きで、それは彼らがソーシャルメディアを使う理由が、遠く離れた家族や友人、かつての仕事仲間の今現在の様子を知ることにあるからだ〔中略〕タンザニアでは、どれだけ良い商品であるか、お値打ちかを宣伝してもうまくいかない。なぜなら人びとは、あまりに安い値段を掲示すると詐欺に違いないと疑い、知りあいでなければ、ちゃんと商品を届けてくれないに違いないと考えているからだ。端的に言えば、タンザニアの人びとは、買いたい商品を探しているのではなく、欲しいものを売っている知りあいを探しているんだ。

（ダルエスサラーム、2022年8月）

この話を聞いているときに、面白いことに気づいた。私は、サンゼが商品である白髪染めを宣伝する動画を撮影している現場に居合わせたのだが、その際、彼が芸能人やスポーツ選手ではなく、ごく普通のダラーリ（*dalali*、仲買人、ミドルマン）をモデルに登用するのを見て驚いた。しかもモデルの中年のダラーリはよれよれのTシャツを着ている。「せめてアイロンくらいかけたら」と進言すると、サンゼは「そう思うだろ。でも、これがいいんだ。逆転の発想だよ」と笑い、なぜ彼にモデルを頼んだかについて説明した。いわく、タンザニアのインターネットの商世界は、各商人の「客筋」に沿って分断されている。顔をみて交渉できないインターネットにおいて客が信用しているのは、かつて自身が助けたり、助けられたりして特別な関係を築いている商人だけだ。実際、商人たちのページにアクセスする多くは、彼らの広義の友人である。この各商人の客筋を繋いでくれる人とは、多くの商人の間で仕事をするダラーリだ。モデルの彼は、これまで多様な商人たちを助け、友人関係を築いてきた。その彼がよれよれのTシャツを着ていると、いま彼は困難に陥っているように見える。かつて彼に助けてもらった商人たちは、彼に恩義を感じているので彼の動画をみたら、必ず彼の客たちに配信するだろう、と。

つまり、ダラーリは自身の分身をもつ商人たちに、それらの商人たちがさらに自身の分身をもつ顧客たちに広告を届けるという作戦である。モデルの男性は言う。「多くの人びとに好かれている人に支援するのが、タンザニアの商売で勝つ秘訣だ。自分はその膨大な関係の接合点に座れるから」（ダルエスサラーム、2022年8月）。

まとめ

本章では、所有物をほとんど持たず、しかも所持しているモノがつねに贈与や分配、転売に開かれているインフォーマル経済の人びとにとっての「所有」と「贈与」について、贈り物に宿る「人格」を切り口に論じてきた。彼らは、所有物（資本）を基盤にし、その蓄積を目指す経済の運動において、モノをあえて手放し、財をヒトのかたちで蓄積する。そうすることで彼らは、所有を基軸にして評価され、承認される世界を、どれだけ多く自身の分身をもつヒトを創ったかで評価され、承認される世界へと転換している。本章で私が述べてきたことはややマニアックだったかもしれないが、じつはシンプルな話だ。

多くの貨幣や富を蓄積しなければ、役職や地位を得られなければ、何らかの成果を出さなければ、他者から評価されず、特別な人間として承認されない資本主義経済を他者と競争しながら生きていくのは大変だ。所有に過度に縛られずに生きていけないものかと思う。だが、テクノロジーを介した交換や共有のしくみが発展し、誰もがその時に必要とするモノやサービスにアクセスできる世界ができたら、私たちは自由に楽しく生きていけるのだろうか。使用頻度が低いモノを皆で共有する、遊休資産を有効活用する、不用品を融通しあう、互いのスキルを交換・シェアする。そのときに「私らしさ」は、どこに宿り、誰に承認されているのだろうか。

正直な話をしよう。私は、論文や本が評価されたら嬉しいし、競争に勝つと誇らしいし、富や力を手に入れたら、してみたいことが山ほどある。資本主義経済にどっぷり浸かっているので、これらの評価は承認欲求を満たす上で大事だ。だが「もし大学の先生になれなかったら、タンザニアで俺たちと一緒に商売をしたらいいさ。食べていくだけなら何とかなるよ」といつも励ましてくれた友人たちによる承認は、それとは異なる種類の喜びがある。何かをなし得たらそれは評価されたいが、私が何をなし得たのか、何を獲得したかに関係なく、他とは違う「私」として承認されたい。我ながら、じつに欲張りな人間だ。

だがタンザニアの友人たちも同じことを言う。彼らは「いつか成功したい」「あいつにだけは負けたくない」「豊かになりたい」と毎日のように口にする。他方で、富を独り占めして孤独になるくらいなら、たとえ零細商人のままでも、「君だから安くしておくよ」「君からはお代なんてもらえない」「ただ君が生きていてさえくれればそれでいい」とあちこちで感謝されながら生きるほうがずっといいとも言う。ヒトは、その時々で矛盾した気持ちを抱える。

打算的であり、かつ寛大でもあり、個人主義的であり、かつ共産主義的でもあるというモースの贈与論は、矛盾した極を往還し、その間で思考することが要だった。タンザニアのインフォーマル経済従事者も同じように矛盾を往還し、その間で解を探っている。「資本主義が終わるよりも世界が終わるほうが容易に想像できる」（フィッシャー 2018）のであれば、資本主義経済の中で生きていくためにこそ、自身の人格が宿るような贈与をし、自己の一部を身体の外側へと届け、資本主義経済で承認される自他の区別とは違う形で自己を確立する余地を広げておく必要がある。

私的所有という概念とは違う「所有」の想像力、身体のうちに完結した個人とは違う「自己」の想像力。それは本章で検討したものの他にも、検討しなかった民族誌的事例を含めていろいろなバリエーションがある。そこから所有しても所有しなくてもよい社会の糸口を探っていくことがこれからの課題だ。

註

1 この問題に関しては人類学では、マリリン・ストラザーンによる一連の所有論をめぐる論考が大きな影響をもたらした（Strathearn 1998；中空 2009；松村 2011）が、本章ではマルセル・モースの「贈り物の霊」に依拠して論を進めるため、検討できなかった。

2 「カンガ」と呼ばれるアフリカン・プリント布には、「お隣さんは兄弟だ」などのスワヒリ語の格言が書かれており、贈り物にする際には、贈る時の状況に適した格言を選ぶことが重視される。たとえば、結婚式などには「豹にも舅がいる（どんな怖い人にも頭が上がらない人がいる）」などの格言が、失業した人を慰める時には、「滑ることは倒れることではない」などの格言がついたカンガを贈るとウィットが利いている。ただこれらは贈り先を選ぶので「神のご加護がありますように」などの無難で汎用性が高い格言のついた布を、誰でもいざという時のために所有している。

3 現在では、電子マネーの普及率が80％を超えている（Lotto 2018：p.6）が、高額の預金があるわけではなく、5万タンザニアシリング以内の金額が常時、送金されたり受け取られたりしている。

4 たとえば、VICOBAの融資は、10人程度のグループで構成され、互いが連帯保証人になること、正式な住所を証明できること、自営業者であること、家財道具など担保を用意すること、身分証明書や出生証明書を提示することなどが条件となる。また、毎週返済し、事業が軌道に乗れば、利子をつけて返済する必要がある。インフォーマル経済従事者の間では、この条件を満たすことが難しく、グループのメンバーが夜逃げして行方をくらませたという話や、利子の返済が滞り、なけなしの家財道具をすべて奪われたといった話は枚挙にいとまがない。

5 1ドル＝2230タンザニアシリング（2022年8月17日）。

6 この点に関してはグレーバー（2016）『負債論』も参照。

第3章　コンヴェンション（慣習）としての所有制度
――中国社会を題材にして

梶谷　懐

はじめに――制度と文化的信念

本章では、名もなき人びとのインタラクションによって制度が作られているという、現代経済学における基本的な認識をベースにしつつ、中国における土地および人的資本をめぐる「所有」制度の歴史的な背景を考えていく。その際の基本的な姿勢は、中国社会における通時的な変わらなさ、および変化した点を意識しながら、それらが現代の制度について考える際にどのような示唆を与えるのか、を明らかにすることだ。そこでキーワードになるのが、「コンヴェンション（慣習）[1]」という用語である。

中国の所有制度の具体的な検討に入る前に、現代経済学では、ある社会における経済的あるいは政治的な「制度」と、歴史的・文化的背景との関係についてどのように位置づけているのかを見ておこう。たとえば、制度派経済学を代表する研究者であるダグラス・ノースは、その著書『制度原論』で以下のように記述している。

自然環境の不確実性に対処するために構築される制度や信念と、人為的環境の不確実性に立ち向かうために構築される制度や信念を対比することこそ、変化の過程を理解する要諦である。

（ノース 2016：p.150）

ここでノースは、さまざまな制度を、日常生活におけるさまざまな行為に構造を与え、自然界の及び人為的な「不確実性」を減少させるものだと述べている。ノースによれば、その不確実なものは大きく二つに分類される。一つは自然界、自然環境の不確実性、もう一つは人為的な環境である。さらにはそれらの異なる「不確実性」に人間が対峙する際、「制度」に関する異なる文化信念が生じることになる。再び『制度原論』から引用しておこう。

前者の環境を特徴づける集団主義者の文化的信念は、強力な個人的紐帯に基づいてまとめられ、構造化される非匿名的交換のための制度構造を創り出してきた。対照的に、新たな人為的環境に対処すべく進化してきた個人主義的な枠組みは、個人的紐帯に依拠するよりも、ルールと実効化の公式構造に依拠した。それぞれの構造がそれぞれの信念の構造を涵養し、結果として政治体制、経済、社会の進化する構造を形成したのである。

（前掲書：p.150）

ここには、ある制度の背景にある歴史的・文化的背景について、「集団主義的な文化的信念」と「個人主義的な文化信念」の二つに類型化して理解する姿勢がみられる。近年では、このような文化信念に関する二分法に基づき、市場経済が発展した社会の背景には、西洋起源の個人主義的な文化信念が存在し、そうではない社会には集団主義的な文化がその背景にある、という命題を実証的に検証する研究も盛んに発表されるようになっている。

ただし、こうしたノースらによる「制度」の理解は、基本的に二項対立的かつ決定論的な枠組みを用いてある経済の「制度」や「文化」を捉えるものであり、西洋中心的な、あるいは発展段階論的な視点の持つ限界を免れないという問題がある。

本章では、ある社会に受け継がれる文化的な伝統と、現代まで存続している制度の間には密接な関係がある、という問題意識をノースらと共有しつつも、それが西洋中心的な決定論に陥らないよう気をつけながら、現代中国における「所有」制度について考えを深めていきたい。

1　コンヴェンションとしての所有制度

ルールと均衡

本節では、応用ゲーム理論の知見（バスー 2016；グァラ 2018）を参考にしながら、制度、フォーマルな制度、法制度あるいは政治制度などは、どのようにして経済的なパフォーマンスに影響を与えるのかを考えていく。

まず、典型的な「制度」としての法制度を考えてみることにしよう。ある規範を定めた「法律」が存在する以上、それに基づいて人びとは行動するものなので、ルールである法の変化はただちに行動を変えるはずだというシンプルな考え方がありうる。これは「ルールとしての法（制度）」あるいは法を義務論的に解釈する姿勢といえるだろう。

しかし、現実に起きている現象を注意深く考えれば、事態はそれほど簡単ではない。たとえば、もっとも身近な例として信号が赤のとき「法」を守って横断歩道を渡らないか、という事例を考えてみればよい。ほとんどの人が信号を守る国・地域もあるが、逆にほとんどの人が守らない地域も当然ある。これらはおそらく、法律の有無で決まっているのではない。また高速道路の制限速度が時速80キロから70キロに変更される、という事態についても、同じである。そのような法律ができると同時に個々人が行動を変え、すべてのドライバーが高速道路での時速を落とすかどうかは自明ではない。

なぜ、法律で決まった制限速度を守らなければならないかというと、違反をすると警官が切符を切り、必ず捕まえられるという「期待」がそこに働いているはずである。それでは、なぜ警官はそれを捕まえるのか。捕まえないと上司に罰せられるからかもしれない。では、上司はなぜそれを罰するのか、ということで、その「根拠」は遡及していくことになる。

経済学者カウシック・バスーによれば、単純にある行為を禁じる法律、あるいは制度ができたというだけでは、それが人びとの行動、ひいては社会のあり方を変える理由にはならない。それでは、なぜ法律や制度の変更によって人びとが行動を変え、社会規範がかわること「も」あるのか。そこには制度変更に関する利害関係者、市民および警官あるいはその上司や裁判官、政治家などの、個々の利得が変わるのではなく、むしろ実現される人びとの行動の「結果（均衡）」に関する期待がまるごと変わってしまうことが必要になる。ここに顔を出しているのは、社会的な「制度」を単純なルールとは異なった、「均衡」として捉える姿勢である。

ここでは、行為の「結果（均衡）」に関する期待のことを、経済学者トーマス・シェリングに倣って「フォーカル・ポイント（焦点）」と呼んでおこう。シェリングによれば、「フォーカル・ポイント」とは、「相手がどう予測すると自分が予測するかについての相手の予測を各人がどう予測するか」が一致するような状態のことを指す（シェリング２００８：p.61）[2]。

そして、バスーも指摘するように、「法」や「制度」も人びとの行動に直接影響を及ぼし、人びとの行為予測に関するフォーカル・ポイントを変更させることによってはじめて有効に機能する、という性格を持っている。

法に代表される社会的な制度は、当然のことながら何らかの「ルール」としての性格を持つ。しかし、一方でお互いの得にならないようなルール、納得できないようなルールは、たとえ正規の手続きを経て成立したとしても、おそらく守られないだろう。そのルール＝制度がフォーカル・ポイントを形成しないからである。言い換えれば、いわゆる「コーディネーション問題」が存在する、すなわちゲームの均衡を構成する状況が複数あるような場合に、ある特定の状態が均衡として実現しているとすれば、その均衡はフォーカル・ポイントを形成している可能性が高い。

均衡1――進化ゲーム理論

ここで、所有権制度を社会の「均衡」として捉える場合の二つの説明を見ておこう。このうちの一つは、進化ゲーム理論から導かれる均衡として捉えるものである。この立場からその所有権の起源をどう捉えるのかを示した典型的な議論として、タカ＝ハトゲームによって所有権を捉えるものがある（図表3－1）。ここでいうタカとは、相手と出会うと必ず戦って食べ物を奪い取るという戦略を指す。それに対しハトは戦わないで、相手とシェアをするという戦略をとる。

まず、社会に「所有権」という概念がない状態を考えよう（図表3－1a）。これはホッブズなどが考える、社会がまだ文明化されていない「自然状態」に近いものだといえる。この「自然状態」

に、ハトだけが暮らしていた状況があったとしよう。そこにタカが入ってしまうと、必ずタカのほうが自分の利得が高くなってしまうので、結果としてタカがどんどん増えてしまう。つまり、ハトだけの均衡というのは、「進化的に安定」な状態にはならない。一方、社会がタカばかりになってしまっても、今度はお互いがコストのかかる戦いによって消耗してしまうので、やはり進化的に安定的ではない。その結果、一定程度タカとハトが共存するような均衡が進化的に安定だ、ということになる。

　しかし、そこに第三の「ブルジョワ戦略」を採用する個体が出てきて、ハトやタカなどの個体と接するようになると、それが進化的に安定的になる（図表3-1b）。この「ブルジョワ戦略」とは、自分が所有している土地で相手と出会ったなら戦うが、所有していない土地では戦わない、という戦略である。

　図表3-1bの右端の列に注目しよう。戦いのコストが財の価値より大きい、という仮定を置く

	タカ	ハト
タカ	(v − c)/2	v
ハト	0	v/2

図表3-1a　進化ゲーム論による「所有権」の起源

	タカ	ハト	ブルジョワ
タカ	(v − c)/2	v	v/2 + (v − c)/4
ハト	0	v/2	v/4
ブルジョワ	(v − c)/4	3v/4	v/2

図表3-1b　進化ゲーム論による「所有権」の起源

出所：ボウルズ（2013）

注：狩猟集団n人がランダムにマッチングし、vの価値を持つ財を分割する。そのとき戦って財を得る（タカ）、戦わず共有する（ハト）、所有する土地であれば戦い、そうでなければ戦わない（ブルジョワ）という三つの戦略を採用する。両者が戦う場合は、双方cのコストが生じる（ただし v<c）。

と、ブルジョワ同士が出会ったときのお互いの利得は、片方だけがタカもしくはハトに戦略を変更した場合よりも高くなる。[3] つまり、タカやハトからブルジョワに戦略を変更することはあっても、その逆はない。このようなとき、ブルジョワのみからなる個体群は、タカにもハトにも侵入されない状況にある、という。こういう状況が続くと、いずれ社会はブルジョワばかりになる、つまり、誰もが自分の土地を所有し、その権利を主張するような社会ができあがる、というわけだ。

これは、土地の私有制が社会的に安定的なものとして成立してきた、という説明としてなかなかうまくできているが、問題もある。第一に、ある社会になぜいきなり「ブルジョワ戦略」なるものが生まれてくるのか、その説明はこの枠組みからは出てこない。第二に、地域や社会、あるいは時代によって、さまざまな「所有」のあり方が生じてくる理由が、この進化ゲーム理論に基づく議論では説明できない。こういった点について一定の説明を与えるのが、「コンヴェンション」として均衡を考える立場である。

均衡2――コンヴェンション

以下では、科学哲学者フランチェスコ・グァラの『制度とは何か』の記述をもとに、コンヴェンションの観点から所有制度の成り立ちを理解してみよう（図表3－2）。

ここで想定されているのは、二つの遊牧民が大きな川が流れている土地にそれぞれ羊を放牧して暮らしている、という状況である。片方の民族だけが放牧するならば問題は起きないが、同じ土地に二つの民族が同時に放牧すると、紛争が起きて互いに利得がなくなってしまうという状況を想定している。お互いの戦略が放牧する／しないという二つしかない場合は、どちらかの民族が放牧をして、どちらかが我慢するという解決策しかない。

	放牧する	放牧しない	川の南ならば放牧し、北ならば放牧しない
放牧する	0,0	2,1	1,1/2
放牧しない	1,2	1,1	1,3/2
川の北ならば放牧し、南ならば放牧しない	1/2,1	3/2,1	3/2,3/2

図表３－２　コンヴェンションによる相関均衡

出所：グァラ（2018）

注：カンマの前の数字はヌアー族の、後ろの数字はディンカ族の利得を指す。

ここで、二つの民族の間に一つの「コンヴェンション」が存在する状況を考えよう。これは川の北側ではヌアー族という民族が放牧し、もう一つのディンカ族は放牧をしない。ヌアー族はしないという南側は逆でディンカ族は放牧するけれども、ヌアー族はしないという慣習が成立している状況である。すると、図で示されたように両方ともその慣習に従うという均衡は、「ナッシュ均衡」になる。ゲーム理論的にはこれは「相関均衡」と呼ばれる。

上記のようなヌアー族とディンカ族の間の長年の慣習のように、本来は利得表の中には書き込めない何か外在的なルールがあったとしよう。このとき図表３－２のようにルールが明示的に示されるよう利得表を拡張すると、その中の一つの結果がナッシュ均衡となる可能性が生じる。つまり、「川の北側ではヌアー族が放牧し、川の南側は逆でディンカ族が放牧する」という状況は、ヌアー族にも、ディンカ族にも最適な結果をもたらし、双方ともその状況を変えることを望まない。このような状況を、「ヌアー族は川の北側の土地を所有し、ディンカ族は川の南側の土地を所有する」というルールが成立しているとみなせるのではないか。これが、外在的なルール＝コンヴェンションによる所有権成立の説明である。

先ほどの、なぜブルジョワ戦略が生じるのか、がブラックボックスになっている進化ゲーム理論による所有権の説明に比べると、こちらのほうが社会および文化によってさまざまなコンヴェンションが形成され、それぞれ異なった所有権のあり方がもたらされる、という状況をうまく説明できる。先述の図表は、川という自然条件によってコンヴェンションが規定されるケースだが、別の社会においては山地か平野か、という条件によって決まっているかもしれないし、ある社会では王様が命令したからとか、長老が決めたから、という理由でコンヴェンションが成立しているかもしれない。

グァラによれば、このような相関均衡の考え方によって、制度に関する二つの異なる考え、すなわち「ルールとしての制度」という考えと「均衡としての制度」という考えは統合される。グァラはそれを「社会的制度の均衡したルールの理論」と呼んでいる（グァラ 2018：p.85）。

エスカレーターは左か右か

現実の社会において、ある制度を現実的に機能させる「フォーカル・ポイント」となりうるものは何だろうか。この問いに答える上でも、ある制度の歴史的な経緯あるいは慣習、すなわちコンヴェンションを考えることが重要になってくる。

先述のグァラは、哲学者デイヴィド・ルイスのコンヴェンションに関する議論を引用しながら、ある結果が過去に非常に頻繁に生じているという事実だけで、その結果は、フォーカル・ポイントを形成するだけの「顕著さ」を持つ場合がある、と述べている（グァラ 2018）。その場合、その結果に必ずしも何か合理的な根拠がなくてもよい。

たとえば大阪や神戸では、一般にエスカレーターに乗るときにはほとんどの人が右側に立ち、左側を空けて乗る。東京などでは逆だ。これに何か合理的な根拠があるわけではない。阪急電車がかつて右側立ちを推奨するアナウンスを流し続けたから、という説もあるが、本当はわからない。ただ、みんなエスカレーターでは右側に立つものだと思っているので、そういう状況がおのずから形成されるのに過ぎない。

そして、そのように人びとの予測が一致してさえいれば、そこに合理的な根拠はなくてもその状態がフォーカル・ポイントになり、社会的なルールとして機能する。そして、それがいったんルールとして人びとに認識されたならば、（たとえ、専門家が「エスカレーターの片側空けは危ないですよ」と警鐘を鳴らしても）それは容易には変化しない。

なぜなら、「私たちは、先例に従わなかったりコーディネーション問題の明白な解決策を選択しなかったりする人々を非難しがちで」あり、「私たちは、彼らが誤っ、たことをしているという印象も持って」しまいがちだからである（グァラ 2018：p.41）。

コンヴェンションが制度を形成する際のフォーカル・ポイント、とはこういう状況のことを指す。たとえば、ある社会や地域における歴史的な慣習は、その慣習がある制度を形成する際のフォーカル・ポイントを提供するがゆえに、現代の制度やその変化を考察する上できわめて重要になってくるのである。

歴史のなかのコンヴェンション――奴隷貿易から

さらに、一度形成されたコンヴェンションは、たとえそれが望ましい帰結をもたらさないことが自明であってもなかなか変更されることがない。経済学者ネイサン・ナンは、歴史的な出来事が、国内の制度や人びとの行動規範、さらには文化など、経済成長に影響を及ぼすような決定要因を長期的に変化させていく可能性があることを指摘している（Nunn 2009）。

ナンは、アフリカにおける奴隷貿易による原住民の収奪が、その後のアフリカ諸国の制度的発展を阻害してきたことを、ゲーム理論を用いて示している（Nunn 2007）。ナンによれば、西洋列強による苛烈な植民地支配は現地住民に対し、「生産性の高い活動を行えば、それだけ多く収奪されるので、むしろ生産性の低い活動を行った方が多くの効用が得られる」という期待をもたらしたという。

この期待によってもたらされる均衡は安定的なので、その後、植民地支配が終焉しても、社会において生産性の高い活動を行うことが支配的となる均衡への移動はなかなか行われなかった。なぜなら、生産性の高い活動によって得られる利益を保護する制度が形成されなかったために、そこに生活する人びとにとって生産性の低い活動から高い活動に自分だけが移動することは、期待利得の低下を意味するからだ。「より高い山に登るには、今いる場所をいったん降りなければならない」というわけである（Nunn 2020）。

過去の文化的な背景が、現代の社会的な制度を形作る構成要素となっていることは間違いないにしても、それを文化決定論的に、集団主義的なものが遺伝的に作用し、それですべてが決まっていると理解すべきではない。現実に、現代の社会制度が個人主義的であったり、集団主義的であったりしても、それは何か特定の要素が決定しているというよりは、コンヴェンションも含めたさまざまな要素やそれに伴う社会構成員の相互作用が複雑に作用した結果として捉えるべきだろう。

このような議論を踏まえ、本章では、現代中国の所有制度を考える上でのコンヴェンションの役割を重視する。制度の観点から現代中国経済を考える際にも、コンヴェンションがどのように実際の人びとの経済的な営みの中でフォーカル・ポイントとして機能し、人びとの予測に影響を与えているのか、ということを明らかにする必要があるからだ。制度が変わりにくいのは、さまざまな新しい制度を導入した際に、それらがコンヴェンションと整合的かどうかによって定着したり、しなかったりするからである。そのような、表層的な制度の変遷の中で一貫して変わらない中国社会に固有なコンヴェンションのありようを、どのように明らかにしていくのか。

次節および第3節では、土地および「人」の所有をめぐる制度の検討を通じて、この難しい課題に取り組んでみたい。

2 「アジア的な所有」と東洋的専制主義

アジアの「弱い所有権」

まず、「所有」という概念は、社会にとって多様なあり方をしている、ということをあらためて確認しておきたい。とはいえ、近代的な「所有（権）」概念は、一般的に、個人あるいは団体の特定の物体に対する包括的かつ排他的な支配権、として理解されている。この所有権概念は、あくまで「個人」の利益を守るという西欧社会における伝統的な価値観を色濃く反映させながら、産業革命以降の各地域における近代化＝資本主義化を支える、「普遍的」な制度的基盤として受容されていった。

しかし、中国に代表されるいわゆるアジア的社会では、それとは基本的に異なる所有権のあり方が伝統的に受け継がれてきたのもまたよく知られた事実である。そのことは、近代以降の西欧列強の「アジア」への植民地支配の過程において、アジア社会の前近代性、停滞性の象徴として認識されることになった。その認識は、マルクスの『資本制生産に先行する諸形態』などの著作における「アジア的所有」の概念にも受け継がれており、そのことが「アジア的生産様式」ならびに「東洋的専制主義（オリエンタル・デスポティズム）」をめぐる激しい論争を呼び起こしてきた。

そのような「アジア的生産様式」をめぐる論争の整理を通じて、現在まで通じる「アジア的所有」のあり方を研究してきた、福本勝清の記述を引用しておこう。

問題は、主として、アジアにおける所有の重層性（錯綜ぶり）と、所有権の弱さにあった。〔中略〕西欧人の目には、たとえアジアの農民が、自分の先祖伝来の農地を耕作し、時にはその耕地を売買することによって、私有制が確立していたように見えたとしても、その所有権はあまりにも弱く、土地はまるで、王や皇帝のものであり、個々の農民はただそれを保有しているだけのように見えた。

（福本 2016：p.14）

ここで重要なのは、所有権には「強い所有権」と「弱い所有権」がある、という指摘である。つまり、伝統的なアジア的社会において、土地の私的所有が見られなかったわけではない。しかし、それは西欧社会に比べて端的に「弱かった」。そして、所有権が強いものになるか、弱いままにとどまるかは、ある社会が置かれた自然環境や、権力関係などに依存する。東洋社会を、「強い所有権」が成立した西欧社会とは対照的な「弱い所有権」しか成立しない社会として理解し、その延長線上に20世紀のスターリニズムや毛沢東主義の問題を論じたのが、歴史学者カール・ウィットフォーゲルである。

ウィットフォーゲルによれば、所有という概念は以下のように定義される。

所有は特定の物を処分する個人に認められた権利である。他の権利と同様に、所有と呼ばれる権利は人と物との間の関係以上のものを含んでいる。それは所有者と、所有権の権利のためにその物を処分することより排除される他の個人との関係をも含んでいる。

（ウィットフォーゲル　１９９１：p.294）

その上で、彼は「強い所有権はバランスのとれた社会秩序のもとで発展するので、所有者は「その」対象物を最大限の自由でもって処分することができる。弱い所有はバランスのとれていない社会秩序のもとで発展する」のであり、後者の弱い所有は、「国家が異常に強いことによって、私的所有が異常に弱くなる傾向のある水力社会」たる東洋社会に特徴的な現象だと指摘したのである（前掲書：p.295）。彼によれば、

強い所有権の保持者はその財産をさまざまな方法で処分することができる。彼は共同社会の他のメンバーの権利に抵触しないかぎり、その所有物を彼が欲する、いかなる使用にも供することができる。彼はそれを経済的領域においても（生業と利得のために）、あるいは物理的強制の領域においても（彼や彼のグループの物質的、政治的利益を増進するために）積極的

に使用することができる。あるいは彼はそれを生活と享楽のために消費するというふうに、消極的に使用することもできる。時には彼はそれを全く使用しない決意をすることもできる。

（前掲書：p.296）

一方で、「弱い所有権の保持者はこれらの特権の影しか享受することはできない」。この強い所有と弱い所有の対比は、農村による土地所有においてもっとも典型的に表れる。すなわち、

多くの東洋的社会においてはしばしば自分自身で土地を耕作していない土地所有者は、土地の大部分が何らかの方法で政府によって規制されているところから、私的農地所有の領域が拡大するのを妨げられてきた。自由な（規制されない）土地が土地保有の支配的な形態となるときはじめて、私的土地所有が独立的、職業的手工業、商業の卓越と比較できる社会現象となるのである。

（前掲書：p.297）

水力社会

では、なぜアジア的社会において私的所有権は、伝統的にこのような「弱い所有権」としてしか成立し得なかったのであろうか。よく知られているように、ウィットフォーゲルはこの問いに対し、灌漑《かんがい》農法に代表とされる、強大な権力を背景とした水利施設の建設の如何《いかん》によって、その社会の生

存可能性が大きく左右されていたから、すなわち、アジア的社会が「水力社会」であったから、という答えを与えた。

福本の表現を借りるなら、「アジア的な社会において、水利、もしくは、灌漑・治水は、共同体成員にとって、公共の事業として立ち現われる。それゆえ、当該社会における、私的所有あるいは所有権の確立は、公共事業展開の制限として現われる」（福本 2016：p.52）。その結果生じるのは、「権力の一極集中に対応しているのは、他のすべての成員の無権利である。そしてその権力の一極集中にともなう他の成員の無権利もまた、イデオロギー的補強により、正当化される」という状態である。そして、「この至上権のもとにおいては、個々の臣民の権利は極小化する」（前掲書：p.42）。この臣民の権利の「極小化」の象徴が「弱い所有権」だというわけだ。

すなわち、アジア的な社会においては「水利」もしくは「灌漑」は共同体の成員にとってなによりも公共性を持つ、自分たちの生存可能性を左右する現象として現れた、ということである。言い換えれば、水力社会においては権力の集中化が公的な事業の実行を可能にした。その結果、当該社会における権力の集中とその裏返しとしての、権力者ではない人びとの圧倒的な無力化が、表裏一体のものとして現れてくる。これがウィットフォーゲルの「水力社会論」的な文脈におけるアジア的な社会の特徴にほかならない。

また、このような「権力の一極集中に対応する他のすべての成員の無権利」は、20～21世紀の社会主義体制にまで持続する、「至上権」に対抗する可能性のある勢力・言論への徹底的な抑圧へとつながっていることも容易に理解できよう。

自分たちの生活を左右する公共的な事業が、個々人の意思にとってどうすることもできない、コントロールが及ばないものとして現れてくる社会の中では、市民が、自分たちの意思や力によって社会のあり方を決めていくという個人主義的な価値観が生まれてくるのはきわめて困難だったからである。

華北と江南の差異

ただ以上の記述は、中国の歴史に照らし合わせると、いくつか留保をつけなければいけない点がある。福本も指摘しているように、中国では華北と江南（長江下流域）において、農業に関する大きな状況の違いがあるからだ。すなわち、「中国の農業は、華北と江南では大きく異なる。より正確に言えば、淮河を隔てて、南北に分かれている」「常識的な事実として華北農業が旱地農法に支えられていることが、マジャールやウィットフォーゲルの水の理論への批判を強く後押しすることになる」（p.68）。

同様な指摘として、中国国内における地域的な文化特性について分析した Talhelm et al.（2014）は、全国28省出身の漢民族の学生1162名を対象とした調査（調査地は北京、福建、広東、雲南、四川、遼寧）に基づき、江南など米作に適した地域の出身者は、華北など小麦作に適した地域の出身者に比べて、集団的な文化圏の特徴を表す典型的な傾向（よりホーリスティックな思考、より相互依存的な自己解釈、より低い離婚率）が強く見られる、という結論を得ている。

彼らの分析の結論は、先ほどのウィットフォーゲルの見解に対する批判を提供している。つまり、稲作や灌漑の存在が文化的信念にとって重要だとすると、それには中国国内でも大きな差異があるので、ひとくくりにはできないと考えるのが自然だからだ。これは先述のように、以前からウィットフォーゲルの水力社会論に対する有力な批判として指摘されていた問題である。

この問題に関しては、中国政治を専門とする石井知章が水力社会論を擁護する観点から、「灌漑はある中心的地域において支配的であり、生産のための大規模公共工事に対するコントロールによって得た権力ゆえに、管制当局がこれらの地域をはるかに越えて、軍事的かつ政治的コントロールを拡張することができた」（石井２００８：p.106）というウルメンの指摘を紹介している。

すなわち、稲作主体と小麦作主体の地域でそれぞれ異なる文化が存在したとしても、そこには共通の権力の影響が存在したはずだ。なぜなら、①権力構造と②文化的価値観と③自然条件の関係は一元的かつ単線的なものではないからである。むしろこれら三つの要素は複雑な双方向の影響を及ぼしつつ、社会を構成していくのではないか。言い換えれば「水の理論」は、自然環境決定論もしくは停滞論ではなく、資本主義的発展の類型論なのであり、アジア的な統治のあり方の構成要素を示すものとして再評価すべきだ、ということになるだろう。

同様な観点は、中国明清史を専門とする足立啓二によっても提示されてきた。足立は、かねてより中国の国家・社会の特徴として「専制国家」という概念を提起し、西欧諸国および日本前近代においてみられた封建社会との対比によってその特徴を明らかにする試みを続けてきた（足立　2018）。彼の整理によれば、領域内の私的な土地所有に基づく勢力が、つねに国家権力と緊張関係にあり、国家とは独立した形で公共サービスの提供などの「自治」を行うというのが封建社会の基本的な性質である。そこでは、小経営生産様式の再生産のために必要な「剰余」を、地代という形で私人が徴収し、勧農・軍事・裁判などの社会的再生産の業務を遂行する権限を掌握していた。

それに対し、「専制国家」とは国家が唯一の権力基盤ならびに公共サービスの担い手としてそびえたつ一方、基本的にそれに対抗するような団体や権力が社会の中に形成されないような社会システムのことを指す。つまり、再生産のための「剰余」が基本的に税や徭役《ようえき》などの形で国家機関によって徴収され、軍事費・宮廷維持費、水利などの勧農費などに支出されたのが、中国のような専制国家の特徴であった（足立　2012：p.6）という。

このように、ある社会の権力構造と文化的価値観と自然条件の関係を一元的かつ単線的に捉えるのではなく、むしろこれら三つの要素は複雑な双方向の影響を及ぼしつつ、社会を構成する、と考える点で、足立の立場は先述のウィットフォーゲル、および福本や石井の視点とも共通するものだといえるだろう。

以下では、このような複数の要素が双方向に影響を及ぼすことによって、中国において伝統的に西欧社会とは異なる「所有」のあり方が形成されてきたこと、そしてそれは近代化を経た現代でも、形を変えて存続していること、を具体的な事例を通じてみていきたい。

3　伝統社会のコンヴェンション1——土地所有制度

土地公有制

改革開放以降の中国農村においては、西洋近代由来の所有権とはかなり異質な「所有権」概念に基づく土地制度改革が行われており、現在もその改革の試みは進行中である。いうまでもなく、その前提となっているのは「所有権」があくまで公有化されており、「(公権力によって何らかの限定が加えられた)使用権」のみが個人に与えられ、さまざまな制限の下でかろうじてそれが売買される、という、土地公有制の原則である。

なぜ市場経済化が広く進展した現状においてなお土地公有制が堅持され、近代的な排他的所有権が制度として採用されないのか。前節でみたようなウィットフォーゲルの所説に依拠しつつ、中国では伝統的に私有財産としての土地に対し、「弱い所有権」しか認められてこなかったからだ、というもっともらしい説明を加えることはたやすい。

ただ、ここではそのような決定論的な態度をしりぞけ、中国社会の伝統的なコンヴェンション(慣習)と、文化的価値観、さらには公権力との関係が織りなす複雑な連関からこの現象を考えてみたい。

計画経済によって都市‐農村の二元構造のもとで土地公有制を堅持してきた中国では、政府による「土地政策」の名に値するものは長らく行われてこなかった。農村では1970年代後半に人民公社主体の集団農業体制から生産責任制に代表される家族営農制に移行するが、農地の経営権（請負権）の分配は依然として集体（村）が厳格に管理しており、農地の流動化や農業以外の目的への転用が政府の政策課題となることはなかった。企業が教育・医療も含めた従業員の福利厚生を丸抱えする、いわゆる「単位社会」の下で住民への住宅供給が保障されていた都市でも事情は同じである。

中央・地方政府が主体となった本格的な都市開発およびそれに伴う土地政策が行われるためには、中央政府の主導により土地取引に関する法律の整備などの一連の制度構築が行われる必要があった。まず、1986年に「中華人民共和国土地管理法（以下「土地管理法」）が施行され、公有制を前提とした土地管理の法体系が整えられた。

翌1987年には、深圳《しんせん》市で初めて都市における国有地使用権の有償譲渡、すなわち地方政府が土地の使用権を民間の開発業者に払い下げ、その資金をインフラなどの都市建設に投じる、という形をとった都市開発の手法が開始された。

このような制度的な整備を背景に、1991年には全国17の省・自治区・直轄市で、国有地使用権の有償譲渡が試験的に行われる。そして、1992年に鄧小平《とうしょうへい》による南巡講話をきっかけにして、第一次不動産開発ブーム（「土地囲い込み（圏地）ブーム」）が生じることになる。

その間にも、土地・不動産取引に関する制度的な整備は着々と進められた。中でも重要なのがそれまで国有企業を中心とした「単位」により支給されていた都市住宅の「持ち家化」と「商品化」に関する改革である。1994年の国務院「都市住宅制度改革の深化に関する決定」、および98年の同「都市住宅制度改革の一層の深化と住宅建設の加速に関する通達」により、都市住宅の商品化を進め、計画経済時代より続いてきた住宅の現物支給制度を廃止し、住宅建設を促進するという方針が明確化された。一連の住宅商品化への動きは、都市住民層の住宅需要を刺激し、その後の不動産バブル発生の大きな原因の一つとなっていく。

農地開発の一元化

1990年代後半に中国の土地政策は大きな転機を迎える。特に、1998年における土地管理法改訂は、地方政府による独占的な農地収用、都市開発の手法に道を開いたという意味で、一つの画期をなすものであった。そこでは、農村における集団所有地の非農業用地への転用にあたっては一旦政府が収用し「国有化」することを義務づけたほか、土地の全体的な利用計画の作成にあたっては国務院あるいは省級政府の認可が必要であることを明記するなど、土地開発に対する政府の管理が強化された。

このように土地開発の権限が地方政府による収用と認可を通じて一元化されることはさまざまな社会矛盾をもたらした。すなわち、地方政府が地域の土地開発権を独占的に握っているために住宅の供給が過小になるなど市場にゆがみが出てしまい、さらに土地取引において発生する独占レント（地代）が農民に対してほとんど分配されず、経済格差の拡大につながったからである。

特に十分な補償もないままに土地を失う、いわゆる「失地農民」の存在が社会問題として注目をあびるようになる。そのような状況の中、2003年3月より施行された農村土地請負法では、個別農家の農地経営権（請負権）は土地に対する用益物権の一種であることを明文化し、農家の土地に関する「財産権」保護に道を開いた。

土地制度改革

その後、この「土地備蓄制度」による都市開発の手法は、開発レントの分配を巡って農民―集体―地方政府間の矛盾が先鋭化したり、住宅地の供給が過少になり、価格が高騰したりするなど、次第にその問題点が露《あら》わになっていった。このため中央政府はたびたび住宅価格の高騰を抑制する政策を採ると同時に、「土地備蓄制度」およびその背景にある地方政府への土地開発権の集中化を改善するような制度的な改革を試みるようになった。

まず、2007年10月には、多様な所有制による経済の共同発展という原則を確認し、国や集団の所有権だけではなく個人の所有権も平等に保護していくことを明記した物権法が施行された。続いて中国共産党は2008年10月に開かれた第17期中央委員会第三回全体会議（三中全会）で「農村改革の発展を推進するにあたっての若干の重大問題に関する決定」を採択し、都市への出稼ぎなどを通じて兼業農家化が進んでいた農村における土地の流動化を通じた経営効率化が積極的に進められた。

さらに2010年ごろからは、農村の土地の開発に伴うさまざまな社会矛盾に対処するために、試験的な「モデル」が実施されるようになる。土地の流動化を進める以上、それらの土地に対する農民の「権利」を明確にすることが必要になるが、その実現の方法を地方の実情に合わせて実験し、互いに競わせるというやり方がとられたのである。

代表的なものとして、2007年6月に重慶市と成都市でスタートした、「全国都市農村一体化総合改革試験区」設立を通じた都市農村一体化（農村都市化）の試みが挙げられる。両市の試みはいずれも、社会保障などの都市住民が享受しているサービスを農民にも提供することを目的とし、そのために土地制度の改革、農地の流動化と集約化、農民工の待遇改善、行財政制度の改革をその内容に盛り込んでいた。

このような土地制度改革の方針は、習近平政権の成立以降も基本的に継承された。同政権の基本的な経済政策の方向性を示した、13年11月の第18期中央委員会第三回全体会議（三中全会）で採択された「改革の全面的な深化に関する若干の重大問題の決定」では、都市と農村における統一的な建設用地市場の創設を通じて、農民の権利を向上させるとともに、都市と農村の二元体制を見直し、社会保障面での都市住民との平等化を図ることなどの改革の方針が盛り込まれた。この方針は、2014年に国務院が発表した「国家新型都市化計画（2014〜20年）」にも受け継がれていく。

所有権・請負権・経営権の分離

中国農村における土地制度改革の現時点での一つの到達点として捉えられるのが、農地の「三権分置改革（所有権・請負権・経営権を分離する改革）」である。これは、所有権が農村集体に存在する農村の土地に対する農民の権利を、譲渡不可能な「請負権」と譲渡可能な「経営権」とに分離し、後者の流通を進めようとするもので、これまで各地の農村で実質的に進められてきた土地流動化の動きを法制の上で正当化したものだと言ってよい。[4]

中国経済の現状に詳しい関《かん》志雄《しゆう》によれば、中国政府は市場化による土地の利用効率の向上のために、この「三権分置」改革に加え、「農業用地の請負関係の安定維持」「農業用地の徴用の規範化」、「経営性建設用地の市場を通じた譲渡」、「住宅用地制度改革」などの一連の改革を進めつつある（関 2020）。

集団による土地所有権の上に個別農家の譲渡不可能な「請負権」が設定される、というのが人民公社解体後、改革開放期以降進められてきた家族経営農業の実施形態であった。その後の農村から都市への労働力移動及びそれに伴う耕作放棄、土地の大規模経営化など経営効率向上への要請から、土地の使用権の移転が要請されるようになってきた。

しかし、土地使用権の移転が行われた場合、もともとその土地を請け負っていた農家と、使用権を譲り受ける農家あるいは企業の間の権利関係が明確ではない、という問題が生じる。「三権分置」改革は、この両者の権利関係について、分離前の土地に対する「請負経営権」のうち、「請負権」を前者に留保したままで、「経営権」を後者に移転することが可能だ、という制度的な定式化を行った。「請負権」が譲渡不可能であるという前提のままにそれに譲渡可能な「経営権」をいわば「接ぎ木」し、農民は自由に後者をレンタルしたり売却したりすることを可能にしたものである。

後述するように、中国の農村では、農民が主体となって設立された「土地株式合作社」などの組織に土地使用権を「出資」して配当を得る、という形態が広く導入されているが、一連の法改正によってこの「土地株式合作社」の運営にも制度的な裏づけが行われることになった。さらにはこれまで請負権については認められてこなかった抵当権の設定も、経営権には認められることが明らかになっている。このことから、農民の「個人資産」として農地を位置づける、市場化を通じて都市住民と農民の待遇の格差を解消する第一歩になると指摘する声もある（関２０２０）。

中国的な所有権——管業と来歴

しかし一方で、これら中国農村で進行しつつある一連の改革には、一つの土地に所有・請負・経営という異なる権利とその保有者が併存する、という重層的土地所有のあり方を制度化したものとして、西欧起源の排他的な所有権とは異なる伝統社会における「所有権」概念からの連続性も存在している。

伝統中国において、「一田両主」などの西洋起源の排他的土地所有制度とは異なる土地制度が独自の発展を遂げてきたことに関しては、これまでも東洋史学あるいは中国法制史における膨大な研究蓄積がある。以下では、それらの成果を明快なロジックで整理した寺田浩明や岸本美緒らの先行研究に依拠しながら、前項で述べてきた中国の土地制度改革、その一つの到達点ともいうべき「三権分置改革」を、伝統的な中国の土地制度との連続性の観点から捉えてみたい。

伝統中国の土地所有制度からの連続性を論じるにあたって、まずその特徴をいくつかのポイントに分けて整理しておこう。

注目したい一つめのポイントは、「管業と来歴」の組み合わせとして理解される「所有権」のあり方である。これは、後述するようにきわめて流動性の高い社会において、土地を用いて「生計を立てる（管業せしむる）権利」を保障することが、零細な農民にとっての一種のセーフティネットとして機能していたことを示唆するものである。これを前提に、土地権利の移転において、誰がその土地を用いて生計を立てていたのかを証明する存在、すなわち「来歴」を証明する存在としての仲介者「中人」の存在も、きわめて重要なものとして認識されるようになる。

明清期の法制史を専門とする寺田浩明は、明清期契約文書の丹念な解読を通じて「中国の土地売買は国家による私的土地所有権制度の整備を踏まえて始まったものではなく、むしろ歴史的には社会の中でなし崩し的に広まったものであり、国家はその動きを追従するような位置に立つ」と述べ、その上で明清期の中国が「ごく普通の農地が十年に一回ほどの頻度で売買」されるというきわめて流動性の高い社会であったことを強調している（寺田 2018：p.47）。

では、このような「土地の権利」の取引は具体的にどのようにして行われたのだろうか。土地は農民にとって生活手段を提供してくれるもっとも重要な財産であることを考えれば、そう簡単に手放すことはできないはずのものである。実際、農民が土地の権利の売買をする際多くの場合はまず農民が負債を抱え、それを返済する過程で土地の権利が債権者に移転するという形態をとった。

たとえば、流動資金が不足した農民が豊かな農民などから資金を借りる上でまず用いられた手段が「抵押《ていおう》」である。これは、貸借期限内はその土地は依然として借主が耕作し、貸主は利息を徴収し、期限が来ても償還できない場合に初めて土地が没収されるというものである。この手段により、借主は地価の四割程の資金を調達することができたという。さらに地価の六割程度の資金を借主が得ることができたのが、出典期間中はその土地の使用収益権が貸主に属する典（活売）である。このケースでは、資金のやり取りに伴って土地の実質的な所有権が移転する。ただし期限満了後に、借主は原価で請戻し（回贖《かいしょく》）可能だが、請戻しが不可能な場合には差額を支払って土地を売却しなければならない（絶売）。

このような土地取引の活発化の中で、土地に関する「所有権」とは別に、その土地を生産手段として使い生計を立てる権利、すなわち「管業権」ともいうべき概念が生じてきたのである。このことは農地の貸借、すなわち租佃《そでん》関係においていっそうはっきり現れる。上記のような土地の兼併化過程が進むにつれて、自作地を持たないいわゆる佃戸《でんこ》と呼ばれる農民層が増加するようになってくる。このことは一方で、零細な農民層へのセーフティネットとして「管業」に対する権利、あるい

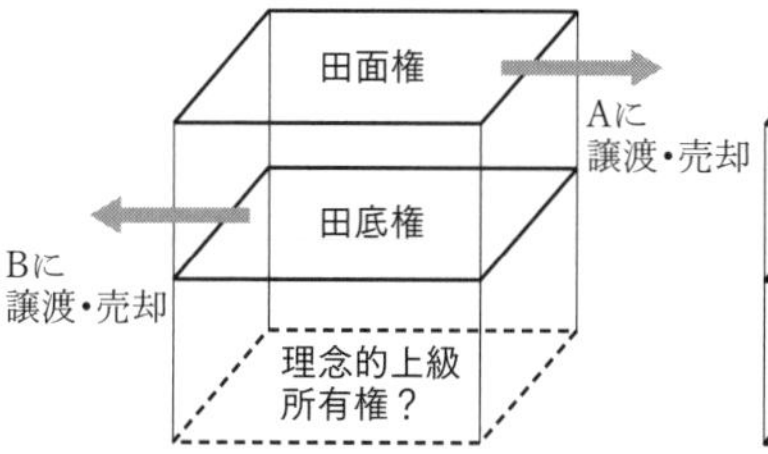

図表３-3a　前近代中国の「一田両主制」

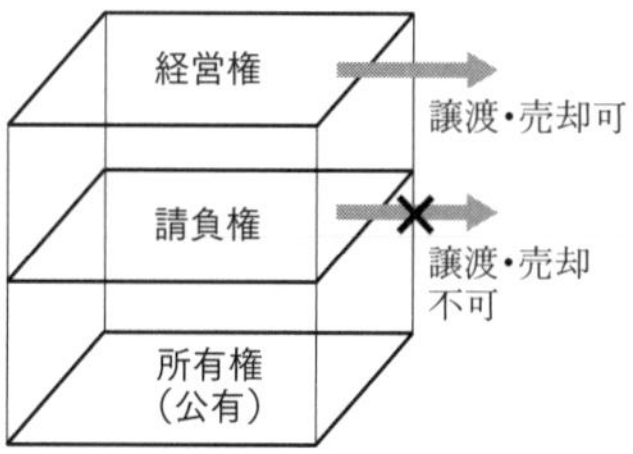

図表３-3b　現代中国の「三権分置制」

は「押租《おうそ》」請求権といったものが広く認められることにつながるからだ。
このような状況の下で生じるのが、いわゆる田面田底《でんめんでんてい》慣行である。これは農民層が佃主《でんしゅ》と佃戸とに分化していく中で、それぞれの側で引き継がれる「田底／田面」「骨業／皮業」に関する「権利」が発生し、「その引継ぎ自体が〔中略〕「もの」の売買と所有の如く意識されるようになる」状況から生まれてきたものである。寺田の表現を借りれば、「一地の上に田面と田底という二つのもの（権利）が並んである」「一つの土地の上で生計を立てている二つの一家の姿と、その生業がともに来歴と管業の形で位置づけられている様子」である（寺田２０１８：p.90）。このような慣行の存在が、土地に対する権利が頻繁に移転する状況の中で、生計を立てていく権利が保障されるという状況をもたらしたと考えられる。

このような土地の上級所有権（田底権）と「管業せしむる権利（田面権）」の分離、そしてそれを前提とした田面権ならびに田底権の市場における取引活動の活発化、という当時の土地所有権のあり方は、むしろ前項で見たような、所有権・請負権・経営権を切り離して経営権の売買を促進する、という現代中国の土地改革にも受け継がれている、といえるのではないだろうか（図表３－３）。

理念的上級所有権としての「王土」概念

二つめのポイントが「理念的上級所有権」としての「王土」概念である。

明清期の社会経済史を専門とする岸本美緒は、伝統中国において土地私有化が進む中で、いわばフィクションとして家の究極的な所有権が皇帝にあるということが前提とされていたことが、「私的所有に対する全体的福祉ないし国家的利益の観点からの介入を正当化」するとともに、「民間の私的土地所有権を相対化することによって、かえって多様でスムーズな土地利用権の流通を支える」という効果をもたらしたと指摘している（岸本２００４）。

また寺田も「生業中心の私的所有の考え方は、皇帝支配の下、万民がそれぞれに生業を得て暮らしているという一君万民の世界像とうまくマッチする」という指摘を行っている（寺田２０１８：p.97）。すなわち、土地が究極的には国家に所有されているという事実が、それが実際に機能していたかどうかはともかくとして、活発な土地取引によりもたらされる「格差」「社会的不安定」へのセーフティネットとして観念されていたわけだ。岸本の表現を借りるならば、「「王土思想」とは、大土地所有者の専恣に対し、公益の立場から調整的に介入してくる国家の姿勢を支えるレトリックなのである」（岸本１９９３：p.780）。

このことは現代中国の土地制度をめぐる問題にも通底していると考えられる。たとえば、改革派の経済学者周其仁の著作『産権与中国変革』では、次のような興味深い指摘がなされている（周2017）。周知のとおり、中国では現在、都市の土地は国有とされ農村の土地は集団所有とされている。その起源は、1982年憲法改正において「都市の土地は国家によって所有される」と規定（第10条）された。この1982年憲法によって初めて、国有地の範囲は「鉱物、河川、国有林、荒廃地」から、すべての都市部の土地へと拡張されたのである。

一方、周によれば、文革期の1975年に施行された憲法の第6条には「法律で定められた条件に従って、国家は都市と農村の土地やその他の生産手段を購入、収用、あるいは国有化することができる」という規定がある。つまり、1982年の憲法改正が行われるまでは、中国の都市部の土地はそのすべてが国有されていたわけではない、ということになる。また1982年以前に政府がどのようにして「すべての都市における土地を購入、収容し、国有化したか」に関する具体的な記録も存在せず、一部の都市の私有地は82年の憲法改正により「国有地とされた」と考えるしかない、と周は指摘している。このことは、中国社会に生活する一般の人びとにとって土地の理念的上級所有権がいかに現実の生活と関わりの薄い「フィクション」に近いものとして捉えられているか、端的に示す事例だと思われる。

リスクシェア

三つめのポイントが、社会における協働関係を構成する「持ち寄り型の秩序」である。

これは、土地の使用権もしくは所有権が頻繁に取引されて移転する流動性の高い社会のもとで、人びとがリスクをシェアするためにどのような社会関係を構築するかということに関係する。その背景には、村落共同体が不在であるという中国の農村に特有の事情がある。この中国における「村落共同体」の不在については、古くは戦前の平野義太郎と戒能通孝《かいのうみちたか》との間における論争にさかのぼることができる。

1940年から44年にかけて満鉄調査部は華北農村を対象に法社会学的な方法論を用い、詳細な訪問調査を行った（「中国農村慣行調査」）。この結果をめぐり、調査に関わった平野義太郎と戒能通孝の間で論争が繰り広げられた。平野は、調査地農村に日本と共通する「アジア的」な村落共同体の存在を見いだし、そこから日本と中国が西洋とは異なる独自の発展をとげる可能性を強調した。

一方の戒能は、「封建制」と深い関わりを持つ村落共同体を、むしろ西洋的な近代化の基礎を準備するものと捉え、華北農村にはそのような共同体の存在は見いだしがたい、として平野を批判した（旗田 1973）。そのような共同体的なリスクシェアリング機能が働かない中で、個々の農民が自らの必要に応じて、多種多様な社会関係を自分自身の手で作り上げていた、という戒能による華北農村のイメージは、戦後の中国農村研究にも大きな影響を与えた。

また、戦前・戦中の華北農村におけるフィールドワークをもとに『経済秩序個性論』を著した柏祐賢《かしわすけかた》が、中国社会の特性として用いた「包の倫理規律」という表現も、基本的に流動性と不確実性の高い社会における経済活動のリスクシェアのあり方を示したものと理解できよう（柏 198

6)。そこで養成された人間関係あるいは社会関係は「明確な単一の目的を掲げ、その実現に向けて関与者各人が一定の財物を持ち寄る形」「当初の目的を達成すればそこで一旦解散する」（寺田2018：p.111）というものにほかならなかった。

このような「持ち寄り型」の、短期的な協働関係の特徴を表すのが、「通力合作」「会」「合股《ごうこ》」などの概念であった。これらは現代で言えば、SNSのグループチャットを通じた「弱いつながり」によって形成される協働関係にあたるものだといえるかもしれない。またこのような「持ち寄り型の秩序」は、排他的な所有権が存在しない状況の下で、農民が土地や労働力を「持ち寄り」つつ、利益の分配を求めて協業を行う、「土地株式合作社」のような独特の組織の構成原理ともなっていると考えられる。

所有の起源——信用取引

すでに述べたように、土地の権利を所有権・請負権・経営権の三つに分類し、経営権の市場における自由な流通を認めるという「三権分置改革」は、理念的上級所有権としての土地公有制のもとで、「管業=土地経営の権利」の流通を制度的に保証した伝統中国における土地所有制の特徴を残しつつ、現代的に制度化したものとして理解することが可能である。

このように、前近代との連続性において現代中国の土地制度を理解できるとするなら、その西欧起源の制度との相違はどのような点に求めることができるだろうか。ここで、土地の所有権移転を伴う「信用取引」が必然的に抱えるリスクとその対処、という点に着目したい。

近年、人類学者デヴィッド・グレーバーの著作『負債論』などによって、交換の起源にはまず「負債」「貸し借り」が存在する、というストーリーの「復権」が提起されている（グレーバー 2016）。その基本的な考え方によれば、市場取引は「余剰の贈与から始まる交換というよりは、欠損を埋めるべく行われる贈与と、それに引き続いて行われる返礼をモデルとすべき」であり、片務的な「時差を伴う信用取引」こそが貨幣的取引の本質だ、ということになる。

しかし、片務的な「時差を伴う信用取引」を成立させるためには、稲葉振一郎の表現を借りれば、「端的に言って貸し手が借り手に対して権力を振るい、債務を履行するよう強制する、という方向に行かざるをえない」。このことは「自立した市民同士の信用取引には、まさに市民社会の根底そのものを破壊しかねない危険が秘められているため、幾重にも防護壁、セーフティーネットが張り巡らされねばならない」ことを意味している（稲葉 2017：pp.151-155）。

稲葉は、法学者木庭顕《こばあきら》の研究成果に依拠しながら（木庭 2017、2018）、このような信用取引が持つ根本的なリスクに対し、古典古代社会、なかんずく共和政ローマでは、市場経済の中での取引を、あくまで即時決済の売買を中心とし、貸借は一定の枠の中に収め、人身・まとまった財産を担保とするような取引に厳しい制限を加えるやり方で対処した、と指摘している。

木庭顕の表現を借りるならば、古代ローマ社会では「その基盤構成物（土地など）が本来どちらに帰属するのかということを度外視して、まずはその時点で一方はその物と固く結びついていたのに、他方が暴力的に奪おうとした、と設定」し、「後者がブロックされ、前者に占有が与えられる」（木庭２０１８：p.300）。すなわち、暴力的な実力行使によって「占有」を奪おうとする行為をブロックし、裁判における「占有権」の立証責任を要求するのが、古代ローマによる「法」、そして共和制のもとでの「政治」であった、ということになる。

木庭も指摘するように、このような「占有」概念に基づく「政治」の成立は、信用経済の発達により「領域（農村部）」における土地の占有権が売買されるようになったという事態を前提とするものであった（木庭２０１７）。木庭によれば、このような信用取引を含む土地取引の活発化を背景に、「市民的占有 possessio civilis」とその原因（合意の来歴）という2枚のカードを保持している特権的な者を「所有権者 dominus」、その保持しているものを「所有権 dominium」と呼ぶようになったという。このことを踏まえるならば、古代ローマ社会は信用取引の進展に伴って拡大する市場の論理を、あくまで「個人」の尊厳にベースを置いた合議政治により制御するというものであり、その基本的な精神は、近代以降の所有権制度を含む法制度にも色濃く受け継がれていると言えよう。

民衆の生存戦略

ここで、このような古代ローマ社会の土地所有と、その権利移転をめぐる制度のあり方を、伝統中国の土地制度と対比させてみよう。

岸本美緒は、古典古代から西洋近代へとつながる所有権の基礎づけのあり方を、「個体側から出発して、その持ち分を確定的に基礎づけるルール」に依拠するもの（A型）と「全体的利益の観点から出発して、個体に応分のものを割り振る」あり方（B型）とに類型化している（岸本２００４：p.31）。

そして、後者の代表的なケースである帝政中国の場合、あくまでも君主が王土を王民に分け与えるという「分田」のイメージを起点として「事実上の私的所有」が展開した、と捉えるべきだという。すなわち、大土地所有の展開＝農民層の分化、という状況に対する国家介入の試みは、個別的権利の問題としてよりも全体の利益をめぐって展開された、というわけだ。

ここでは、このような類型化を基本的には継承しつつ、あくまでも土地の所有権移転を伴う「信用取引」が必然的に抱えるリスクとその対処から、二つの所有権概念の分岐が生じている、という視点を提示しておこう。

古代ローマと中国のいずれの社会においても、貸借関係から生じた土地資産の活発な売買が、財産の喪失・取得の機会の増大という社会的なリスクを生じさせる、という点では同じである。そのような社会リスクを回避するためのセーフティネットのありようとして、先述の「占有」概念に基づく古代ローマのそれとは根本的に異なる構成原理を持つのが、本節で紹介してきた伝統中国における土地取引の制度的特徴にほかならない。

たとえば、先述の「管業と来歴」によってある土地において重層的に存在する権利者を確定する、という社会秩序のあり方は、たとえ信用取引の結果土地の「所有権」を失っても「管業せしむる権利」さえ失わなければ生計を立てることが可能となるという、個々の民衆の生存戦略に重点を置いたものと理解できるだろう。そこでは寺田浩明の表現を借りれば、「一つの土地の上で生計を立てている二つの一家の姿と、その生業がともに来歴と管業の形で位置づけられている」状況がもたらされることになる。

一方で理念的上級所有権としての「王土」概念は、土地の私有が一般化し富の格差が拡大する社会において、最終的な調整者としての国家による介入が、「公平な分配」をもたらす最終的なセーフティネットとして期待される、という状況をもたらした。このような社会秩序概念は、毛沢東時代における農業の集団化・農地の集約化から、現代の政府主導の土地改革まで、「公平さ」を求める農民の心情に支えられながら続いていると言えるだろう。

さらに「持ち寄り型の秩序」すなわちネットワーク的な「弱いつながり」で特徴づけられる社会秩序のあり方は、たとえ信用取引を通じて土地に代表される物的財産を失っても、「人的資本」があある人間は対等な成員として扱う、いわば「再チャレンジ」を可能にする社会のあり方を体現したものだと考えられるのである。

このような、伝統中国における信用取引の拡大に伴う社会リスク回避のための土地所有のあり方は、古代ローマに起源をもつ公正なルールの厳格適用に重点を置いたそれに対し、むしろ結果としての「多数者の生存戦略」に重点を置いたものとして位置づけられよう。そしてこのような「多数者の生存戦略」に重点を置いた所有のありようこそ、現在にいたるまで、現実の土地所有制度が形成される際につねに参照される、コンヴェンションとして機能してきたのではないだろうか。

4　伝統社会のコンヴェンション2——企業制度

法人企業の二重性

次に、現代中国における企業制度、特に法人企業制度の発展の歴史について、やはり伝統的なコンヴェンションとの関わりを踏まえながら振り返っておくことにしたい。その際、企業活動にとって人的資本がどのような役割を果たし、どのような位置づけがされているのか、という点に注目する。結論を先に述べるなら、前節でみたような「多数者の生存戦略」に重点を置いた所有のありようが、ヒトの所有、すなわち人的資本の所有においても、「持ち寄り型の秩序」の重視、という形で共有されていることが見いだされるであろう。

企業活動における人的資本というものの重要性と固有のわかりにくさについて「所有の二重性」という観点から論じているのが、経済学者岩井克人による法人企業論である（岩井２０１５）。

岩井によれば、近代以降に成立した法人企業の特徴とは、その「所有者」である株主が資産すなわちモノとしての「会社」を所有し、法人、すなわちヒトとしての会社が人的資本を含む会社資産

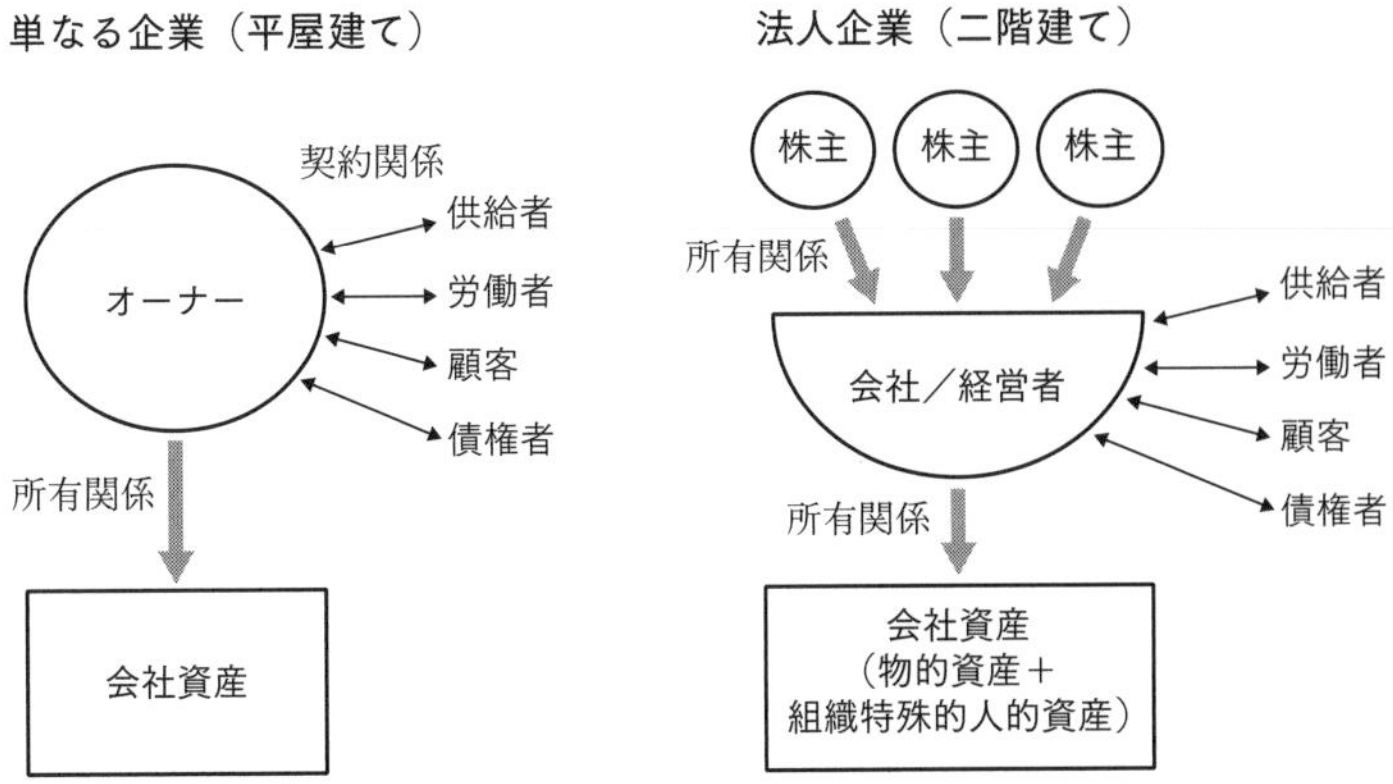

図表３‐４　「法人の二重性」について
出所：岩井克人『経済学の宇宙』日本経済新聞出版社、2015年、p.288

を所有する（雇用契約を結ぶ）ところに存在する。すなわちヒトがモノを所有する、単純なオーナー所有型の寄与とは異なり、その所有関係が二階建てになっているのが法人企業の特徴である（図表３‐４）。このことは、そのどちらの側面を強調するかによって、「会社」に関する議論の性質は大きく異なってくる、ということを意味している。

すなわち、二階建ての二階部分にあたる株主と会社の関係（会社のモノとしての側面）を強調するのが「株主主権論」ともいうべき法人名目説である。そして一階部分にあたる会社と人的資本を含む会社資産の関係（会社のヒトとしての側面）を強調するのが株式の相互持ち合いや、ステークホルダーの存在を重視する法人実在説である。

岩井は、これらの会社に関する議論はそのいずれかが正しいというわけではなく、問題の本質はむしろ、法人企業が二階建ての構造をとっていることにより、株主利益至上主義的な会社から、労働者自主管理的な会社まで多様な形態を許容している点にあると指摘する。

さて、岩井の主張するように法人制度の二階建て構造こそが、多様な企業形態を存続可能にしているのだとしたら、そこに中国の前近代から現代にいたる企業制度は、どのように位置づけられるだろうか。

中国の雇用形態——傭・合股・包

具体的なケースの検討に入る前に、ここではまず前近代的な中国社会におけるヒトの所有、すなわち雇用形態について、再度寺田浩明の『中国法制史』の記述を手がかりに整理しておくことにしたい。寺田は、伝統中国社会の雇用形態を雇い主と被雇用者との生産に関わるリスクの分配という観点から、以下の三形態に分類している（寺田　２０１８：pp.80-81）。

一つめの形態は「傭《よう》」（農業労働者の場合は「佃僕」）である。これは、雇用者がすべての経営責任すなわちリスクを負う形で人的資本を含む資産を購入し、生産活動を行うものである。この場合被雇用者は基本的に生産のリスクを負わない。

二つめの雇用形態は「合股《ごうこ》」である。これは被雇用者の側も積極的に経営に関与し、その貢献分が「股（株式）」の形で見積もられるというものである。農業経営では地主と小作人がリスクを分け合う、いわゆるシェアクロッピング（「分種」）がこれに当たる。後述するように合股式の経営方式は物的資本の出資者と人的資本の提供者がそれぞれの優位性を生かして経営に当たる、という意味で、先述の「持ち寄り型の秩序」を体現したものといえるだろう。

三つめが「包《ほう》」すなわち請負関係である。これは文字通り、被雇用者側が経営全般を一定金額で資本家から請け負うものであり、経営に関するリスクすべてを被雇用者側が負う代わりに企業活動に伴う余剰も被雇用者が要求する権利を得る。

このうち三つめの「包」に関しては、柏祐賢による先駆的研究をはじめ、そのあり方に中国社会の特徴を見るさまざまの研究がなされてきた。ここでは二番目の「合股」に注目して、そこでの人的資本の扱いなどについて検討してみたい。

「合股」とは、相互に熟知し信頼している地縁・血縁・知友関係者が出資して、等額に分割された株を一定額ずつ持ち合い、一定年限のもとに事業を営む、法人格を持たない組合組織のことを指す。一般的に出資者（股東）の多くは経営に関与しないが、無限責任を負っている。また股東の財産と会社の財産とは明確に切り離されたものではなく、渾然一体となっていることが多い。

このように「合股」は出資者が無限責任を負うため、出資者が事業に失敗した場合個人の資産を失ってしまう可能性が高いという、きわめてリスクの高い出資方法であった。このため、たとえば戦前の中国企業においては利潤配当にあたる「紅利」のほかに出資金の一定比率の利息「官利」を支払うなど、リスクの高さに見合う高い分配を保証している場合が多く、このことが企業の内部留保を妨げ資本蓄積の障害になっていることが指摘されていた。

たとえば中華民国期における会社経営の実態について包括的な実証研究を行った根岸佶《ただし》は、当時の中国の株式会社について、①出資者の人的関係が狭く濃密である、②会社組織が「合股の組織を丸映し」している、③総経理が経営実権を掌握し、強い立場にある、④利潤をほとんど社外に流出させている、という特徴を持っているとした〔根岸1943〕。そして、経営の実態としては近代的な株式会社というよりも前近代の「合股的性格」を色濃く残しており、そのことが継続的な資本蓄積を阻害していると指摘したのである。

「合股」の特徴

以下では「合股」あるいは「合股的性格」を持つ企業の制度的な特徴を、人的資本の活用、およびその相互の関係性という観点から捉え直してみよう。根岸は「合股は契約により成立するものであるが、〔中略〕債権関係に過ぎないものではなく、人と人との関係もまた重大な意義を有するものであ」〔根岸1943：p.66〕り、また「店友は決して奴隷ではなく、少なくとも近世欧州において行わるる雇傭契約に基づく商業使用人たるべきこと疑いなかろう」、また「股東と店友とは上下の関係というよりもむしろ対等の関係にあるものの如き外観を示すことないでもない」〔同：p.77〕などと、出資者と被雇用者〔店友〕との関係がお互いに対等なものであると同時に、相互の関係性が非常に重要視されていたことを強調している。

また、「徒弟を養成し、その年期のおわるを待ち、材能と年功とにより、漸次これを登庸し、手代をもって番頭に至らしめる〔中略〕合股ではかかる人物と契約を締結し一切の事業指揮を委任し、これを経理または掌握的と名づくる」（同：p.17）とあるように、その経営においては被雇用者たる経営者（経理、あるいは掌握的）の存在が非常に大きな意味を持っていた。

これまでにも、合股は近代的な株式会社のように資産を分割して市場で売買することができず、そのことがその企業規模拡大の限界であったことがしばしば指摘されてきた。その背景には上記のような経営者の人的資本に関する制度的な制約が存在した。たとえば1950年代においてすでに今堀誠二が指摘したように、合股（合夥）はその出資分（股分）を、信用力を背景とする出資者（舗東）がもつ「本股」と、経営能力を背景とする経営者（舗夥）がもつ「人股」の二つに分化させていったからである（今堀 1958）。

これは、有能な（高価値の人的資本を持つ）経営者が合股の経営でいかに希少価値を持つ存在であったかということを端的に示す現象である。言い換えれば、出資者（舗東）は給与ではなく利益の配分を有利にしなければ、高い能力を持つ経営者（舗夥）を合股につなぎとめておくことが不可能であった。このため合股企業の資産は均等に分割することができなくなり、近代的な「資本の株式化」は妨げられたというのが、今堀ら当時の研究者の一般的な見解であった。

なぜならば、物的資本であれば分割することが可能であっても、人的資本については、個人の出資分を分割することが不可能だからである。すなわち市場経済が高度化するにつれて、合股は「人的資本」をめぐる深刻なインセンティブ問題に直面するようになり、結局のところそれを解決することができなかったと考えられる。その問題の解決には、「所有の二重性」を持つ法人企業形態の中国社会への受容を待つ以外にはなかったのである。

土地株式合作社

では、現代中国経済では、どのような方法を通じて上記のような人的資本に関わるインセンティブ問題の解決が図られているのだろうか。土地の所有に関する制度と異なり、「合股」のような前近代の中国に起源を持つ独自の制度は、企業形態においてはその命脈を保っておらず、近代的な法人制度にとってかわられているように見える。しかし、事態はそれほど単純ではない。後述する「企業集団」の存在を通じて、前時代からの連続性を持つ企業は近代的な法人制度の中に包摂されている、と考えられるからである。

そのことを雄弁に示すのが、農村における土地所有制度改革の中で生じてきた企業形態である「土地株式合作社」の存在である。これは、農民が保有する農地の請負耕作権を出資して合作社（協同組合）を作り、共同経営を行う方式を指す。その共同経営においては、穀物、商品作物（野菜、果物）など、多様な農作物が栽培されていることが大きな特徴である。

土地株式合作社の一般的な経営形態は以下のようなものである。まず前節で詳しく述べた土地制度によって保障された土地の「経営権」を合作社に「出資」する。合作社は、農民から経営権を集めた土地を集約して、商品作物ないし穀物の生産を行う。農民は経営権を「出資」した土地の面積に応じて配当（「分紅」）を受け取る。ただし、議決権は出資分に応じて決まるのではなく、原則として一人一票である。また、株式は配当の根拠となるのみで私有は認められず、組織自体はあくまでも集団所有のままである。多くの農民は、配当だけでは生活をしていくことは困難であるため、合作社において農業労働にも従事する。その場合農民は配当の他に農業労働に応じて労賃を受け取っている。

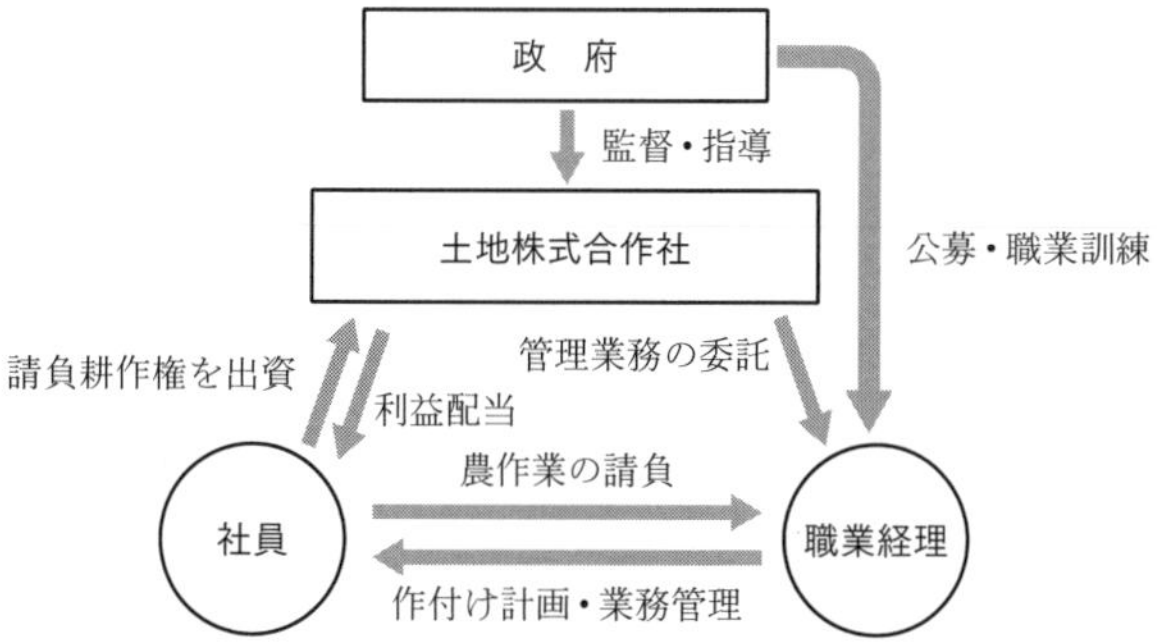

図表３-５　土地株式合作社のイメージ
出所：加藤（2016）p.69

図表３-５は、四川省崇州市の農村におけるヒアリング調査の結果に基づき作成されたものである。土地株式合作社の意思決定機関である理事会は、「農業職業経理」に経営を委託している。この職業経理は、多くの場合外部の農村の出身者で、高度な農業技術を習得しており、農業経営、技術指導などの面で重要な役割を果たしている（図表３-６）。土地株式合作社の経営に関する意思決定および予算の管理は、理事会と職業経理とが協力して行い、幹事会が経営のチェック機能を果たしている。

このような、専門的な知識を有する職業経理と、土地（経営権）あるいは労働力を持つ農民とがそれぞれの持ち分に応

図表３‐６　四川省崇州市の土地株式合作社　2014年９月訪問

じて物的・人的資本を「持ち寄り」、その成果を合議によって決定し配分する、という土地株式合作社の経営形態は、その出資者の範囲が同じ村内という狭い人間関係の中に限られ、しかも出資者と被雇用者との関係がお互いに対等なものであるという点で、先述した「合股」的な企業組織との共通性を色濃く残すものである。

それでは、このような伝統的な「持ち寄り型の秩序」概念がまだ命脈を保つ社会と、法人企業制度を根幹とする資本主義的経済発展、さらには計画経済時代より存続する企業公有制というそれぞれ異質な諸制度は、現代中国においてどのように共存しているのだろうか？　この問題を考える上で重要なのが、国有企業改革を通じて形成されてきた、制度としての企業グループである。

中国型資本主義——国有企業の拡大

中国では、１９９０年代後半以降、国有企業の所有制改革が本格的に始まった。国有企業の戦略的調整が提起され、大企業については、政府が資金援助を含めた政策的なてこ入れを行う一方、小型国有企業は企業経営者など民間に払い下げられた。その後2003年に国有企業グループの持株会社として、政府（国務院）傘下に国有資産監督管理委員会（国資委、SASAC）が設立され、国有企業の株式会社化が進められた。

「株式会社化」といっても、実際には、国資委を通じて中央政府が出資する国有持株会社を中心とした企業グループの形成が進んだのが実態であった。国有持株会社の株式は国資委が管理する「国家株」であり、その資産を個人や民間企業が自由に売買できるわけではなかった。国資委は経営者を任免したり、業績上の目標達成に向けて経営者に責任を持たせたり、一般的な企業で大株主が行うような役割を期待された。これらの国有持株会社企業グループに属している企業は、所有制の上では国有経済に分類される。

このような企業のグループ化は、民間資本や外国資本も巻き込む形で発展を続けた。Bai, Hsieh, and Song（2019）は、企業の形態および出資比率などを問わず、共通の所有者を持つ企業を一つのグループとしてカウントし、所有制改革が行われる以前の1995年と2015年の、企業グループあたりに含まれる平均の企業数を比較した。彼らによれば、上位100の企業グループに所属する平均企業数は1995年から2015年までに500社から1万5000社以上と急速に拡大している。

このような企業グループ拡大の背景には、依然として生産手段の公有制を国家の基本方針とする中国において、企業グループの形成が海外投資家を含む多様な投資主体の資金を利用し、資本主義的な経済成長を続けていくための受け皿となってきた、という事情がある。

このことを反映して、企業グループの拡大に伴い、企業を取り巻く所有・出資の構造は複雑化している。図表3－7は各企業グループに含まれる子会社（グループの中核企業以外のすべての企業）のうち、他の企業グループとの合弁事業を行っている企業の比率を示したものである。上位1000グループの場合、2015年には複数の企業グループにまたがって出資が行われている企業のシェアは80％を超えており、企業グループを通じて複雑な所有構造が広がっていることがわかる。

	1995	2015
上位100グループ	39%	82%
上位500グループ	25%	85%
上位1000グループ	30%	81%

図表3－7　企業グループの共通子会社の比率

出所：Bai, Hsieh, and Song（2019）

このような「国有持株会社」を中心とする企業グループの形成は、公有制企業の人的資本をめぐるインセンティブ問題を対処する方法として、現代中国経済が資本主義的な発展を遂げる際の、一種の制度的プラットフォームの役割を果たしていると考えられる。すなわち、岩井が指摘するような法人企業の「二階建ての所有構造」を利用することによって、モノとしての企業は究極的に国家が所有者であったとしても、グループの中におけるヒト（法人）としての企業は、国家の所有から影響を受けずに、相対的に自由な活動を行うことが可能になっていると考えられるからである。

企業グループの形成によって、企業公有制と近代資本主義的な法人企業、さらに中国の伝統に根ざす「持ち寄り型」の企業とが共存する、という仕組みは、先述のような国有持ち株会社を中心とした企業グループのみの現象ではない。

周知の通り、アリババ、テンセント、百度《バイドゥ》などＢＡＴと呼ばれる中国の大手ＩＴ企業グループは、その持ち株会社の登記をタックス・ヘイブン（租税回避地）のケイマン諸島で行っている。また、その株式の大半は海外投資家によって保有されており、形式上は外資企業となっている。一方、中国の国内法では、インターネット産業における外資企業の参入を厳しく規制している。にもかかわらずＢＡＴなどに対する海外投資家の出資が可能になっているのは、これらの企業がＶＩＥ（変動持分事業体）という手法を用いているからである。

ＶＩＥスキームのポイントは、当該事業を①中国国内の事業を行う中国資本の運営会社と、②銀行からの融資や海外上場の主体となる海外登記の持ち株会社とに分割し、後者の前者に対する直接の出資を避ける形で、海外での資金調達と、国内での事業展開を両立させているところにある（関２０１６）。

海外に資本を持つグループの持株会社は、Ｅコマースサービスのタオバオを運用する淘宝網絡有限公司などの中国国内の運営会社に対して直接出資するのではなく、あくまでも融資契約や委任契約などの一連の契約関係を通じて後者を実質的に支配するという手法をとっている。現在、ハイテク産業の技術移転などをめぐる米中の対立の中で、このＶＩＥスキームのようなグレーな企業制度のあり方はあらためてその正当性が問われようとしている。それでも、このような海外での積極的な資金調達を背景にした大手IT企業グループは、中国国内における資本主義経済の多様性にも大きく寄与してきたことは間違いない。

またアリババ、テンセントといった大手IT企業グループは、グループ内部にベンチャーキャピタルやスタートアップ企業を育成するインキュベーターを抱え込んでおり、有望な起業家やスタートアップ企業に対して積極的に支援を行っている。そして、最終的にはそれらの企業をグループ傘下の企業やファンドが買収し、グループ内に取り込むという戦略を採っている。

一方、それらのベンチャー企業の多くは所有と経営が未分類であり、また少数の出資者が短期的な利益の追求を求めて起業を行うという、伝統的な「合股」の形態に近い、「持ち寄り型」の経済秩序に適合した行動パターンを示すものが多い。

しかしそれらの企業も、事業が軌道に乗り、大手IT企業から出資を受ける形でグループに吸収されるようになれば、長期的に安定した経営環境が得られるようになる。一方で、もしその企業の事業がうまくいかなければグループからの出資が止まり退出していき、その代わりにより収益性の高いベンチャー企業がグループに加わるという形で、一種のグループ内の新陳代謝が果たされることになる。

そもそも、多くの中国企業にとって、「人材の入れ替わりが激しいこと」は決してマイナス要因として捉えられていない。中国ビジネスの実態に詳しい中村圭によれば、それは人材の職業流動を通じて、企業が人材のもたらす最新の経験値と社会関係資本を蓄積してアップデートするしくみを支えるものとしてむしろ肯定的に捉えられるからである（中村 2019）。この企業内における「人材の入れ替わり」は、そのまま「企業グループ内の事業体の入れ替わり」に置き換えて理解することが可能である。

ここに、融通無碍《ゆうずうむげ》な柔軟さをもって長期的な利益を追求してきた法人企業制度に短期利益追求的な「持ち寄り型」の企業原理が「接ぎ木」されている、という現代中国の資本主義の特徴的なあり方を垣間見ることができるのではないだろうか。言い換えれば、法人企業という20世紀資本主義を支える組織形態に特有の「融通無碍さ」のゆえに、それは本来近代西欧起源の制度でありながら、古典古代-西洋近代の伝統を持たない中国社会にも比較的スムーズに浸透した。そのことを、本節で検討した中国におけるさまざまな企業形態の事例は示しているといえるだろう。

まとめ

本章では、現代中国の制度形成において、伝統社会に起因する「コンヴェンション」が重要な役割を果たしているという立場から、モノとヒトに関する所有制度、すなわち土地制度と企業制度に関して考察してきた。

そこで明らかになったのは、たとえば近代的な法制度の導入によってはなかなか変わらない中国社会の「粘性」の背景に、伝統中国において形成されたコンヴェンション、すなわちさまざまな経済活動に対する人びとの信念の体系が存在している、ということである。

現代の中国、特に農村における土地「所有権」制度は、「管業と来歴」に基礎づけられた前近代の土地制度との連続性を色濃く残していることを見てきた。すなわちそれは理念的上級所有権としての公有制、その下での多層的かつ平等的かつ流動的な所有権設定によって特徴づけられ、古典古代から近代西洋へと受け継がれた排他性を伴う近代的土地所有制とは鮮やかな対比をなしている。それだけではなく、その特徴は形を変えて現代の農村の土地制度にも受け継がれていると考えられる。

一方、ヒトの所有に関連する企業制度に関しては、伝統的な中国社会における代表的な組織形態であった「合股」は、「人的資本」をめぐる深刻なインセンティブ問題に直面するようになった。このため、合股は近現代中国の経済発展で中心的な役割を果たしてきたとはいいがたい。にもかかわらず、農村における土地株式合作制、あるいは目まぐるしく起業が行われるベンチャー企業などの世界で、金融資本に人的・物的などを「持ち寄る」ことで事業体を柔軟に立ち上げる合股的な企業形態は、依然としてその命脈を保っている。すなわち、20世紀資本主義を支えた法人企業制度は、合股に代表される、伝統社会で形成されたコンヴェンションを受け継ぐ組織形態をも内包する「柔軟性」を備えているのである。

ただ、まえがきでも述べたように、20世紀型の資本主義を支えてきた近代的所有制度自体が、今ではデータ資本主義化や、有形資本に対する無形資本の優位、といった大きな社会変化によって揺らぎを見せている。そのことは中国における資本主義的経済発展にも大きな影響を与えよう。

また、理念的上級所有権に象徴される「国家」と「個人」の関係は、前近代の中国だけに見られるものではなく、現代の中華人民共和国にも基本的に受け継がれている。アリババやテンセントといった飛ぶ鳥を落とす勢いであった大手IT企業が、「共同富裕」という政府のスローガン一つで、「自発的な寄付」という名目で多額の資金を供出せざるを得なかったこと。あるいは、長期間にわたり言論の自由を謳歌してきた香港が、国家安全維持法という一つの法律が北京の全人代で成立しただけで、あっという間にその自由を失ってしまったことなどを、想起すれば十分だろう。

本章における、中国の「所有」制度をめぐる歴史的な考察は、こうした現代的な課題を考える上でも、重要指針を与えてくれるのではないだろうか。

註

1　「コンヴェンション」という用語を厳密に定義づけたのはヒュームである。ヒュームは、人びとが持つ「共通利益の感覚」のことを「コンヴェンション」と呼び、むしろそのような「共通利益の感覚」があることによって、事後的に約束や合意が可能になることを論じた。そのような感覚が共有された時、人びとは他の人びとがその行動に従うと期待して、自らもその行動に従うようになる。このようにして、あたかも最初に約束や合意があったように、人びとの行動には一定の規則性が生じる（瀧澤 ２０２１）。ルイス（２０２１）は、このようなヒュームの洞察を分析哲学やゲーム理論の概念を用いて明示的に論じている。

2　フォーカル・ポイントについての詳しい説明は、第4章「経済理論における所有概念の変遷」参照。

3　自分の土地で相手に出会う確率は2分の1であるとする。ブルジョワ同士が出会った時はハト同士が出会った場合と全く同じで、利得vを二人で分け合うことになる。ブルジョワとハトが出会った場合、もし自分の所有する土地であればブルジョワはハトと戦い、ハトの分まで財を奪うことになる。しかし、自分の所有する土地でなければ財を分け合う。それぞれの確率は2分の1なので、ブルジョワの合計の期待利得は $v/2 + v/4 = 3v/4$、ハトの期待利得は $v/4$ となる。

また、ブルジョワとタカが出会った場合は、もし自分の所有する土地であればブルジョワはタカと戦い、犠牲を払って引き分ける。しかし、自分の所有する土地でなければブルジョワはタカに財を譲る。それぞれの確率は2分の1なので、ブルジョワの合計の期待利得は $(v - c)/4$、タカの期待利得は $v/2 + (v - c)/4$ となる。

4　「三権分置改革」の基本的な方針については、２０１６年10月に公表された共産党中央および国務院の通知「農村土地の所有権・請負権・経営権の分置を完成させる方法に関する意見」においてすでに示されていた。また、一連の改革の根拠となる法律の改正も近年に進んでいる。「農地における三権の分置」および「農業用地の請負関係の安定維持」は２０１８年に改正された「農村土地請負法」に、また「農業用地の徴用の規範化」、「経営性建設用地の市場を通じた譲渡」、「住宅用地制度改革」の改革は２０１９年に改正された「土地管理法」に盛り込まれている（関 ２０２０）。

第4章　経済理論における所有概念の変遷
――財産権論・制度設計から制度変化へ

瀧澤弘和

はじめに

最初に、「所有」にまつわるエピソードから出発しよう。後にも何度か取り上げることになる、経済学者ジョン・マクミラン（2021）の第8章冒頭で述べられているストーリーである。

1990年初頭のベトナムでは多くのトラックが故障して使用できなくなり、国家的な輸送危機が発生していた。社会主義国であるベトナムは、それまで主にソビエト連邦からトラックを輸入していた。しかし、ソ連邦の崩壊とともに部品の入手が出来なくなってしまい、故障したトラックを修理する術《すべ》を失ってしまったのである。それまでトラックは国家によって所有されていたのだが、それは事実上誰も所有していないのと同じことだった。全般的な輸送危機に直面した政府はやけくそになって、トラックの所有権をドライバーたちに与えることにした。そうしたら、突然すべてのトラックが走り始めたという。ドライバーたちは自分のものとなったトラックを自由に改変することが出来るようになり、もっとも収益を生み出すような仕方でトラックを利用し始めたからである。

所有は、現代経済学にとってもっとも基本的な概念の一つである。このエピソードが示しているように、所有は、資産を所有する人に対して、リスクを取り、生産的な努力を傾けるための強力なインセンティブを与えるものと考えられているからである。このエピソードが興味深いのは、所有権の魔力とも言うべきものが市場経済の中で働く人だけでなく社会主義体制下で働いてきた人びとにとっても強力に作用したということである。同書には、1970年代の中国で秘密裏に土地を分けて所有するようにした人びとが、「自分のために働く」ようになり、みるみる生産性をあげた例もあげられている。所有は、どのような経済システムであっても、それが生産的である限りにおいて、なくてはならないものであるかのように思えてくる。

もちろん、マクミランは所有権がどのように人びとのインセンティブに作用するのかを熟知しているから、無条件の所有権礼賛の立場に単純に与《くみ》しはしない。実際、同書は第3章と第9章を使って、強すぎる知的財産権がもたらす弊害についてたっぷりと説明しているのである。複数の経済主体間のインタラクションを分析するゲーム理論を駆使して、これまでブラックボックスとされてきた取引プロセスの内部に肉薄するようになった現代の経済学が、所有権が与えるインセンティブをどのように説明しているかについては、本章でも後に詳しく述べることとしよう。

話をもとに戻すと、現代では、所有権は人間の経済システムの根本をなすものとして、人間のもっとも自然かつ基本的で普遍的な人権の一部を構成するという観念が一般に流布している。世界人権宣言の第17条は「1 すべて人は、単独で又は他の者と共同して財産を所有する権利を有する。2 何人も、ほしいままに自己の財産を奪われることはない」と規定している。このような所有観を「近代的所有観」と呼ぶことにしよう。今日では、いくら「所有権」に近くても、こうした近代的所有観の条件を満たしていない国々が、さまざまな仕方で疑いの目を向けられるような状況にあることも確かである。[1]

だが、一般的に現代の社会科学は、こうした素朴な近代的所有観に対して一定の距離をとって注意深く接しているように思われる。人権はわれわれに自然に（あるいは神によって）与えられたものというより、歴史の特殊な経路をたどって「普遍化」されてきたものであることを多くの学者たちが明らかにしているからだ。社会科学によって、所有概念が近代社会のシステムにいかに組み込まれるようになり、その中で生きるわれわれを——良くも悪くも——いかに「拘束」するようになったのかを探究することが可能になっているのである。実は、所有権が社会の中で歴史的に形成されてきたという見方は、経済学の黎明期《れいめいき》に存在していた発想である。アダム・スミスやディヴィド・ヒュームは、自然法の伝統が強固なヨーロッパの文脈の中で、権利というものを人間がいかにして生み出してきたのかに注意を向けるアプローチを追求してきたのだった。そしてその流れは、ゲーム理論の発展に影響を受けた「制度の経済学」において、現代の経済学にも受け継がれている。

このように今日の経済学では、所有に対する見方は、近代的所有観と同様な仕方で絶対視するものから、歴史的・社会的なものとして相対化された分析対象と見なすものまで多様である。本章はこうした状況を念頭に置きながら、所有権（より一般的には「財産権」）に関する考え方の変遷を20世紀半ば以降の経済学の発展に即してたどることにしよう。

その歴史はやや複雑であるから、前半と後半に分けて論じることにしたい。前半部で扱うのは、新古典派経済学から新制度派経済学へと至る所有権概念の変遷である。新古典派経済学は、近代的所有権の理念とほぼ同等なきわめてナイーブな所有概念を組み込んで、市場メカニズムの理論として発展してきた。これに対して、新制度派経済学は、市場以外の経済制度へと注意を向ける中で、財産権が経済に与える影響に関する積極的な分析に取り組むようになったのである。今日では、経済学はこの転換の中で得られた知見を「市場設計」というコンセプトのもとに、社会実装することに乗り出しつつある。

後半部では、前半部で見たようなコースからはやや外れて、ゲーム理論の分析枠組みと言語に基づき、先に述べたスミスやヒュームのように所有を歴史的に見る観点を再構成しようとする試みの現在を説明することにしたい。

本章の構成は、以下のようになっている。まず第1節では、新古典派経済学で所有がどのような役割を果たしてきたのかを概観する。そこでは所有権や財産権はモデルの大前提として大きな役割を果たしているものの、制度それ自体が経済に与える影響の分析は限定的だった。

のちにノーベル経済学賞を受賞するロナルド・コースが登場したことが、そうした風景を一変させてしまう。第2節は、このパラダイムの転換について述べる。そして、第3節では、コースの洞察を受けて、財産権の配分やその内容が経済活動に与える影響が分析されるようになったことで、企業組織など、われわれに身近な制度現象をよりよく理解することが可能となったプロセスを追う。以上を通して、現代経済学が財産権や市場に対する見方を徐々に変更するようになり、制度設計に乗り出しつつある様子を第4節で述べたい。以上が、本章の前半部である。

第5節が本章の後半部分をなしている。ここでは、筆者自身が携ってきた制度論に引き寄せつつ、所有権・財産権の問題に迫ることにしたい。ここでの制度論は、ゲーム理論を通じた具体的な制度の分析が蓄積されてきたことを受けて、さらに制度が一般的にどのようにして維持され、どのように変化するのかを理解しようとする「制度の経済学」の一部分である。導きの糸となるのは、デイヴィド・ルイスのコンヴェンション（慣習）論、ロバート・サグデンらの進化ゲームの理論、青木昌彦、カーステン・ヘルマン－ピラート、イヴァン・ボルディレフが提示してきた制度モデル、エリノア・オストロムの共的資源の統治論等である。これらを組み合わせながら、制度現象一般についてのモデルを独自に提起することとしたい。

このアプローチはいまだに発展途上の試みである。とはいえ、そこから見えてくるのは、近代的所有権を相対化し、それぞれの歴史的時間と社会的文脈の中で存在してきた、より一般的な所有権というものに目を向けて、異なる所有権の可能性についても認めなければならないというポイントである。暫定的な仕方ではあれ、このことを述べることが本章の後半部分の目的である。そして、最後の節で全体を総括したい。

ジョン・メイナード・ケインズは「経済学者や政治哲学者の思想は、それが正しい場合にも間違っている場合にも、一般に考えられているよりもはるかに強力である」と述べている。しかし、この言葉を引用するまでもなく、経済学の諸概念は、われわれが思っている以上に社会全体に大きな影響を与えている。それはわれわれの経済の見方を方向づけ、行動に影響しているからである。

他方で、社会から経済学へという反対方向のベクトルも作動している。社会の中のさまざまな物の見方を反映して、経済学も変化していくのである。経済学における所有権の概念化の変遷は、部分的にはこうした作用によるものだ。本章は、経済学において所有概念がどのように展開していったかを、社会と経済学の相互作用の中で見ていくものである。

1　新古典派と私的所有

市場交換を可能にする所有

20世紀に入ってから主流派の位置を占めてきた新古典派の経済理論は、分析対象のほとんどを市場メカニズムという制度に絞ってきた。このため、今日では当たり前のこととして経済分析の対象になっているようなその他の経済制度——その多くは市場を支える制度として語られることが多い——について、新古典派経済学はほとんど語ることがなかったと言ってよい。所有権についても同様だったと言えよう。

そのことを示す一例として、新古典派理論の中核とも言うべき一般均衡理論の非常に洗練されたモデルを提供している Debreu（1959）を見てみよう。同書の分析の焦点となっているのは「私的所有経済 private ownership economy」である。しかし、その呼称にもかかわらず、そこでは所有とは何かについては全く語られることがないのだ。

同書では、一般的な「経済 economy」が、社会全体の資源の初期賦存《ふぞん》量、生産技術そのものと同一視された生産者（企業）たち、選好を持った経済主体たちから成る数学的構築物として定義されている。ここまでで、資源をどのように組み合わせて、何をどれだけ生産し、それを経済主体たちにどのように分配するのかという「資源配分」の概念と、どのような資源配分が効率的なのかを明確に定義することができる。

その上で「私的所有経済」は、そこで登場する経済主体たちの「所有」が指定された経済として定義される。すなわち、各経済主体の資源の初期保有量と各生産者（企業）が生み出した利潤に対する各経済主体の取り分（シェア）が指定されるのである。分析にとって、この所有の概念は必須である。なぜなら、このように所有が指定されることによって、競争市場が開かれたときに、その均衡においてどのような資源配分が実現するのかを決めることが可能になるからだ。資源や生産物を所有する経済主体や企業を想定することで、市場での交換が可能になる。

「見えざる手」のメカニズム

知られているように、競争均衡が存在する場合には、それが実現する資源配分は、誰もその経済厚生を悪化させることなく、誰か一人でも経済厚生を向上させることが不可能という意味で効率的な資源配分（パレート効率的資源配分）となることが証明される（厚生経済学の第一基本定理）。

また、少しテクニカルな追加の条件を加えると、あらかじめ政府が資源を適切に再分配することによって、任意のパレート効率的な資源配分が競争均衡において実現可能であることが示される（厚生経済学の第二基本定理）。第一定理と第二定理は一緒になって、政府は市場メカニズムのプロセスそのものに介入する必要はなく、効率的資源配分の中でもとりわけ公平なものを達成したいと思うときに、あらかじめ所有権移転をする役割を担うだけで十分であることを示すものと解釈されてきた。

この市場メカニズムの理論はアダム・スミスの「見えざる手」の数学的証明を与えるものとして、ほとんどの経済学者によって、今日に至るまで経済学でもっとも重要な成果と見なされているものである。それは市場メカニズムという呼称が示すように、市場というものを「メカニズム」として非歴史的に捉えて、その論理を正確に記述するものとして高い価値を有している。

しかし、市場を歴史的観点から振り返る視点を持っていれば、景色はまったく違ったものに見えるだろう。事実、ジョン・ヒックスは新古典派理論に多大な貢献を残した後に経済史に目を向けて『経済史の理論』を著しているが、そこでは「商人的経済」に関して次のように述べている。「もっとも単純な交換ですら、それは一種の契約である。……売買の約定はすぐに区別できるようになる三つの構成要素を持つ。すなわち、合意の成立、一方への引渡し、他方への引渡しである。このような区別が成立するやいなや、合意自体は引渡しの約束にしかすぎなくなる。交易が約束による交易になるのである。しかし、約束が守られるという十分納得のゆく保証がないかぎり、約束で取引しても、それは効果がない」（ヒックス 1995：p.64）。

現代の経済学はゲーム理論の力を借りて、まさにこのような契約を明示的に考慮した交換プロセスの内部に肉薄してきた。その高みから振り返るならば、新古典派の市場理論で想定されている交換プロセスは、特別な契約的考慮を要さない単純な財・サービスの交換にしか当てはまらないものと思えてくる。新古典派の市場理論では、すべての財やサービスが経済主体や企業に所有されて、生産要素として投入されたり、消費されたりすると考えられており、その所有は完全に移転可能なもので、契約に対する考慮が不要である特殊ケースが扱われていたとも言えるのである。

2　ロナルド・コースの洞察

制度の経済学

以上のようなアプローチをとる新古典派が徐々に形成されていく時期には、制度や慣習が経済に与える影響を重視するアプローチをとったソースティン・ヴェブレンやジョン・ロジャーズ・コモンズなどの経済学者もすでに存在しており、「制度派」として知られていた。彼らの議論は今日でも十分に読みごたえのあるものではあるが、その後の経済学全体にとってそれほど大きな影響力を持つには至らなかった。むしろ、今日に至るまで継続する「制度の経済学」の嚆矢《こうし》として画期的なのは、何と言ってもロナルド・コースが残した天才的な論文だったと言ってよいだろう。そこで本節では、コースのアイディアがどのようなものであったのかを見ておきたい。

彼はすでに1937年に公刊した「企業の本質」という論文において、市場メカニズムのすばらしさを顕揚《けんよう》する新古典派的な立場を逆手にとって、みごとにそれが見逃しているポイントを突いたのだった。議論はまず、企業組織が「権限 authority」に基づくものとして、市場メカニズムとは別個の資源配分メカニズムと見なせるという主張から始まる。その上で、市場メカニズムが最適な資源配分を実現するメカニズムであるならば、なぜ企業組織のような、市場とは別個のメカニズムが現実世界に存在するのかという問いを提起したのである（Coase 1937）。

彼がその考察の中で見いだしたのは、「取引費用」の概念である。市場取引は摩擦のないものではなく、取引に費用がかかるものなのだ。同様に企業も、管理費用という取引費用を要するものである。こうして、同じ取引を市場と企業組織の内部で実現したときにかかる取引費用の比較によって、その取引が市場で行われるのか、企業というヒエラルキー（階層組織）で行われるのかが決定されるという比較制度の視点を確立したのだった。

コースの天才はまた、1960年に出版した論文「社会的費用の問題」においても発揮されている。公害などのような負の外部性が存在する際には、もっぱら政府が加害者に責任を負わせたり、あるいは生産に応じた税（ピグー税）を課することによって解決すべきであるというのが、アーサー・セシル・ピグーの『厚生経済学』に影響を受けた当時の支配的な考え方であった。同論文の中でコースは徹底した思考実験を行うことで、この考え方（ピグー的伝統）を批判したのである。

この中でコースは、後にジョージ・スティグラーによって「コースの定理」と名づけられて、世に知られるようになった考察を提供している。経済学では市場を介さずに、ある経済主体の行動が他の経済主体に影響を与えることを「外部性」という。たとえば牛を放牧する牧場主が隣の農家の農地に対し、牛の侵入によって被害を与える場合などが、その典型例である。コースの定理は、このような外部性が生じているときに、当事者同士の交渉でそれを解決できることを示したものである。すなわち、交渉費用が無視できるほどのものであるときには、当事者のどちらに権利を割り当てたとしても、資源配分が最適なものとなることを示しているのである。たとえば牧場主と農家のケースでは、農家に牛の放牧を禁止する権利を与えたとしても、牧場主に自由に放牧する権利を与えたとしても、交渉の結果は同じになる（柵の建設コストがそれほど大きくない場合、柵の建設が問題解決の形となる）。ただし、もちろんどちらが柵の建設のための費用を負担するかという「所得分配」には影響することになるのだが。

現在では皮肉なことに、この部分だけが「コースの定理」として経済学の教科書に取り上げられるようになってしまっているのだが、コースが言いたかったことは、実際には、取引費用のない理想的な状態を分析するだけの「黒板経済学」ではなく、もっとリッチな現実を捉えるために、取引費用を考慮した経済学を展開すべきだということであった。取引費用が存在する前提のもとでは、法制度は権利の割り当てを通して経済に大きな影響を与えうることを、これ以上ないほどのクリアな分析により明らかにしたのだ（Coase 1960）。したがって権利の割当に影響を与える法制度のあり方は、経済政策において重要なテーマたりうるのである。

１９３７年の論文は「取引費用」を、60年の論文は「権利の割り当て」を扱うものであり、一見すると分析対象が異なっているように見える。だが、両者は共通の問題意識を持つものである。それは、取引費用の存在を前提として経済を分析すべきであるということ、その際には企業やその他の経済制度を考慮に入れた分析を行うべきだということである。

ではなぜ、取引費用を考慮しない理想的状態を想定する既存の理論はつまずいてしまったのか。コースは、その理由として、これまでの理論が生産要素に関して誤った概念設定をしてしまっていることを挙げている。既存の理論では生産要素は何かしらの「物的実体」として捉えられているが、生産要素は実際には、何らかの（物理的な）行為を遂行する権利なのである。[2] 少し長くなるが、引用してみたい。

土地の所有者が実際に所有しているのは、一連の限定された諸行為を実行するための権利である。土地所有者のもつこうした権利は、無制限なわけではない。土地所有者にとって、たとえば土地を切り出して他の場所へ移動させるといったことは、つねに可能とはかぎらない。また、彼にとって、一部の人々に対して「彼の」土地を使用させないようにできても、他の人々に対してはそうはいかないかもしれない。たとえば、ある人々は、彼の土地を横切って通行する権利をもっているかもしれない。さらに、その土地の上に特定タイプの建物を築いたり、特定植物を植えたり、特定の排水システムを設けたりすることは、できる場合もできない場合もある。

（Coase 1960、邦訳書：pp. 261-262）

このように、所有に関してそれがさまざまな権利から構成され、さまざまな配置が可能なものと見られていることがわかるが、これはまさにその後の制度の経済学者たちがたどることになった道であり、財産権が複数の財産権（property rights）として言及されることが一般的になるきっかけをなしていると言えるだろう。

こうした一連の問題意識は、その後多くの経済学者たちによって汲み取られて、多大な成果を残してきた。コースが1991年にノーベル経済学賞を受賞したのは、このことによるのである。

コースは1997年に、オリバー・ウィリアムソンやダグラス・ノースとともに国際新制度派経済学会（ISNIE）の創設に関わり、経済学の内部に「新制度派」を立ち上げた。この組織はその後も発展を続け、2015年からは「制度と組織の経済学会」として活動を継続している。その後の経済学における「所有権」の概念は、もっぱらこうした流れの中でテーマ化されてきたものと見なすことができるので、以下ではこの流れを「制度の経済学」と称した上で、この流れに沿って、経済学における所有権概念の問題を論じていくことにする。

3　所有権と財産権の理論

新制度派とエージェンシー理論

コースの洞察は、いくつかの流れを生み出しつつ展開することになった。ただし、これらの流派間の関係はきわめて見通しにくい。どれもが、取引費用、組織、契約、ガバナンス等の概念を共有し、相互に影響を与えながら展開されているので、あえて区別することが難しいのである。幸いなことにKim and Mahoney（2005）は、これらの流派を「組織の経済学 organizational economics」アプローチとして統括した上で、流派間の異同を見通しよく整理してくれている。そこで以下では、この論文の整理に依拠しつつ、いくつかの流れについてまとめてみよう。[3] この中に所有権・財産権の理論が含まれることになるのだが、それはより広く包括的な新制度派の制度理論に包括されているのである。

それらの流れとは、「エージェンシー理論」「取引費用理論」「財産権理論」の三つである。これら三つの理論はどれもがコースが指摘した、新古典派理論による企業行動の扱いに対する不満から生じたものだが、その焦点は微妙に異なっている。

まず「エージェンシー理論」は、マイケル・ジェンセンとウィリアム・メックリングによって発展させられてきたものだが、本章の文脈では、ベント・ホルムストロームらによって展開された「プリンシパル・エージェント・モデル」として理解することがわかりやすいだろう。[4] そこでは、プリンシパル（本人、依頼人）がエージェント（代理人）に仕事を依頼する関係において、どのようなインセンティブ契約を書くべきなのかが焦点となる。

そのもっとも基本的なモデルでは通常、プリンシパルはリスクに対して中立的、エージェントはリスクを嫌うリスク回避的な存在と想定されている。この場合、単純に不確実な大きさのパイ（余剰）を両者で分け合う状況では、リスク回避的なエージェントが、変動するパイ全体の大きさにかかわらず固定的な分け前を得たほうがいいことが知られている（リスク・シェアリングの定理）。

しかし、より現実的な状況では、パイの大きさは仕事を依頼されたエージェントの努力によって異なってくるだろう。しかも、その努力はエージェントにとってコストを伴うものである。このとき、エージェントが努力をするほどパイが大きくなるので、エージェントがリスク回避的であったとしても、努力に依存しない固定的報酬を与えることは、エージェントの努力を最小化させてしまい、決していい結果をもたらさない。しかも、仕事を依頼されたエージェントの努力水準はプリンシパルにとって直接的には観察不可能という情報の非対称が存在している。

このような状況では、観察可能でかつエージェントの努力水準と強い相関を持つ成果指標の値ごとに報酬の大きさが異なる契約を設計することによって、エージェントにインセンティブを与える必要があるのである。この設計問題を解くことによって、どのような成果指標が優れているのか、どのような場合にエージェントに強いインセンティブを与える契約を書くことが有効なのか、無効なのかが解明される。

だが、この契約は、プリンシパルが約束に反するなどの紛争が生じた場合には、裁判所によって実効化されなければならないので、そこに書ける変数は「観察可能」なだけでなく、第三者に対する「立証可能性」をも持たなければならない。このように、エージェンシー理論は、最初から立証可能な変数に着目し、それに関する「完備契約 complete contract」を書くことができ、それが裁判所によって実効化されることを仮定している。契約が政府などのような主体による公式の実効化を受けられる状態にあることが前提となるのである。

この理論が想定しているプリンシパル・エージェント関係は、コーポレート・ガバナンス問題における株主と経営者の関係の真髄を捉えたものとも見なされてきた。会社経営を株主の利益に沿ったものにすべきだという考え方はコーポレート・ガバナンスの分野では「株主価値説」と言われているが、それは21世紀の初頭において「企業法の歴史の終焉」をもたらしたと主張されたほどに強大な影響力を発揮した（Hansmann and Kraakman 2001）。

しかし、より一般的に制度を分析する視点から言うと、エージェンシー理論はその分析単位をプリンシパル・エージェント関係とするために、この関係の存在を所与としており、現実世界でそれがどのような状況で生じるのかについてはあまり多くの含意を持たないという欠点をあわせ持っているとも言えよう。

取引費用理論

「取引費用理論」は、主としてウィリアムソンによって開拓されてきたもので、分析の単位は取引である。[5] ある取引を取り上げた上で、それがどのような特徴を持つかによって、どのようなガバナンス・メカニズムと結びつくことになるのかを考察するのである。

ここで取引の属性としてあげられるのは、たとえば頻度、不確実性、資産特殊性（資産が特定の関係の中でのみ価値を持つこと）などである。ガバナンスの様式としては、市場、階層組織（ヒエラルキー）、ハイブリッド組織があげられるが、これらはそれぞれに特有の契約慣行形態によって支えられているものと見なされる。階層組織とは、権限に基づく命令が支配的な企業組織や公共的組織であり、ハイブリッド組織とはジョイント・ベンチャーなどのような、市場と階層組織との中間形態を意味している。どのタイプの取引がどのタイプのガバナンス様式と結び付くのかは、取引費用（効率性）の観点から説明される。

取引費用がゼロであるならば、ある組織形態で実現できることは他の組織形態でも複製されて実現できるだろうから、どのような組織形態も無差別となるだろう。しかし、取引費用が存在する現実世界では、取引費用の差によって異なるガバナンスが観察されるはずである。たとえば、より頻繁でより高い不確実性（より高い資産特殊性や機会主義の存在を原因とする）が存在する場合には、階層組織というガバナンス・メカニズムによるコーディネーションがふさわしいとされる。

取引費用が生み出す効果を明確にするものとしてウィリアムソンが行った「選択的介入の不可能性」という議論がある。これは「なぜ大企業は、より敏捷性《びんしょうせい》に富んだ小企業ができること以上のことができないのか」という問いに関する思考実験を通して、現実の企業組織を規定している根本的要因を抽出しようとするものである。

以前は独立していた複数の小企業が合併し、大企業となったと想定してみよう。このとき、もしも大企業が小企業がうまくやっていることのすべてを模倣することができ、さらに必要に応じて小企業間のコーディネーションを追加的に行うことで、より大きな便益を得ることができるのならば

（これが「選択的介入」である）、大企業はつねに小企業の集合以上のことができることになるだろう。この思考実験を突き詰めれば、世界には一つの企業で十分だし、それがもっとも効率的ということになる。

しかし現実には、大企業は必要なときにのみ介入するということにコミットすることができない。むしろ、大企業はその権限を乱用して、自分自身の一部となった「小企業」から余剰を吸いとってしまうことになるかもしれない。これが取引費用の実質を構成し、現実社会に多数の企業の存在を生み出しているのだ。

「取引費用」の概念はしばしば内容が不明確であり、ともすれば取引費用概念に基づいて、財産権の配置や組織形態が異なるという命題はトートロジーとも見なされかねないが、ウィリアムソンは、理論が反証可能性を持つ多数の命題を生み出す「操作性」を持つようにすることに多大な努力を傾けた。こうしてウィリアムソンは「新制度派」を、ウェズレー・ミッチェル、ヴェブレン、コモンズらの「旧制度派」と差別化することに成功したのである。

財産権理論

これら二つの理論――「エージェンシー理論」と「取引費用理論」――に対して「財産権理論」は、財産権をどのように配分するのかが経済行動と経済的結果に影響を与えるという、コースの1960年の論文の洞察に基づくものである。Kim and Mahoney（2005）は、このアプローチを受け継いだ二つの流派を見いだしている。アーメン・アルシアンやハロルド・デムゼッツなどによって展開されてきた「古典的な」財産権理論と、Grossman and Hart (1986) とHart and Moore (1990) という画期的論文の登場によって新たな展開を遂げることになった「モダンな」財産権理論である（サンフォード・グロスマン、オリバー・ハート、ジョン・ムーアらのモデルはしばしば「GHMモデル」と呼ばれている）。[6]

すでにコースの引用で述べたように、資産や資源に対する財産権は、それをさまざまな仕方で使用する権利、そこから収益をあげる権利、さらにそれらを移転したり交換したりする権利等々から成る「権利の束」として捉えられており、通常「property rights」として、複数で言及されるべきものである。アルシアンは、こうした諸部分をどのように個々人に配分してインセンティブを生み出すべきなのかが重要な経済問題だという問題意識をコースから明示的に引き継いだ分析を行ったのだ (Alchian 1965)。

これに対して「モダンな財産権理論」が画期的だったのは、誰がどの資産を持つべきかという問題に対して、きわめて明快な回答を与えたことである。それは、企業同士が統合したほうがいいのか、別々の企業として取引したほうがいいのかという問題を考える枠組みを提供することによって、より一般的に、企業の境界や大きさを説明することにも関わるものである。

たとえば2人の主体がそれぞれ別々にある資産を持つ状況を考えてみよう。これらの資産は「関係特殊的 relation-specific」であるとしよう。関係特殊性とは、たとえば特定の車種の生産だけで意味を持つような特殊な機械などのように、他の資産と組み合わされることによってのみ、高い価値が生み出されることを意味している。この場合、事前に完全な契約を書くことができなければ、関係特殊資産への投資が行われた後になって、お互いが自己利益に走って利益分配の「再交渉」を図る可能性が生じてしまう（これを「機会主義的行動」という）。このことが翻って、事前の投資を最適な水準よりも過小なものにしてしまう可能性がある。このようなマイナスの効果が大きい場合には、資産の所有を一方の主体に集中させたほうが望ましいことが示される。より具体的にいうと、Aという人に所有を集中してそのインセンティブを高めることでより大きな余剰を生み出すことができるならば、Aに所有権を集中させたほうがよいことになる。

「モダンな財産権理論」のGHMモデルは明確な仮定を用いて構成された数学モデルであり、そのモデルを成立させている諸条件を精査することによって、契約理論にとって重要な諸概念が抽出されることになった。

第一は、「所有権 ownership」のより精緻化された概念である。GHMモデルにおいて、所有権は「残余コントロール権 residual rights of control」と「残余収益権 rights to residual returns」の組み合わせであると定義される。前者は、契約に書かれなかった状況で資産をどのように使用するかを決定することができる権利のことであり、後者は、資産を使用して得た収益を（賃金支払いなどの契約的支払いを控除した上で）自分のものにすることができる権利のことである。GHMモデルはとりわけ残余コントロール権の役割を重視し、資産の所有が企業の境界を決定すると考えている。

第二は、「不完備契約 incomplete contract」という概念である。すでに見たエージェンシー理論では、立証可能な変数という制限があるとはいえ、完備契約を用いてエージェントにインセンティブを付与することを考えていた。このため、所有権が問題になることはなかったと言える。これに対して、財産権理論の文脈では、経済主体は限定合理的であり、将来起こりうることをあらかじめ完全に予見することは不可能であると想定され、契約は不完備契約とならざるを得ないことが強調される。先述したような事後的な機会主義的行動は、契約が不完備であることに起因するのである。「モダンな所有権理論」は「不完備契約の理論」とも呼ばれるが、企業の境界に関するこのような理論的成果をあげただけではない。それまでの企業金融の理論では、企業の資本調達が自己資本と負債のどちらにしても変わりはないとする「モジリアニ＝ミラーの定理」がよく知られていた。これに対して、不完備契約理論は、企業が自己資本と負債をどのような比率で持つべきなのかを決定する理論を構築することにも成功したのである。

4　市場設計の時代へ

所有権とは何か

「モダンな財産権理論」を始めとする経済学的研究の蓄積により、今日では所有権に関しては次のような一般的な理解が経済学者の間に成立していると言ってよいだろう。

第一に、「実現可能ならば、資産の所有者は、その人の意思決定がその資産の使用にもっとも重大な影響を与える人であるべきだ」という経済学的命題が基本的な原則として受け入れられていることである。「残余コントロール権」と「残余収益権」をあわせ持つ資産の所有者は、資産を他の補完的資産と組み合わせたり、それを利用するための人的資本投資を行う強力なインセンティブを持つことになるからである。こうした活動を展開する余地が大きく、またこうした活動からより大きな価値を得られるような人こそが、資産を所有すべきなのだ。本章の冒頭にあげたベトナムのトラックのケースは、この命題の綺麗な応用例となっている。

第二に、所有権は何にもまして強力なインセンティブをもたらす源泉だということである。もちろん、インセンティブを付与する手段は所有権に限定されない。今日、会社組織の中でよく見られるように、エージェンシー理論が分析対象とするインセンティブ契約によって強力なインセンティブを付与することも考えられるからである。

だが、所有権はどんなに強力なインセンティブ契約よりも強力である。もしも完備な契約を書くことができたならば、所有権者が行うような意思決定と同じ意思決定をするように契約に書き込んでおくことで、所有権とまったく同等な効果をもたらす契約を作ることが可能になるだろう。しかし、契約はすべてどうしても不完備たらざるをえないから、契約を通したインセンティブ付与には限界がある。契約に書かれていない状況が発生したときにも、所有権は強いインセンティブを保持するから、所有権を持っているかどうかが決定的に重要となるのである。マイクロソフトは一時IBMに買収されそうになったことがあるが、もしビル・ゲイツがIBMの報酬契約のもとで働いていたら、その後あそこまでマイクロソフトを大きくすることができただろうかと考えてみればいい。

これらの命題はいずれもマクミラン（2021）に具体例とともに詳述されているので、是非とも参照されたい。しかし先に述べたように、同書は単純な財産権の礼賛を繰り広げているわけではない。むしろ、財産権は「石に刻まれているわけでなく、変更不可能なものではない」として、財産権を単純な自然権・基本権のようなものと考えず、経済状況に応じて再設計すべきものと考えていることがマクミランの経済思想のもっとも重要な特徴でもある。

たとえば同書では、エイズの被害がアフリカを中心とした途上国に広がる中で、世論が製薬企業に圧力をかけてエイズ薬の知的財産権ルールを一部緩和したプロセスが詳述されている。マクミランはこの事案に対して費用便益分析の立場から冷静な経済学的評価を行い、このプロセスで行われた知的財産権ルールの変更に肯定的な評価を与えている。また、近年のICT（情報通信技術）の飛躍的発展により、さまざまなコンテンツが電子化されてコピーや流通がほとんど無費用で行われる状況の中で、知的財産権に関する激しい論争が続いているが、これについてもマクミランは、知的財産権の過度な強化を戒める議論を展開しているのである。

中国における財産権に対する評価もまた興味深い。中国の改革開放も土地の所有権に関しては変化させずに、あくまでも国家が土地所有権を保持しつつ、農民たちに実質的な土地所有権を与えるという方策を採用した。このような財産権のあり方は、西洋的な基準からすれば、非正統的・非標準的なものと見なされるかもしれない。しかし、マクミランは「財産権は、法的に定義された所有権と同義語ではない。少しばかりの所有権保障によっても、随分うまくいくことがある」（マクミラン２０２１：p.145）と述べていて、かなり柔軟な姿勢を示しているのである。[7]

制度設計の潮流

かつて経済学には、フリードリヒ・ハイエクなどのように、市場などの制度は自生的であり、それを人知で設計することを「致命的な思いあがり」と決めつけるような強力な立場が存在していた。しかし、現代経済学は制度設計に関してはかなり柔軟な見方へと舵を切っている。もちろん、ソ連のような社会主義体制がどのような末路をたどることになったのかをすでに知っている現在、「経済全体」を設計し、思い通りに運営することを主張する経済学者は皆無と言ってよいであろう。しかし、部分的な制度設計・市場設計の提案こそ、今日の経済学者の仕事だと考える人が多くなってきているのである。

Posner and Weyl（2018）の財産権の再設計の提案は、以上のような現代経済学の新潮流の中で、よりよく理解できるだろう。彼らは同書の中でいくつかの提案をしているが、その中でもっともラディカルなものは所有権に関わる「共同所有申告税 COST」である。これは原理的にはあらゆる財産に適用可能なものであるが、彼らもそうしているように、不動産（とりわけ土地財産）に関して説明することがもっとも理解しやすい。

ある土地を所有している人は、その土地に対する自分の「評価額」を決定し、申告しなければならない。その土地に対する税額はこの申告額をもとにして決定される。より高い評価額を申告すれば、それだけ高い税金を支払わなければならないのである。こうすると、できるだけ低い評価額を申告するインセンティブがあるように思われるかもしれない。

しかし、彼らの提案のもっともラディカルな部分は、この自己申告額がすべての人びとにオープンにされ、それよりも高い評価額を提示した人が出てきたときには、即座に所有権をその人に移転しなければならないという点にある。そうすると、あまり低い評価額を申告すると、他人にその土地の所有権を移転しなければならなくなる可能性が高くなってしまうわけである。この仕組みは、すべての土地についてオークションを常時開催しているようなもので、そのことによって、土地をもっとも効率的に使用できる人へと配分していく仕組みであり、「配分的効率性」を高めることを狙いとしている。

彼らが主張しているように「所有は独占である」。現状では所有者は一般に、他の人がどんなに高い価格を提示して買収することを提案してきたとしても、その提案を拒否する権利を有している。しかし、そのような権利を所有者に認めることは合理的なのだろうか。ＣＯＳＴは、そうした問題提起をしているように思える。

所有権・財産権の再設計

法学の立場からも同じような問題意識に沿った考察が登場してきていることも興味深い。従来は、所有者が所有物を「過剰」に使用することが権利と権利の衝突を生み出すことに関して、所有権を規制することが問題となってきたが、現在の日本のように人口が減少する状況では、まさに正反対の問題が生じている。空き地や耕作放棄地などがその典型である。

こうした文脈で、高村学人(2014)はあらためて所有権論史を再検討することの必要性を提起している。これまで財産権は「絶対的な」ものとされてきたが、財産を過少利用する人もまた「絶対的な」所有権を持つものと考えるべきなのだろうか。高村はこの論文の中で、すでに20世紀初頭にフランスの法学者レオン・デュギが「物を使用、収益、処分する権利を持つ所有権者は、同時に物を使用せず、収益もせず、処分もしない権利をも有している」ことに関して、近代的所有権を批判していたことに言及している。現代社会で生じている新たな文脈の中で、あらためて所有権について論じることの意味が大きくなってきたのである。

先に述べたエリック・ポズナーとグレン・ワイルの共同所有申告税の提案は、直接的に所有権の制度を変更するというアプローチをとっていないものの、事実上は、「物を使用、収益、処分する権利」を持つ所有権者が独占的な力を持つ現状に対して、「使用せず、収益もせず、処分もしない権利」を完全には認めないメカニズムの提案だと考えられる。経済学者らしく、彼らはこのことが「配分的効率性」を向上させることを通して富を増大させること、土地課税によって得た税収の使い方次第で格差の削減に役立つことを強調しているが、それは実質的に新たな所有権・財産権を再設計することを意味しているのだ。

財産権が有する「独占的」な力を緩和することの必要性は、まったく異なる文脈でも発生している。特許権は一定期間に限定した上で、知的財産の独占的使用を認めることで、イノベーションのインセンティブを付与しようとする制度であるが、これについては、強制実施権（compulsory license）という制度が存在する。それは、特許権者の意思を無視して（強制的に）設定する実施権のことである。日本の場合、実施権の設定を求める者は特許庁長官（または経済産業大臣）に裁定の請求をして、この実施権を得ることができるとされているが、それは以下の三つのときである。①特許権者が特許発明を3年以上実施していないとき、②他人の特許発明を利用しないと自分の特許発明を実施することができないとき、③公共の利益のために必要なとき。

先に言及したエイズ薬のケースでは、南アフリカが1997年に強制実施権によって、必要不可欠な薬を購入可能にする法案を通過させている。新型コロナ禍のケースでも、2021年にバイデン米大統領がコロナ・ウイルスのワクチンに対する特許を放棄すると発言したことに、フランスやドイツが反対して論争となっている。

これらの例が示すように、財産権は状況に応じて柔軟に変化させるべきことは明らかであり、マクミランの表現を用いるならば、「石に刻まれた不変なもの」ではない。現代の経済学者たちは、ポズナーとワイルのように新たなメカニズムの提案を通して、そのような再設計の提案を盛んに行っているのだ。たとえばこの他にも、開発経済学に実験アプローチを導入してきたことで2019年にノーベル賞を受賞したマイケル・クレマーは、知的財産権を政府が買い取るメカニズムについて真剣な検討を行っている。

Roth（2007）は、どのようなものが市場取引の対象となるのかは、歴史的・社会的に決定されることを大前提として、市場設計を行っていくべきだと主張する。かつては西欧社会においても宗教的な理由から、利子つきでお金を貸すことなども、人びとが忌避する取引行為であったが、それが時代とともに変遷してきたことなどを考えれば、当然のことであろう。

この論文の中でアルヴィン・ロスが主として焦点を当てているのは、臓器の市場取引である。これまで、臓器に市場取引を導入することによって社会的厚生を向上させることを主張する経済学者も存在してきた。しかし、こうした取引に対する忌避感などの社会的制約を無視することはかえって、市場設計に対する世間の目を厳しくすることになるかもしれない。このように考えて、彼は腎臓を「交換する」メカニズムの設計を提案するのである。経済学の中にメカニズム・デザインという分野を創出し、その社会実装を通して、経済学を「理学的」なものから「工学的」なものへと変化させる陣頭に立ってきたロスが、このような視点を有していることは、今日の経済学がかつてのような「市場原理主義」的な発想から転換していることを示しているように思われる。[8]

これらの趨勢《すうせい》について、反設計主義の立場から、そのような改革の提案は実現不可能であると断じる人もいるかもしれない。しかし、市場経済をピースミール（断片的）に設計していくアプローチが今日ほど求められている時代はないのではないだろうか。以上で説明してきた「制度の経済学」の立場は、市場を完全に自生的で設計不可能なものとも、人間の思い通りに設計可能なものとも見てはいない。また、市場を歴史的、文化的に構築されてきた強い慣性を持つものと考えるのでも、単なるメカニズムとして介入可能なものと考えるのでもない立場から、市場を変えていく可能性について考察しているのだ。今日ではそのような観点こそが求められていると言えるだろう。

5　ポスト・ゲーム理論の制度論——制度変化の理論に向けて

このように現在、（部分的にではあれ）経済学の中で市場をピースミールに再設計可能なものと見なし、市場を適切に機能させるためにはその都度再設計すべきであるとする潮流が登場してきており、それは現代社会の中で生じている諸問題の解決に資する可能性を有している。ピースミールの再設計と言っても、それが積み重なれば、非常に大きな変更へとつながる可能性がある。しかし、市場や財産権の再設計の可能性を認めたとしても、それが人間の意図した通りにうまく行くものなのかという問いかけは残っている。制度設計は意図せざる結果を生み出すこともありうるのだ。

ヒュームは、「財の保有の固定に関する規則は、徐々に生じ、ゆっくりとした進行を通じて、その規制に背くことの不都合が繰り返し経験されることによって、〔強制力が〕強くなる」（ヒューム

1740／2012、邦訳：p.45）と述べている。実際、比較的対象の同定がはっきりしている土地財産に関しても、登記所が設立されて、それがスムーズに運営されて初めて、土地の財産権システムが軌道に乗ると言えるのであって、日本ではこのプロセスは19世紀後半から20世紀の半ばまでの期間を要したとされる（マクミラン2021：pp.145-146）。

本節では、制度が持続性を持つものであると同時に、変化するものであるということが如何《いか》にして可能なのかという問題意識のもとに、これまでとは別の視点から所有権に関わりうる制度変化の問題を取り上げて、考察を試みたいと思う。

ゲーム理論による制度分析の長所

経済学では、独自に数学理論として発展してきたゲーム理論をさまざまな経済現象に応用する潮流が1970年代後半以降に確固としたものとなり、さまざまな制度を取り上げて分析を行う多くの論文が執筆されてきた。しかし、近年の制度の経済学には、こうした具体的な制度の分析や、先述した新制度派的経済分析とも異なる仕方で、ゲーム理論的洞察に基づいて制度の概念化そのものに迫るようなアプローチも存在している。それは、哲学と経済学をまたぐ学際的アプローチでもある（瀧澤2018）。

まず手始めに、ゲーム理論がなぜ制度分析に親和性を持つのかという点から考えてみよう。川島武宜は名著『日本人の法意識』の中で、「伝統的な社会秩序とは異質的な内容をもつ法律を、外国

——特に、先進資本主義社会——から継受した場合に、それらの法律が果す社会統制の機能は何か。それらの法律と当該の社会との間にどのような相互作用が成立し、それらの法律と当該の社会との間にどのような相互調整の過程が進行するか」（川島 1967：p.6）という問題に挑んでいる。この研究課題に挑む際に川島がさらに焦点を絞り込んで注目するのは、「「法」に関連して国民の多くがどのような「意識」をもって社会生活をいとなんできたのか、……法という社会統制過程に関係する行動の心理的前提条件にはどのようなものがあるか、それがどのように人々の社会行動を決定しているか、ということ」である（川島 1967：pp.6-7）。

法は立法されて明文化されたり、裁判所が判例を蓄積することで作られる。しかし、そのような法とは別に、その法のもとにおける人びとの社会生活が存在している。法学が通常は、主として前者に焦点を当てるのに対して、経済学はむしろ後者の側に焦点を当てる傾向を持ち、法が人びとの行動に対して「実効性」を持つプロセスを分析しようとしていると言っていいだろう。ゲーム理論は、まさにこの後者の分析に役立つ枠組みを提供してくれるのである。

われわれは通常、社会生活を送る際に、他者の行動を観察したり、ルールの存在を知らされたりして一定の行動を選択するように促される環境の中におかれている。このプロセスを通して、人びとの行動が一定のパターンを示すとき、そこに制度——少なくとも制度の原型——が発生すると言ってよいだろう。一人の主体の意思決定を扱う意思決定理論とは異なり、ゲーム理論は、自分の行動選択がそれだけで結果を決定するのではなく、他の人びとの行動選択と組み合わさることで結果が決まるような状況――それをゲーム的状況という――を対象とし、そこで人びとの行動が安定したときに、均衡においてどのような行動パターンが生じるのかを分析するものである。

進化ゲーム理論

ゲーム理論にも、合理的プレーヤーたちが熟慮の上で行動選択した結果として行動に規則性が生じる状態を扱う「伝統的ゲーム理論」もあれば、人びとが周囲の行動を見渡しながら徐々に最適な方向へと行動を変化させていくプロセスに焦点を当てた「進化ゲーム理論」と呼ばれるものもある。以下の議論の中では、どちらかと言えば、後者のイメージを持ってもらったほうが話がわかりやすいだろう。

たとえば、図表4－1にあるような「交通ゲーム」を考えよう。狭い道において正反対の方向から2台の車が互いに接近してくる状況で、各自動車は左側通行か右側通行かのどちらかの選択を迫られている。一方の自動車が左側を選択し、他方の車が右側を選択すると、衝突の危険が生じるし、速度を落とすなどの回避行動を取らなければならなくなるが、両方が同じ側を選択した場合にはスムーズに通りぬけができる。

それぞれの自動車の運転手をプレーヤーとして、行にプレーヤー1の戦略（選択肢）を、列にプレーヤー2の戦略を列挙し、その組み合わせが四つのマスとして表示されている。そこに書かれている数字はプレーヤー1とプレーヤー2の利得の組を表している。左の数字はプレーヤー1の、右

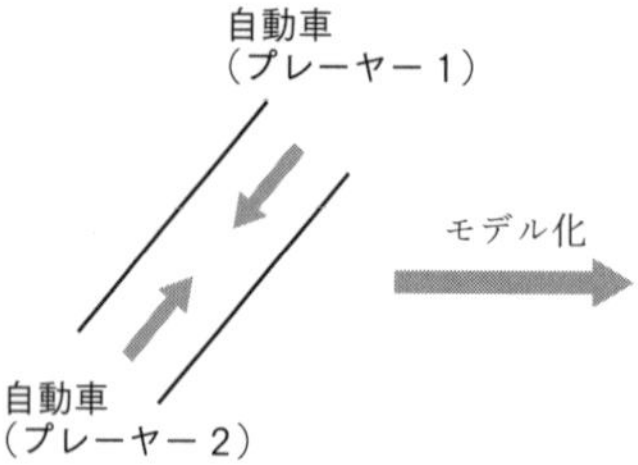

		プレーヤー２	
		左側通行	右側通行
プレーヤー１	左側通行	1,1	0,0
	右側通行	0,0	1,1

図表４-１　交通ゲーム

の数字はプレーヤー2の利得である。このようにプレーヤーたちがお互いの行動を調整（コーディネート）しなければならない状況を表したものを「コーディネーション・ゲーム」と呼ぶ。コーディネーション・ゲームには各人が独立して待ち合わせ場所を選択するような戦略的状況など、社会の至るところに観察される重要なゲームが多く含まれている。

今、ある集団が存在し、この中の各人がそれぞれに、すでに右側通行を選択する、あるいは左側通行を選択するという仕方で行動ルールを決めている状況を考えよう。この集団は、この道路を頻繁に使用するので、集団内の人びとはお互いにランダムに出会うことになる。ここで、集団の中で左側通行を行動ルールとしている人の割合をpとし、右側通行を行動ルールとしている人の割合を$1-p$と表すことにする。

このとき、左側通行を行動ルールとしている人の利得の期待値は$p\times1+(1-p)\times0=p$、右側通行を行動ルールとしている人の利得の期待値は$p\times0+(1-p)\times1=1-p$となるので、$p$が$1/2$より大きければ、左側通行を行動ルールとする人の利得の期待値が、右側通行を行動ルールとする人の利得の期待値を上回ることになる。こうした状況で、人びとが徐々にどちらのほうが得策かを学習して、自分の行動ルールをより利得の期待値が高いほうに変更していくとしたらどうなるだろうか。

もともとpが1/2より大きかったとしてみよう。たとえば2/3の人たちが左側通行の行動ルールを採用している状況を出発点として考える。このときには左側通行を行動ルールとするほうが得策なので、徐々に左側通行を行動ルールとする人の割合が増加していくだろうし、そのプロセスは継続するだろうから、最終的にはすべての人びとが左側通行を選択するようになるだろう。逆にpが1/2より小さい場合には反対のことが起こり、最終的にはすべての人びとが右側通行を選択するようになるだろう。

以上のようなもっとも単純なゲームの分析からもいくつかの興味深い概念を抽出することができる。第一は複数均衡という概念である。交通ゲームを分析してみると、すべての人びとが左側通行を選択する均衡と、すべての人びとが右側通行を選択する均衡の二つが生じることがわかるが、このように均衡が複数存在することを複数均衡と呼ぶ。

待ち合わせの状況などを考えれば容易に想像できるように、一般にコーディネーション・ゲームには複数均衡が存在するが、複数均衡の存在を、ゲームの結果を一意に予測できないという観点からネガティブに考えるのではなく、均衡の複数性それ自体をわれわれの社会生活の本質を捉えるものとしてポジティブに評価した最初の人がトーマス・シェリングである。本章もそのような立場に立つ。複数の均衡がある場合に人びとがその中でもっとも際立ったものを選択しがちであることを指摘したのもシェリングであった。第3章の分析においても中心的役割を果たしていた「フォーカル・ポイント」という概念である。

第二は「経路依存性」という概念が抽出できる。交通ゲームにおいて、pが初期時点で1/2より大きいか小さいかで最終的に行き着く先となる均衡が異なっていたことは、歴史の初期時点の状況次第で異なる行動パターンが観察されるようになることを示している。また、一度成立した制度を変更することにはきわめて大きなコストが伴うことも理解できよう。[9] ここでの説明はきわめて単純な設定をもとにしているが、これがその後、より精緻化されるようになった歴史的経路依存性の本質的な部分だと言ってよいだろう。

以上のようなゲーム理論的分析は何を示しているだろうか。実際の交通状況では、たいてい信号が設置されていたり、道路交通法が存在しているに違いない。ここで考察したのは、そのようなものの存在を想定しないプリミティブな状況であるが、それでも一定の行動パターンが生じうるということが重要な点である。先に述べたように、人びとの規則的な行動パターンを原初的な制度と見るならば、制度理解の第一歩がここから始まるわけだ。

ルイスのコンヴェンション理論

ゲーム理論の範囲内では、ゲームを解く際に与えられる情報は図表4-1のように数学的に定義されたゲームだけなので、先述したような数学的分析をすれば十分だと考えるのが通常である。しかし、もう少し現実的な状況を考えようとするときに、この分析はどのように変えられるべきだろうか。ここから先は必ずしも数学的厳密性にこだわらずに、制度現象の本質に焦点を当てるために何が必要なのかを概念的に考え、必要とあらば、本質的な存在物を裸の数学的ゲームに追加して考察していくことを厭《いと》わないことにしよう。

実は、コーディネーション・ゲームの均衡は、ヒュームが『人間本性論』の中で展開したコンヴェンション（慣習）の概念と密接に関係している。ヒュームによれば、コンヴェンションとは人びとが持つ「共通利益の感覚」で、明示的約束や合意の結果ではなく、むしろ約束や合意が生じることを可能にする、より基礎的な概念である。そして、その共通利益が感じられたとき、人びとの間に一定の行動の規則性が生じるとヒュームは言う。人びとは、他の人びとがその一定の行動に従うと期待して、自らもその行動に従うようになるからである。

このような議論の仕方から、ヒュームがゲーム理論が登場するはるか以前からゲーム理論的思考を展開していたことが窺えるのだが、シェリングなどが展開していたゲーム理論の影響を受けて、最初に、ゲーム理論を用いてコンヴェンションの問題に取り組もうとしたのがデイヴィド・ルイスの『コンヴェンション』であった。ルイスはコンヴェンションを一定の条件を満たした「行動の規則性」としており、ゲーム理論的な制度分析との親和性は明らかであろう。

ここでデイヴィド・ルイスのコンヴェンションを取り上げるのは、ゲームに複数の均衡が存在する場合に、人びとがどのようにしてその中の一つへと行動をコーディネートできるのかという問題にルイスが取り組み、その結果として、数学的に定義されたゲームの外部で、人びとの行動をコーディネートさせるような仕組みの論理的分析を行ったからである。このようにして、数学的なゲーム理論はより現実的な制度現象に向けて、拡張されることになるのである。

先に説明した進化ゲームでは、行動する主体に高度な知性が備わっていると仮定していなかった。だが人間のように、ある程度の知性を持った主体がゲームの複数均衡の一つに行動を調整しているときには、お互いに相手がその行動（均衡における行動）を選択することを信じるという相互の「整合的信念」が成立しているはずである。ルイスの最初の洞察は、整合的信念のあり方を考察することを通して、単純なレベルの整合的信念だけでは不十分であり、その信念が、ある程度深い階層で整合的になっていることが必要だということであった。つまり、自分が相手がその行動を取ると信じていること、相手が自分がその行動を取ると信じていることだけではなく、自分がその行動を取ると相手が信じていることを自分が信じていること、相手がその行動を取ると自分が信じていることを相手が信じていること……等、高階のレベルでの信念が整合していることが必要だということである。

ではそのような深い階層の信念の整合性はどのようにして可能になるのか。人びとが均衡において指定されている、特定の行動をとることを事象Aと呼ぶことにしよう。このことが合理的な推論によって、どこまでも深い階層でお互いに信じられるときに、それは「共通知識」と呼ばれる。ルイスが与えた解答は、共通知識が成立するためには、人びとが背景情報と標準的な帰納的推論の仕方を共有した上で、事象Aに対して、「共通知識の基底」と呼ばれるような事態Bが存在することが十分だ、ということであった。

この共通知識の基底となる事態Bは、以下のような性質を持っている（まわりくどい性質であるが、しばしお付き合い願いたい）。①Bが成立していると信じる理由を、関連する全員が有している。②Bが成立していると信じる理由を、関連する全員が有しているならば、Bが成立していると信じる理由を全員が有していると信じる理由を、全員が有している。③Bが成立していると信じる理由を、関連する全員が有しているならば、Aが成立していると信じる理由を、全員が有している。このような性質を持つ事態Bが存在するとき、人びとは推論によって、次々と高い階層の整合的な信念を生み出すことができるのである。たとえば、今日開催した会議が終了せずに、お互いに明日も同時刻にここで会おうと言うとき、この事態は、明日も同時刻にここに集合することが共通知識になることを確実なものにする。

ルイスはこうして、人びとが行動をコーディネートする際に必要な信念のあり方がどのようにして生成されるのかを考察し、ゲームの外部に、特殊な性質をもった事態が存在することを主張したのだった。Cubitt and Sugden（2003）は、このルイスの洞察をさらに進めている。自動車通行の場合、すべての人びとがすべての人びとの行動を観察しているわけではなくても、一定の行動の規則性が生じるわけであるが、このように人びとの間に信念が分散している場合でも、全体としての自動車通行の行動の規則性が生み出されることを論じているのである。

青木昌彦の制度モデル

ルイスの議論を積極的に取り込み、独自の制度の概念化を行ってきたのが青木昌彦であり、それをさらに洗練したのがカーステン・ヘルマン－ピラートとイヴァン・ボルディレフであった[10]。以下では、彼らの制度モデルをＡＰＢモデルと呼ぶことにしよう。

図表４－２をご覧いただきたい。まず左上の四角から右上の四角へと向かう矢印に注目しよう。ここで左上の四角には「戦略的行為」とあるが、これはゲーム的状況における人びとの行動選択のことであり、右上の四角にある「プレーの再帰的状態」は人びとの行動が組み合わさった状態で、均衡においては規則的な行動が生じることを意味している。人びとの行動選択がゲームにおけるように組み合わされることで、一定の行動パターンを生み出しているのである。

そして、人びとの行動パターンは、必ず外的世界に「記号システム」をもたらすとされている（右上の四角→右下の四角）。つまり、「制度は内生的に創出されるが、客観化されたもの」になるのである（Aoki 2001, 邦訳：p.16）。これは後に詳述するが、今までの例に即して言うならば、人びとの行動が観察されること等がこれに当たる。そして、記号システムは人びとの「行動的性向」（一定の行動を選択する傾向性）に影響を与えて（右下の四角→左下の四角）、それが最初に戻って、行動選択（戦略的行為）を引き起こすというようにして、一定の行動の規則性が生じることがここで示されている。

これは先に見た進化ゲームで分析したことをかなり正確に記述しているように思える。ただ、先の進化ゲームの分析と比較して重要な変更点は、「記号システム」という介在的な概念を明示的に置いたことである。人びとの行動の規則性が外的世界に記号システムを生み出し、それが人びとの行動をコーディネートする役割を果たしているのだ。この図式は、用語こそ変更されているものの、

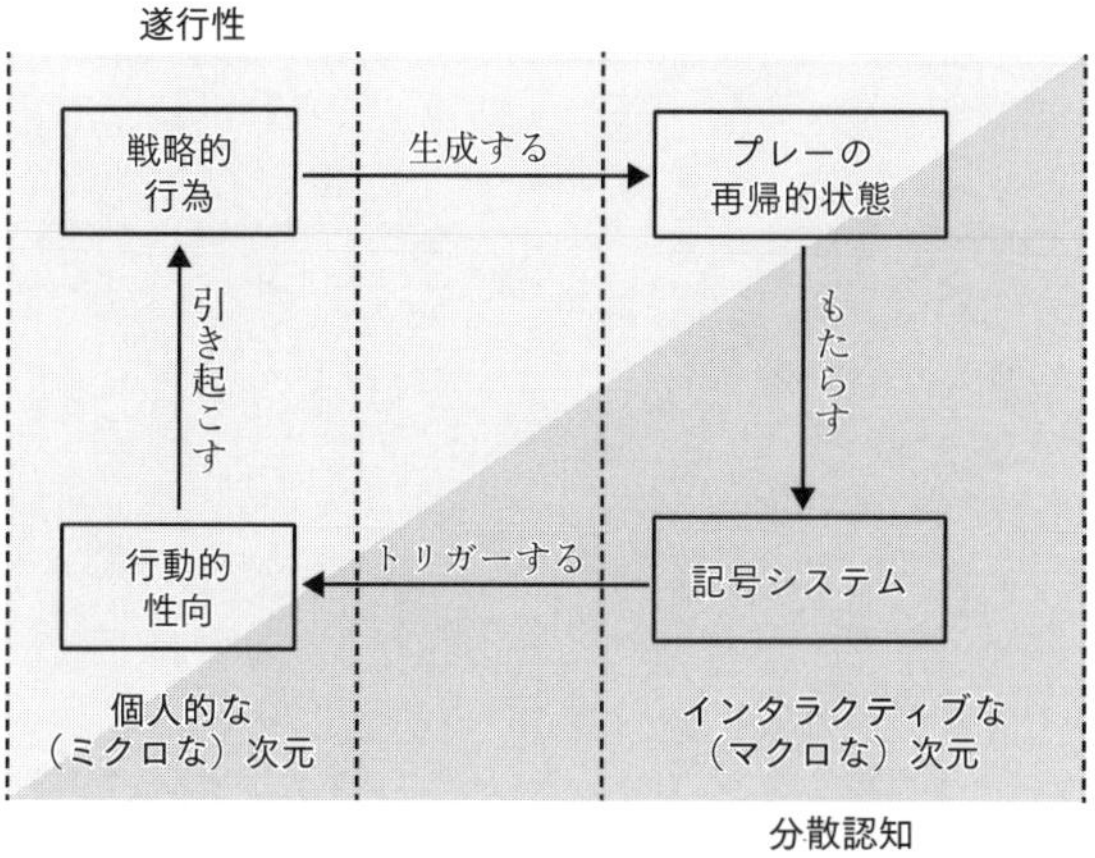

図表4-2　青木＝ヘルマン-ピラート＝ボルディレフ（APB）の制度モデル

基本的にはAoki（2001）で提示された制度の概念化において採用された考え方で、人間行動に関する「外在主義的」な考え方であることがわかる。そのスピリットにおいて、先に触れたルイスの考え方とも一致していることがわかるだろう。

ただし、記号システムを導入し、それに行動が誘導されるとする点で、この図式は伝統的経済学が想定していた人間像とは異なる人間像を内包している点にも注意が必要である。伝統的経済学では、人間は行為選択に際して、各行為の結果がどうなるのかという予測（信念）と結果に対するランクづけ（選好）を組み合わせて、もっとも高い効用を与える行為を選択するというタイプの合理性（道具的合理性）を仮定していた。

しかし、今日の経済学は認知心理学の影響を受けつつ、そのような人間像を必ずしも前提としない分野も備えている。行動経済学である。そこでは、人間は無意識のうちに外的環境にナッジ（そっと後押し）されるかもしれない存在であるとともに、自分の認知的負荷をできるだけ軽減するために周囲の環境を作り上げることに長《た》けた存在であるとされる（Clark 1997）。やや大雑把すぎる定義だが、ここではそのような考え方を「外在主義」と呼んでいるのである。

この考え方においては、記号システムという言葉が一般的すぎて、それが何を意味するかがわかりにくいかもしれない。それは単に行動のコーディネーションを起こすだけのものに過ぎないのだろうか。だとすれば、それは一定の制度的行動を強化する役割しか果たすことができないだろう。だが、制度が変化するプロセスを考察できるようにするためには、単なる行動の規則性の強化だけではなく、それを変化させるような仕組みをも含んでいなくてはならない。記号システムが物的世界に外化されて存在することの意味は、それを通して、現在支配的な制度そのものについての反省的思考を促すことにもあるはずである。

慣習的行動を規制する階層化された制度

この点についてさらに考えることで、モデルを拡張することにしたい。単なる慣習やエチケットであるならば、記号システムは目に見える人びとの行為に限定してもよいかもしれない。しかし、知性を有している人間であれば、こうして外化された記号を通して制度全般を反省するようになると考えることは自然だろうし、そうすれば制度を少しフォーマル化して、どのような行動が望ましいのかをルールの形に定式化することが可能となる。これがより拡張されたゲームにおいて、記号システムとしての役割を果たすと考えてもよいだろう（図表４－３）。

ルールは一定の行動の規則性からの逸脱をより明確なものにし、ある人が逸脱した場合に、そのことを指摘する際の正当化の根拠となろう。まず一番下のレイヤーと中段のレイヤーに注目しよう。図において中段に位置しているレイヤーは、記号システムとしてのルールを生み出す場所で、最下段のレイヤーは人びとが互いの行動を観察しつつ行動するレイヤーである。中段のレイヤーに関わるプレーヤーたちは、最下段のレイヤーにおけるプレーヤーたちとは異なるかもしれないが、多くの場合には共通するプレーヤーたちが存在するだろう。中段のレイヤーではインフォーマルなルールが形成され、調整されるが、そのルールの中身は、最下段のレイヤーの少なくとも一部の人が知ることを通じて、そのレイヤーにおける人びとの行動に影響を与えて、行動を規制している。また、実際には、このような階層化はさらに入れ子的になって複雑化していく可能性もある。これまでは中段のレイヤーと最下段のレイヤーを見てきたが、図表４－３のように、ルールを形成するレイヤーの上にさらに法システムのレイヤーを考えてもよいかもしれない。

このように上のレイヤーの存在は下のレイヤーでの行動を間接的に規制する一方で、下のレイヤーにおける行動こそが上のレイヤーの存在の根拠となり、それを支えるものである。

たとえば、道路交通における自動車の速度のことを考えてみよう。このとき、通常われわれは、

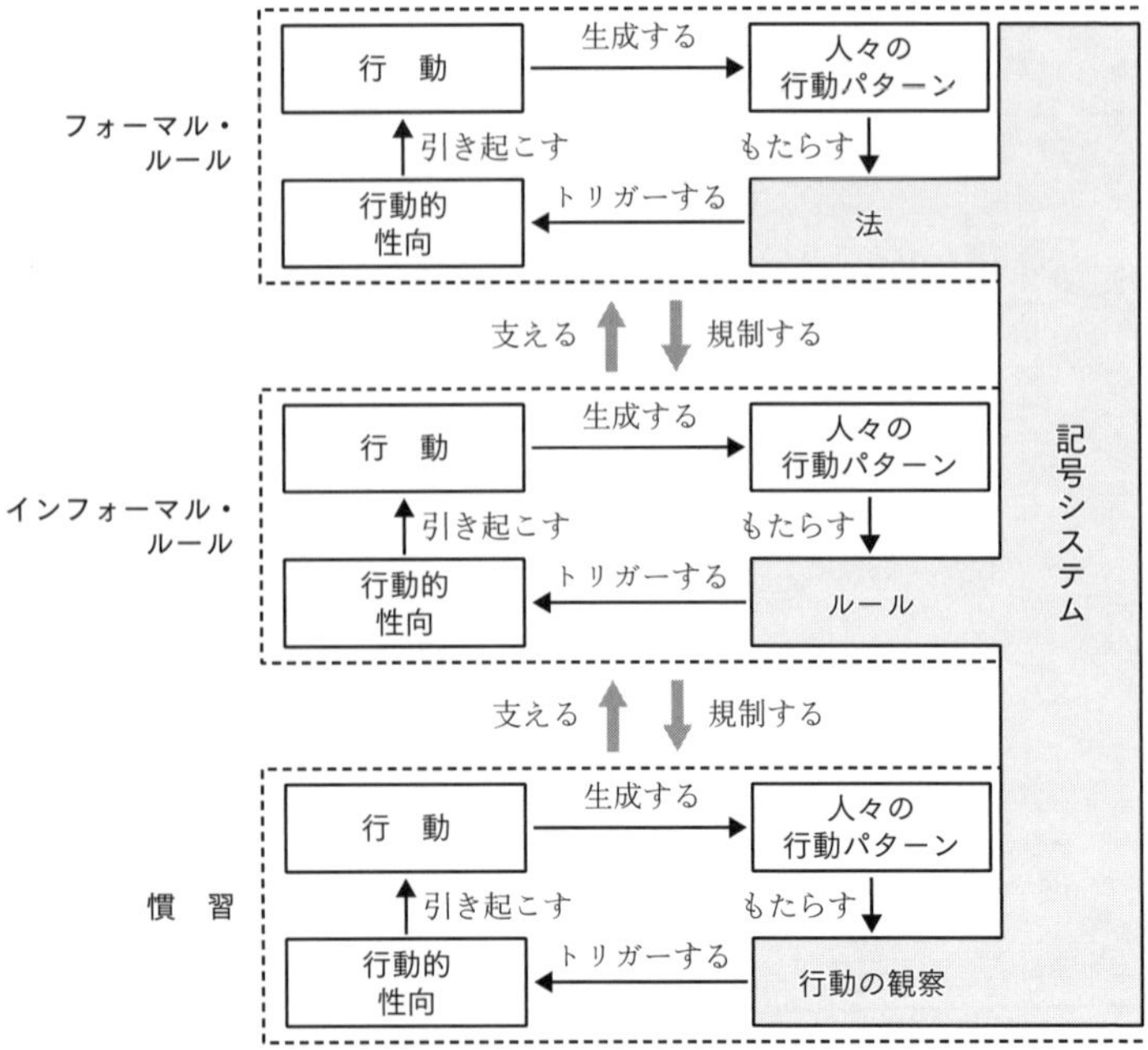

図表4－3　複雑化した制度モデル

いつも見ているような自動車の速度やその時の周囲の自動車の速度を観察して、それに合わせて自動車の速度を調整するはずである。こうして人びとは一定のパターンに枠組みづけられた仕方で、秩序だった道路交通を実現している。しかし、もちろん自動車の速度には速度制限が存在している。これは道路交通の状況を観察しつつ、一つひとつの道路ごとに調整して決められるかもしれない。そして、そうする権限を決定するような法律が存在している。

レイヤー間の関係はどのようなものだろうか。速度調整について興味深いことは、法定速度と実際に観察される速度とが乖離《かいり》していることである。人びとの行動の中で生み出される速度は、秩序形成にとってマイナスとなる「逸脱」を明確化する上位の速度規制の根拠となるものだが、そこでの一つひとつの逸脱が観察されて直《ただ》ちに速度規制による罰則が適用されるわけではない。レイヤー間にはある程度の弾力的な関係が存在しているのである。このようにモデル化するならば、川島が指摘したように、法的に規定された所有権と実際に日本社会で観察される所有権に関わる行動の乖離のようなものが生じることも十分に理解することができる。

以上のようなモデルは、人びとの行動の規則性としての制度という基本的な考え方を保持しながらも、行動パターンに対して記号システムが規制的に作用する仕方を組み込むことを意図したものである。図表4－2のAPBの図式化には、複数のレイヤーが設けられていないが、そのときには図中の記号システムの部分に、さまざまな反省的思考を反映したものがすべて含まれてしまうことになる。記号システムにインフォーマルなものからフォーマルなものへのグラデーションに応じた階層性を付与することで、下のレイヤーに対して反省的に作用し、かつ柔軟に制御する関係に立つ制度の存在が概念化されるのである。

別の言い方をすれば、このモデルは、人びとの行動の規則性に重点をおく「均衡としての制度観」と、人びとの行動を規制するルールに重点をおく「ルールとしての制度観」を調停しようとするモデルになっているとも言える。すなわち人びとの行動パターンをもたらす外的環境としてのルールがあり、それが人びとの行動を規制して、行動の規則性（＝均衡）をもたらし、それがさらに外化された記号としてのルールに影響すると考えているからである。

共的資源の統治

このモデルの意味を考えるために、さらにエリノア・オストロムやその他の人の制度論を引き合いに出して、比較してみよう。

日本ではあまり紹介されていないが、オストロムは共的資源（ＣＰＲ：common-pool resources）の統治の問題に取り組み、現実に行われている小規模な共的資源の統治実践のフィールド観察を通して、統治の成功要因を具体的な制度運用のあり方に見いだそうとした独自の研究で知られている。この研究が高く評価され、２００９年には先述のウィリアムソンとともにノーベル経済学賞を受賞してもいる。ここで共的資源とは、「自然もしくは人工的な資源システムのうち、ある程度の規模を持ち、それがもたらす便益からある者を排除することが（不可能ではないが）困難なもの」（Ostrom 1990、邦訳書：p.36）のことである。そこではつねに資源の過剰利用による枯渇の問題が生じやすいので、何らかの統治の仕組みが必要となる。海洋漁業や灌漑《かんがい》用水などの身の回りの例を考えればわかりやすいだろう。

オストロムは、既存の共用資源論が理論モデルに強い影響を受けて、発想を大きく拘束されてきたことに対して批判的である。その理論モデルとは、①ギャレット・ハーディンの「共有地の悲劇」モデル、②囚人のジレンマ、③マンカー・オルソンの「集合的行為の論理」モデルの三つである。共用資源で過剰使用が発生する理由をこれらのモデルの型に当てはめて説明することから、多くの論者はこの問題には単純な解決策しか存在しないと結論づけてきた。その具体策は論者によって異なるものの、多くの場合、政府による規制（リヴァイアサン的解決）か、私的財産権の強化による解決（市場による解決）に分かれることになる。

しかし、オストロムは現実の統治のあり方の詳細なフィールドワークによって、共用資源問題を解決している現実の事例がこのような問題の単純化によってはまったく捉えられないことを発見したのだった。単純な理論的な解決策を課すことは、共用資源を巡って現実に生じている制度的現象の複雑性を見すごしてしまうことにつながり、とんでもない大失敗を引き起こす可能性がある。むしろ、複雑な制度的問題に対しては、単一の解決策で臨むのではなく、複数の解決策を組み合わせることのほうが望ましいことがある。

では既存の理論において単純化されてしまっていたものとは何だろうか。理論は、すでにゲームのルールや技術的制約が固定されていて変化しない状況において、現場レベルでの人びとがどのように行動するかということのみに注目している。しかし、共用資源問題を解決している多くの例では、資源利用者たちが自らルールを作り、それを遵守することにコミットし、他の人びととの遵守行動をモニタリングしており、ルールを柔軟に変化させていることがもっとも重要なポイントになっているのだ。制度にまつわるこうしたシステム――それは簡単に言えば「実効化 enforcement」の重層的システムと言ってよいだろう――を捉えることなしに、政府のような外部主体を導入すれば制度が実効性を持つと考えることは、制度現象の本質的な部分を見ていないことになるのだ。

オストロムはルールが重層化され、入れ子になっていることを重視する。現場レベルでは「運用ルール operational rule」が事実上の権利と義務を割り当てていて、人びとはそのもとで行動する。しかし、それはこのルールを変更する別のルール――「集合的選択ルール collective-choice action rule」――によって規制され、さらにそれは別のルール――「基盤的選択ルール constitutional-choice rule」によって規制されているのである。「すべてのルールは、最初のルールの変更方法を定義する、もう1つのルールの中に入れ子状になっている」(Ostrom 1990、邦訳書：p.60)。この階層性と入れ子構造のおかげで、制度変化が可能になるのである。

なおオストロムは、一般的な制度についての定義を「有効なルールの集合」としている。「有効なルールとは、個々人の行動の選択に際して、実際に用いられ、監視がなされ、実効化されているルール」(Ostrom 1990、邦訳書：p.59)であり、ルールである以上は共通知識になっているようなものである。

制度の本質――実効化

前の項でも触れたように、ゲーム理論に影響を受けた制度の概念化は、制度をゲームの均衡(すなわちゲームで創発する行動の規則性)と見なす「均衡としての制度」論と、制度をプレーヤーたちの選択肢や利得などに関係するゲームのルールと見なす「ルールとしての制度」論の陣営に分かれて、お互いに論争を繰り広げてきた。[11] こうした観点で整理するとき、一見するとオストロムは「ルールとしての制度」論に立っているように見えるかもしれない。しかし、それぞれのレベルでのルールが人びとの行動に組み込まれて、実効化されることを重視している点を考慮するとき、彼女の思い描く制度を単純に「ルールとしての制度」論に立つものと考えることは難しい。

すでに述べたように、外部世界に展開された記号システムによって人びとが行動をコーディネートするという、青木流の外在主義的な立場を取るのであれば、記号システムの中に「ルール」（これはゲーム理論が考えているような数学的に定義されたゲームのルールというよりも、上で見たようなオストロム的なルールである）を含めることは自然ですらあると言えよう。そうすることによって、人間が関わる制度現象が反省的な性格（制度そのものに関する考察をすること）を持つことや、反省性に基づいて制度が内生的に変化することの説明が可能となる。このような観点に立つならば、APBの制度モデルをオストロム的な制度モデルと組み合わせることが自然に思えてくる。

すでに第3章で触れられているGuala（2016）もまた、「均衡としての制度」論と「ルールとしての制度」論を独自の仕方で調停しようとした試みである。この場合にフランチェスコ・グァラが依拠しているのは、ロバート・オーマンが提起した相関戦略と相関均衡という概念である。その基本的なアイディアは、人びと（ゲームのプレーヤーたち）が数学的に定義されたゲームのルールの外部に存在する何らかのシグナルに応じて反応するような行動ルールを採用する（相関戦略）と想定した上で、そのような行動ルールを採用することが均衡状態を形成するというもの（相関均衡）である。このとき、制度は均衡における行動の規則性を生み出すだけでなく、人びとが従っているのはシグナルに依存した行動「ルール」になっていることから、グァラはこの概念化において、「均衡としての制度」観と「ルールとしての制度」観が矛盾することなく調停されていると主張する。これを彼は「均衡したルールの理論」と呼んでいる。具体例に即したその詳細な記述については、第3章に譲ることにしよう。

たしかにこのようなアプローチは、もとのゲームに対して、ゲームの外部にある特徴が付加された状況を考え、そこに制度の本質を炙《あぶ》り出そうとする点で、創意工夫に溢れたものである。また、外部の人工物が人びとの行動のコーディネーションを促す役割を果たしているという点では、APBモデルに包摂されたものであるとも言える。しかし、所有を生み出す境界線のように、ゲーム外部の最小限の特徴しか追加しないと決めてかかる必要はない。オストロムが観察しているように、むしろ制度現象の本質は制度をいかに実効化するのかという点にある。制度が複雑化する要因は主として、人びとが制度をいかに実効化しているのかに焦点を置くことによって、元のゲームを変更し、人びとを異なるインセンティブに直面させることにあることが見えてくる。

制度にとっては実効化が決定的な重要性を持つ。本節ではオストロムに依拠しつつ論じてきたが、同様の洞察はNorth（1990）にも貫かれている。実効化に対して焦点を当てるアプローチとは異なっているものの、Hart（2012）もまた、一次ルールと二次ルールという異なるルールを発見することで法現象の複雑さを指摘している。ゲーム理論から出発し、そこでの理論的枠組みを使用することの有用性を認めつつも、やはり制度現象は複雑であり、一つの制度をとったとしても、そこには複数のレイヤーが含まれている可能性が高いのである。

習慣↕インフォーマル↕フォーマル間の相互作用

なお、オストロムは先述したルールは、「基盤的選択ルール」→「集合的選択ルール」→「運用ルール」という順番で基礎的なものと捉えている。「基盤的選択ルール」がもっとも深いところにあり、その次が「集合的選択ルール」、その次が「運用ルール」と考えられているのである。その上で、これらの階層間の関係については、比較的単純なリニア的な階層と捉えられているように思われる。たとえば、オストロムは制度変化に関して次のように述べている。

1　あるレベルでの活動を秩序付けるために用いられているルール変化は、より深層にある、その時点では「固定的な」ルールの組み合わせの中で生じる。

2　より深層にあるルールの変化は実現困難なことが多く、費用も要するので、ルールのもとで互いに影響しあう個人間の期待の安定性を高める。（Ostrom 1990、邦訳書：pp.60-61）

こうした階層的なルールの捉え方は、確かに一定のリアリティを持つものである。憲法の改正がほとんど行われず、解釈を変化させることによって、下位規範に対して柔軟に対応していることはそうした事例に当たるだろう。だが、より一般的に身近な制度現象を含めて捉えようとするときには、このような単純な階層的な捉え方では不十分となる。そこで本節で提起したモデルがより一般的なケースを包括できるように、いくつかの点を追加的に述べておく必要がある。

第一は、オストロムと異なり、われわれは、社会の中の人びとがお互いの行動を見ることで行動の規則性を生み出す階層（図表4-3における「慣習」）がもっとも基本的な階層であると想定している。その上の「インフォーマル・ルール」や「フォーマル・ルール」の階層はこのもっとも基本的な階層を規制するものとして立ち上がるものなのだ。あくまでも現場における人びとの行動を中心において制度を捉えるべきである。

第二に、われわれのモデルは、単純に階層が垂直方向に関係する（「支える」「規制する」）というだけではなく、同じ階層のものが水平方向にも複数存在しており、さまざまな階層の「制度」がリゾーム状に相互作用していると考えている。このように考えるならば、多くの制度が多様な記号システムやプレーヤーたちを共有することで、お互いに連なっているという描像が得られるだろう。

APBモデルとオストロムの基本的アイディアを受け継ぎつつ、図表4-3で提起したモデルを以上のような複雑化を包摂したものと解釈すれば、階層間の相互作用や水平的な諸制度の相互作用について幅広く、具体的な現象を論じることができるようになるはずだ。

すでに自動車交通の例をあげて、法定速度と実際の速度との乖離が生じることについて述べたが、この事例は階層間の関係が比較的柔軟なものであることを示している。この場合には実際の速度を規制するために法定速度のルールを調整するレイヤーが存在していると言えるだろう。しかし、この逆に、ルールを決定するレイヤーから実際の行動のレイヤーが立ち上がることもあるだろう。たとえばビットコイン（Bitcoin）のように、既存の貨幣的な行動を前提としつつも、仕組みのほうが先に提案され、実装されて、人びとがそれをさまざまな仕方で利用するようになるというケースも考えられるからである。また、ひとたびBitcoinのようなものが立ち上がると、ステーブルコインのようなBitcoinの変種が現れて、それと競合する制度が展開し始めるというように制度間競争も発生する。

社会の中で一定の慣習に対してよりフォーマルなルールを導入することは、一般的には人びとの行動を望ましい方向に変化させる意図を持って行われるが、それが必ずしもつねに成功するとは限らない。たとえば、Burawoy（1979）は、出来高制の賃金システムを導入した現場の労働者たちが、お互いにそのルールをもとにした「ゲーム」を展開して、人間関係を形成する様子を描写している。生産目標を達成しない労働者が軽蔑される一方で、目標を大きく超える個数を生産した労働者もまた除《の》け者にされたりするのである。

垂直的な関係にあるレイヤー間の相互作用で特に興味深いのは、一部の人類学者たちが注目してきたように、インフォーマルなレイヤーにおける行動の規則性に望ましくない点が観察されるからといって、即座にフォーマルなルールを課して規制したほうがいいかというと、必ずしもそうとは限らないという点である。通常こうしたフォーマル化への誘惑は大きいものだが、フォーマル化によって、もともと人びとが相互的な行動観察に基づいてコンヴェンション的に秩序形成してきた能力を損ない、ひいては秩序形成そのものも危うくすることになるかもしれないからだ。たとえば、フォーマルなルールが導入され、それに従うことに注力することで、かえって、もともとの秩序が内包していた他人に対する配慮などのような美点が失われることになるかもしれない。このようなことが望ましくないと言えるのは、慣習的なレイヤーをもっとも基礎的な部分であると想定しているからだと言えるだろう。

階層化された制度モデルに注目することで、ほかにも多くの現象が説明可能となるだろう。このモデルのさらなる発展や具体例への応用はまだまだこれからであるが、本書の中心テーマである所有権に関しても多くの含意を持つはずである。少なくとも、西洋近代が理念として有してきた所有権のあり方が、決してそのままの形で人びとの行動を規制するものではないことや、所有権自体のあり方が制度的に多様であり、多様な所有権が相互作用する可能性についてのイメージを広げることになるのではないだろうか。

まとめ

本章では、20世紀後半以降の経済理論の変遷に即しながら、経済学において所有権・財産権の概念がどのように変化してきたのかについて叙述してきた。前半の議論では、所有権・財産権が経済に実質的な影響を与える制度的要因として認識されるようになり、制度の経済学が立ち上がってきた様子について記述した上で、今日では、所有権を含む制度全般が「再設計」の対象となりつつあることを示してきた。後半では、所有権の文脈からやや離れて、一般的な制度に目を向けてきた。すなわち、ゲーム理論の洗礼を受けたあとの制度論を吟味することで、制度の持続性の説明だけでなく、制度変化がいかにして可能なのか、制度設計の議論が制度変化の議論とどのように整合的たりうるかを確認することを試みた。

制度設計はある程度までは有効なはずである。しかし、完全に思い通りの制度設計を実現することは難しい。このような当たり前とも言える直観を、具体的なモデルを通して解明しようとしてきたのである。この部分はかなりの程度、筆者独自の制度論の展開となっている。

このような洞察は、今日の状況に対してどのような意味を持つのだろうか。最後に、この点に関連して二つのことを指摘しておきたい。

第一は、今日の資本主義論に関して、これらの議論が持つ含意である。今日、資本主義経済が多くの問題を抱える中で、さまざまな問題の根源をすべて資本主義がもたらした悪とするような論調が目立っている。しかし、現代の資本主義がさまざまな問題――所得や富の格差、地球温暖化問題、人びとの生きにくさ等々――を生じさせていることを認めるにしても、それらは本当に資本主義だけを唯一の「悪」とすることで解決される問題なのだろうか。現代資本主義が生み出しているこれらの問題をあらためて省みるとき、それぞれの問題に対応して、解決策が大きく異なるのではないかという直観を抱くのは、筆者だけではあるまい。であるならば、資本主義の廃絶という単一の形態ではなく、さまざまな問題を解決できる仕組みを真剣に考えることが必要なのではないだろうか。

代替的な観点としてありうるのは、現代資本主義の諸問題が、資本主義のメカニズムを通して必然的に生み出されているのではなく、市場経済と制度の組み合わせによって生み出されていると考えることである。このように考えれば、市場経済も制度もわれわれ人間が生み出してきたものであり、それが人間にとって役立つように、ある程度の設計は可能だと考えることで、解決への糸口を見いだせるのではないだろうか。制度の再設計のために現代経済学で提起されているさまざまな議論は、こうした観点から大きな意義を持っている。

第二に、人間がつくる制度の性質を十分に理解した上で、政策を論じていくことが重要だということである。制度はそれほど簡単に変革することができないことは、これまで多くの論者によって指摘されてきたし、そのことについては本章においても指摘してきたことである。したがって、現行制度のよりよい方向への変化について再設計の大きなイメージを描いたところで、それが実際に制度をよりよい方向へと向かわせることになるのかは、不確実だ。だが、たとえ不十分であったとしても、ある程度の知見をもとにして、そこに賭けていくことが、制度をたえずつくり続ける人間の本質ではないのだろうか。

本章後半で描写した制度の概念化と制度変化に関する理論はいまだに粗いものである。しかし、制度設計の提案にこうした制度論の成果を組み合わせることによって、われわれは、われわれの経済社会をよりよいものへと変えていくための現実的な制度変化を論じることができるだろう。現代経済学はさまざまな制度のメカニズムに関して多くの知見を蓄積してきた。それらの知見を一層深化させることで、真に効果的な政策提案に役立てていくべきなのである。

註

1 たとえば第3章でも言及されているダグラス・ノース（2005、2016）やダロン・アセモグル＝ジェームズ・ロビンソン（2012、2013）を見よ。

2 本論からやや外れるが、コースは「社会的費用の問題」の最終節において、次のように語っている。「実際のところ、自由放任状態と理想世界との定義がたまたま同じになる場合を別にすれば、理想世界が自由放任状態よりも望ましい状態であることを示すのに、分析はまず必要とされない。こうした議論の大部分は、しかしながら、経済政策の問題にとっては筋違いのことである。なぜなら、われわれがどんな理想世界を心に抱くにしても、明らかなことだが、われわれが暮らしている世界からこの理想世界へといたる方法は、いまだ発見されていないからである。より望ましい接近の方法は、次のようなものであろう。つまり、まず現にある状況の近似状況を分析することから開始する。次いで、提案された政策変更の効果を検討し、続いて、新たな状況が、全体として、当初の状況よりも良くなったか悪くなったかの判定を試みる。このような方法をとるならば、政策上の結論は、現実の状況と何ほどかは関係をもつものとなるだろう」（邦訳：p.261）。この思考方法はまさに、アマルティア・センが「実現ベースの比較」と呼んだアプローチそのものである（セン２００９、２０１１）。

3　これらの流れの相違はそれほど明確に述べられていないものの、これらの流派すべての知見をまとめた優れた教科書として Milgrom and Roberts（1992）もあるので、あわせて参照されたい。ミルグロムは２０２０年、「オークション理論の発展と、新たなオークション方式の発明に関する貢献」に対して、ロバート・ウィルソンとともにノーベル経済学賞を授与されている。

4　ホルムストロームは２０１６年、後に述べるオリバー・ハートとともに「契約理論に関する功績」に対してノーベル経済学賞を授与されている。

5　ウィリアムソン（１９３２−２０２０）は「経済ガバナンスの理論への貢献」に対し、後に詳述するオストロムと共同でノーベル経済学賞を２００９年に受賞している。

6　Hart（1995）は不完備契約に関係する多数の業績をコンパクトにまとめて、その意義を明確化した名著であるので、こちらも参照されたい。註４で述べたように、ハートはホルムストロームとともに２０１６年のノーベル経済学賞を受賞している。

7　中国の財産権に関しては、本書第3章において、理論・歴史・文化を統合した詳細な分析がなされているので参照されたい。

8　アルヴィン・ロスは２０１２年に「マッチング理論と市場設計の実践に対する功績」に対して、ロイド・シャプレーとともにノーベル経済学賞を受賞している。

9　沖縄返還の6年後、自動車は右側通行から左側通行へと一夜にして変更された。これは法制度を前提として政府が実施したものであるから、本章で今まで考えてきたような「無政府」の状態で何が起こるのかに関する分析とは異なる。政府による法執行がない状況ではこのような大がかりな変更がほぼ不可能であることに、たいていの人は同意するだろう。

10　青木昌彦は、2001年の『比較制度分析に向けて』の時点では、ルイスの議論をそれほど真剣に考慮していなかったと思われる。彼がルイスの議論を彼の制度の概念化にとって不可欠なものと考えるようになったのは、Aoki (2011) あたりからである。

11　たとえば、「制度は社会におけるゲームである」とするダグラス・ノースは前者の立場の主唱者として有名である。本章の立場は明らかに「均衡としての制度」から出発している。コンヴェンションを第一義的に行動の規則性に見るルイスや、その後、進化ゲームによって制度を説明しようとしてきたサグデン、ケン・ビンモア、ブライアン・スカームズも「均衡としての制度」の立場に立っている。

第5章　資本主義にとっての有限性と所有の問題

山下範久

はじめに

有限性の壁

かつてないスケールで金融化したグローバルな資本主義経済の不安定性や、グローバルな富の偏在、そして気候変動などの環境危機。資本主義の危機という言葉をさまざまなかたちで聞くようになった。ある者は資本主義の限界や終焉を語り、別の者は資本主義の再構築や「新しい資本主義」を唱道している。いずれにせよ、これまでの資本主義のままでは立ち行かないという認識が広がっている。

そうした認識の広がりの背後にあるものを、さしあたって有限性の問題と名指しておこう。有限性は、資源の枯渇やCO_2排出量の許容限界という意味で環境危機の問題であるし、マネーの供給をどこまで拡大できるのかという意味では金融資本主義の問題でもあるが、より本質的には、不断の資本蓄積＝無限の経済成長を前提あるいは目的とする資本主義の持続可能性が問われているということである。

もはや旧聞に属するが、2004年に地球圏・生物圏国際協同研究計画（IGBP）が発表した「大加速 Great Acceleration」のコンセプトとそれを示すグラフ（図表5-1）を見れば、縦軸にとられた社会経済の諸指標（世界人口、世界GDPや世界の運輸総量など）と諸地球システムの指標（CO_2排出量、NOX排出量や熱帯雨林の減少量など）が、1800年以降を境に急激な増大を示しており、このまま無限に向かって進むことに不安を覚えずにいることは難しい。

あらたに人口に膾炙《かいしゃ》しつつある「人新世《じんしんせい》」というコンセプトも、有限性を示唆するものである。もともと「人新世」の概念は、未来の地質学者の視線に立って、たとえばプラスチックごみの堆積層や原子力エネルギー使用の痕跡、あるいは化石燃料の大量使用による温暖化の痕跡など、19〜20世紀以前と以降との間に不連続な地質学的変化が刻まれているという洞察から提起されたものだ。これまでわれわれは完新世という地質学的年代を生きているとされてきたが、未来の地質学者から見れば、われわれはすでに異なる地質学的年代を生きているというわけである。

だが、この「人新世」という概念がひろく人文学・社会科学にインパクトを与えているのは、単に地質学的な不連続性だけが理由ではない。「人新世」という言葉が広く知られるきっかけを作っ

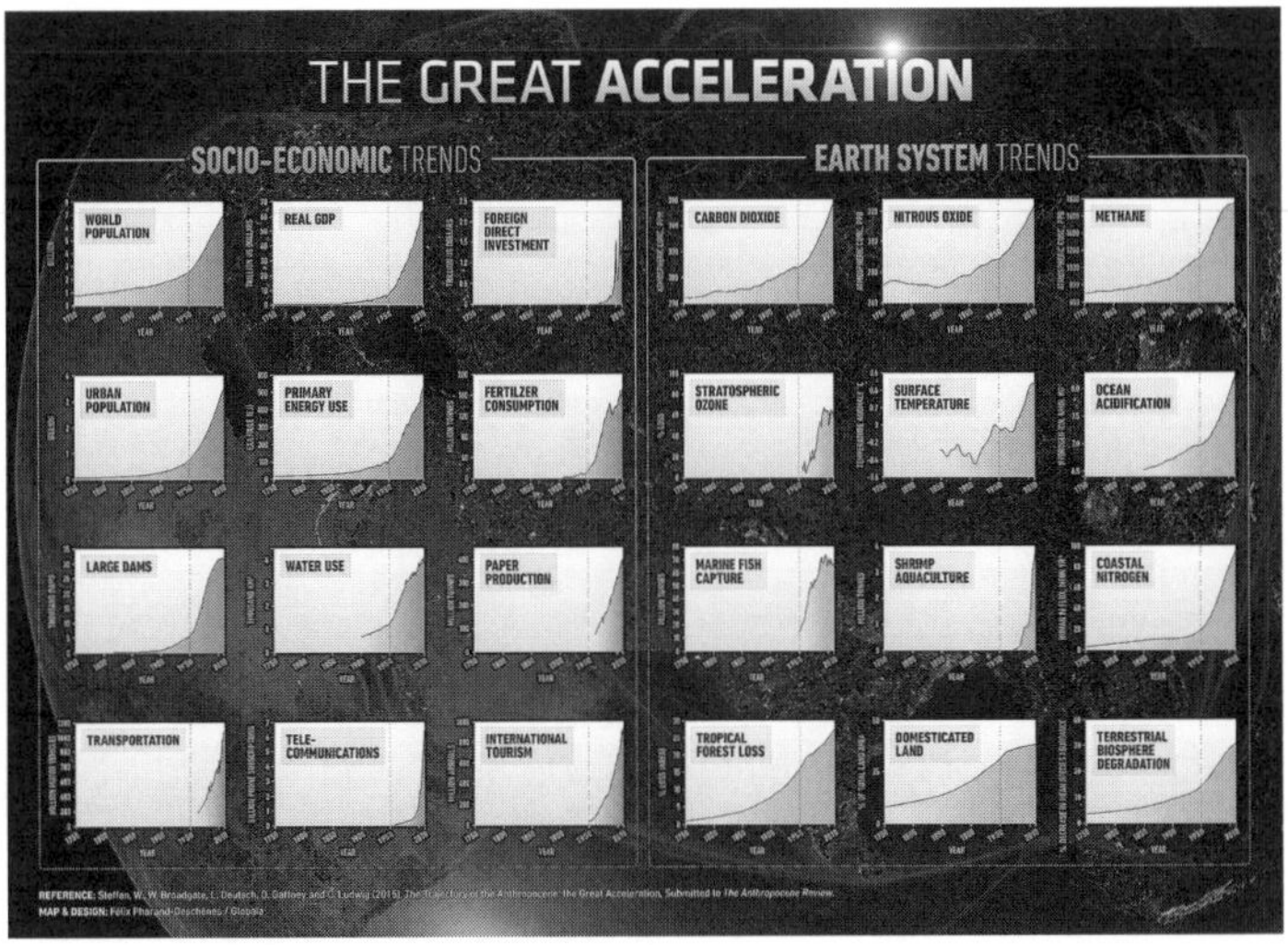

図表５－１　「大加速」を示す諸指標
出所：http://www.igbp.net/globalchange/greatacceleration.4.1b8ae20512db692f2a680001630.html

た大気化学者であるパウル・クルッツェン（オゾン・ホールの研究で知られるノーベル化学賞受賞者）は、「地球環境における人間の痕跡が今や広範で激しくなったことで地球システムの機能に衝撃を与え、自然の他の巨大な力に匹敵するようになった」点を強調している。つまり、いわば人間自身が地質学的エージェントとなり、「多くの面で人間活動が支配的となった」がゆえに、新たな地質時代に「「人」新世」（Anthropoceneのanthropo-は「人間」を意味する）という語が与えられているわけである。

あらためて指摘するまでもないことであるが、人間は自然環境を自らの生存の条件としつつ、その自然環境から資源や道具を取り出して使用することで、生物としての再生産を行い、さまざまな文明を構築してきた。人間が自然を資源や道具として使用する規模が十分小さければ、自然にそなわっている回復力によって、人間が生存の条件としている生態系の均衡は維持される。その限りでは有限性の壁は視界の外のはるか遠くにあり、有限性を意識しないという意味で無限に開かれていたといってもよい（もっとも局所的には有限性に直面して滅んだ文明の例は少なくない）。

しかし人間の「巨大な力」による自然の使用が「広範で激しく」なりすぎると、生存の条件としての自然が地球規模で破壊され、生存の条件としての地球そのものが脅かされる。そうすると、遠くにあると思っていた、あるいはそもそも存在を意識すらしていなかった有限性の壁が突然あらゆる人間にとって不可避なものとして迫りだしてくる。その有限性の壁は私たちに、自然が、人間にとって一方的に利用できる資源の採掘場や廃棄物処理場ではなく、生存の条件として人間のあり方を規定する存在でもあることを思い知らせる。

主体のヒトが、客体のモノを「所有」する

フランスの科学人類学者であるブルーノ・ラトゥールは、人間と非人間（モノ）とのあいだに存在論的な非対称性を前提とすることが近代という時代を規定していると指摘する。ひらたくいえば、理性や意思をそなえ自由を行使して世界を創り出す主体としての人間と、その人間による創造の素材や道具として用いられる客体としてのモノとのあいだに本質的な区別が敷かれた上に成り立っている社会が近代だという。

大航海時代、科学革命、そして産業革命と、近代において人間は地球を、探索され、分類され、分析され、開発されるべき客体として扱ってきた。というより、そのような客体として地球を見るようになることが、とりもなおさず近代化であった。近代人が自然をあたかも無限に与えられたものとしてふるまうことができたのは、その前提にこうしたヒトとモノとのあいだの非対称的な存在論的区別があったからである。人間を人間以外のモノから切り離された存在だと捉える人間観が、人間を無限に開いたというわけだ。

こうした存在論的体制の転換は、さまざまな窓を通して観察することができる。たとえば地球の地図化の歴史はいかに進んだか、実験という手法による知の生産がいかに正統性を獲得したか、あるいは奴隷制など人間のなかに引かれた人間とモノとの境界線にどのような論理があったかといったような問いがそれである。そうした窓のひとつに「所有」を挙げることができる。

一般に近代法における所有権は、モノを自由に直接かつ排他的に支配できる権利として、ヒトがモノを直接支配する権利である物権のもっとも典型的なものである。一見当たり前のように見える、こういった所有権のあり方の背後にも、人間と人間以外のモノとのあいだの非対称性が前提にある。そもそも、権利主体としての人と権利の客体としての物を分けるという二分法自体は、ローマ法から続く法的思考の枠組みである。しかし特に近代法において、ヒトの概念は、意思に人格の本質を見いだす哲学的前提のもとで、抽象的な権利義務の帰属主体とされる一方、モノの概念は、そうした抽象的なヒト以外のすべての具体的な存在を表すものとなった。現代の日本の民法における所有権では、その客体となるものの適格性について、有体性や排他的な支配可能性とならんで非人格性が挙げられるが、つねに所有の主体であり、決して所有の客体とならない「人間」は、そうした近代的な人間観に根差すものである。

世界システム論の意味

本章は、この意味で所有をひとつの窓としつつ、資本主義にとっての有限性の問題を、特に歴史社会学者イマニュエル・ウォーラーステインが説いた世界システム論の文脈で論じる。第一に、いわゆる広い意味での世界システム論のアプローチが所有の問題をどう扱ってきたかについて、一元論と二元論の二つの系譜に整理して概観する。第二に、二元論の限界について、一元論の新たな展開として、特に歴史地理学者であるジェイソン・W・ムーアの「資本主義的世界＝生態」論を踏まえ、人間と非人間とのあいだの対称性を世界システム論に導入する視角を、そして第三に、一元論的な世界システム論のアプローチから示唆される資本主義の有限性の捉え方から内在化の論理を提示する。その上で最後に、新しい資本主義のかたちへの示唆を述べる。

しかし本論に入る前に、本章が世界システム論という特定の文脈から、「資本主義にとっての有限性と所有の問題」を論じることの背景について説明しておきたい。

世界システム論は、広い意味でマルクス主義の系譜に属する議論であり、いわゆる「左翼」、つまり資本主義的現実を批判し、これを変革しようとする立場に立つものである。マルクス経済学者の松尾匡《ただす》は、左翼の歴史を描いた『新しい左翼入門』のなかで、左翼理論の歴史は、おおきく二つの立場の分岐の連鎖としてつかむことができるという整理を与えている。

その二つの立場のひとつは、資本主義を西欧近代の理想から批判する立場である。この立場に立つ「左翼」は、「自由」、「平等」、「博愛」や「人権」などの西欧が近代化のなかで理念化した普遍的価値に照らして、資本主義社会の現実における矛盾を批判する。

二つの立場のもう一方は、資本主義を非西欧社会の現実から批判する立場である。この立場に立つ「左翼」は、資本主義が発展するなかで、構造的に収奪される状況に置かれた者の視点から眼前に巨大な暴力として立ち現れる資本主義に対して異議申し立てを行う。

松尾の図式を、さらに図式化して若干敷衍《ふえん》すれば、前者は普遍主義的傾向が強く、拠《よ》って立つ普遍的価値をめぐる哲学的な態度として超越的である傾向を示すのに対して、後者は個別主義的傾向が強く、異議申し立てが根差す哲学的態度において内在的である傾向を示す。

もちろんこういった傾向性はねじれを生ずることも多い。仮に前者を「上からの左翼」、後者を「下からの左翼」と呼ぶとして、上からの左翼がなんらかのマイノリティに普遍主義的価値を投影して強力に個別主義的主張を推進することもあれば、下からの左翼が巨大な構造的暴力に直面して紡ぎだす抵抗の行動や言語が新たな次元の普遍的価値を開示することもある。だがそういったねじれが観察されることも含めて、松尾の提示する図式は、資本主義批判を歴史的に見る際の枠組みとして有用である。

さてこの図式に照らした時、世界システム論はまず「下からの左翼」の系譜にあるものと考えるのが普通である。資本主義の起源や限界を、その「先進」地域であるヨーロッパの個別社会（とりわけイングランド）の分析によって見いだそうとするマルクス主義のオーソドキシー（正統派）に対して、「資本主義の現実は、ヨーロッパ的中心とそれによって搾取・収奪されるラテンアメリカ・アフリカ・アジアの周辺との関係をみなければわからない」という異議申し立てを行うところに、世界システム論の起点があるからだ。

実際、１９７０年代の世界システム論の登場によって理論的に鼓舞されたのは、当時「第三世界」と呼ばれていた地域の人びとによるさまざまな異議申し立ての運動であった。脱植民地化を経て形式的な独立を果たしたのちも、資本主義の世界的な構造のなかで経済的な従属関係を強いられ、そのことによって近代化の道のりをゆがめられた社会において、世界システム論の主張は、その現実の変革を志す人びとの世界認識の基礎を提供したといってもあながち過言ではない。

他方、世界システム論には、一面的に「下からの左翼」の議論として整理しつくしてしまうわけにはいかない側面がある。というのも資本主義の歴史を長期的に描くその分析のなかで、世界システム論は、資本主義の外部にあったものが内部に包摂され、相対的に周辺的な位置にあった社会が中心的な位置に移動するダイナミズムを描くものでもあるからだ。そうしたダイナミズムの個別の例をとり上げると、たとえば日本が典型的であるが、非西欧の社会が、19世紀になってやっと資本主義的な世界＝経済に組み込まれ、その後次第に「発展」して世界システムの中核の一角を占めるに至ったストーリーが世界システム論の枠内で描かれうるからである。

事実、世界システム論が日本で広範に受け入れられるようになった1980年代は、アメリカにかわる次のヘゲモニーとして日本の可能性がまじめに論じられていた時代である。当時、ヘゲモニー交代論は、国際政治学や歴史学などさまざまな立場から論じられたが、世界システム論もまた代表的なヘゲモニー交代論のひとつであった。少なくとも日本における世界システム論の受容には、日本がいかに非西欧世界から近代化を成功させ、近代世界システムを牽引《けんいん》する立場になり、さらにそのことが「近代」の新しい次元を開示するものであるかといった関心、もっと言ってしまえば「ポストモダン」の先進国たる日本に対する自己陶酔の介在があったことを否定するのは難しい。そうした文脈では、世界システム論は、外部から押し付けられた近代化のコンプレックスを抱き続けた「上からの左翼」が、そのコンプレックスの意趣返しに「近代の超克」を語る道具に使われたともいえる。

世界システム論が帯びる、この「下からの左翼」と「上からの左翼」それぞれへの親和性は、以下本論で論じる世界システム論の「一元論」の顔と「二元論」の顔にほぼそのまま重なるのである。

左翼の歴史

先に引いた松尾は、明治から戦前までの日本の左翼の歴史を、この「上からの左翼」と「下からの左翼」のおおむね三段階の分岐として提示している。すなわち初期の社会主義は、まず内村鑑三に代表されるようなキリスト教社会主義と、幸徳秋水《こうとくしゅうすい》、大杉栄《さかえ》、山川均《ひとし》に代表されるようなサンジカリスト（労働組合主義者）に分岐した。前者が「上から」（あるいは「外」から）、後者が「下から」（あるいは「内」から）の社会変革の立場である。

つづいて大正期に入るとサンジカリスト系の左翼が、アナーキスト（大杉栄ら）とマルクス主義（山川均ら）に分岐する。いわゆるアナ・ボル論争（国家権力の廃絶を説くアナキズムと前衛党による国家権力の奪取を説くボルシェヴィズムのあいだの論争）である。前者が「下から」、後者が「上から」の発想に立つ。

そしてマルクス主義から日本共産党が結成されるに至ると、今度はそのなかで、いわゆる山川イズムと福本イズムの対立から、労農派と講座派への分岐に至ったという流れである。山川イズムから労農派に至る系譜は、大衆への回帰を説く一方、日本社会がすでに資本主義に包摂されており、その矛盾の根本的克服に進まねばならないと主張。それに対して、福本イズムから講座派に至る系譜は、前衛党の純化を説く一方、日本社会はいまだ封建的残滓《ざんし》にまみれており、資本主義の克服以前の問題としてまず近代化を果たさなければならないと主張した。前者が「下から」、後者が「上から」の立場である。

この労農派的な発想と講座派的な発想の緊張関係は、戦後日本の思想空間にも、ひいては現代にまで引き継がれている。すなわち労農派の発想は日本社会の矛盾を近代そのものの矛盾の日本的表出として捉え、日本社会の現実に根差しつつ、近代をこそ克服ないしは刷新すべきであるとする立場に流れ込み、講座派の発想は、日本社会の矛盾を十分に近代化していないことに求め、啓蒙による近代的市民社会の確立を説く立場に流れ込んでいる。

今日、前者が左右をとわず反グローバリズムと親和的であり、後者が左右をとわずグローバリズムに親和的であることを見れば、この図式を「左翼」に限定する必然性は実はない。結局のところ、「下から」にせよ「内から」にせよ、近代化をなんらか協働的な生成の立場から見るか、「上から」にせよ「外から」にせよ、近代化をなんらか超越的な価値の立場から捉えるかのちがいなのだ。そして世界システム論は、そのいずれからも解釈可能であり、また現にその二つの系譜のそれぞれの方向に理論的な展開を遂げてきた。そうであるがゆえに、本章が論じる大きな主題の縮図的投影として、世界システム論は有用なのである。

1　世界システム論の二つの顔と所有の問題

イマニュエル・ウォーラーステインが１９７０年代に提唱したいわゆる世界システム論は今日すでに古典の位置づけにあり、その古典的な理論枠組みのもとで蓄積された歴史記述・歴史分析は、すでに長短両面で一定の評価がある。世界システム論とは、資本主義の歴史を一国単位ではなく、個別の国家を超えたひとつのシステムとして捉えるアプローチである。ウォーラーステインは自らが唱えたそのアプローチに従って、1500年前後にヨーロッパに形成された資本主義的な世界システムが次第に、ヨーロッパの外部の他の社会を包摂してその地理的範囲を拡大し、おおむね19世紀にグローバルな資本主義の世界システムが成立して今日に至るという長期的な資本主義の歴史を描いた。

世界システム論は、厳密に構成され、固定的な内容を持つ確立された理論というよりも、歴史を見る際のひとつのアプローチであるので、ウォーラーステイン自身による資本主義の歴史記述が、世界システム論から帰結する唯一の歴史像というわけではない。その意味で、世界システム論は、（ウォーラーステイン自身の歴史記述もそのひとつとして含む）さまざまな個別研究の枠組みを提供するいわばメタ研究プログラムとして捉えたほうがよい。

このメタ研究プログラムとしての世界システム論には一種の開放性・拡張性があり、実はウォーラーステイン自身もそのなかで、問題設定や概念構成を変えながら自身の歴史記述を進化させてきた。端的にいえば、1970年代当初の理論構成にはなかった「ヘゲモニー」や「ジオカルチュア」などの重要な概念があとから付け加わって世界システム論の枠組みそのものの射程も延伸されてきたのである。そしてその理論的拡張の歩みは、ウォーラーステイン没後の今日も止まっていない。本節では、特に所有の観点を念頭に、資本主義論として見た世界システム論を二つの系譜、「一元論」と「二元論」に整理して概観する。

私的所有と賃労働

まずは世界システム論の来歴をたどってみよう。広い意味でマルクス主義の歴史理論の系譜に属するものであったにもかかわらず、世界システム論は所有の問題を積極的に取り扱ってこなかった。むしろ所有の問題を迂回することで、世界システム論は成り立っていたといってもよい。そこには、世界システム論がもともと、いわゆる封建制から資本主義への移行をめぐるマルクス主義の古典的論争を脱構築する――論争の焦点となっている問題設定自体を無効化して別のパースペクティブをたてる――ものとして提起された文脈がある。

マルクス主義では伝統的に、資本主義の成立とは、資本主義的な生産関係、すなわちブルジョワジーによる生産手段の私的所有と賃労働とのあいだの関係が成立することとして定義されてきた。おおむね国民国家と同一視された個別の「社会」について、いつそこに資本主義的な生産関係および所有関係が成立したかを実証することが、ながらくマルクス主義的な経済史の基本的なリサーチ・クエスチョンであった。

そうした伝統的な見方の背後には、あるていどの地域的偏差はあれ、趨勢《すうせい》としてすべての社会が封建制から資本主義へ、そして社会主義／共産主義社会にいたる普遍的な歴史的発展の経路をたどるはずだという歴史観がある。いわゆるマルクス主義の発展段階論のパラダイムである（しかもこの発展段階論のパラダイムはマルクス主義だけではなく、それに反対する近代化論の側でも共有されていた）。

しかし、西欧、特にイングランドの歴史的経験を範例として抽出されたモデルを、他の社会の歴史に当てはめようとすると、たとえば東欧などでは一度解放された農奴が再度農奴化されるといった「逆行」的な現象が生じたり、ロシアや中国のように明確な資本主義段階を経ずに社会主義革命を実現する段階の「スキップ」が生じたりすることが、理論的難問となって立ち現れる。

さらにいえば、生産関係を同定する単位は、どうして国民国家の単位でなければならないのか。歴史的に同じ国民国家の内部においても、賃労働と同時に奴隷制のような異なる生産関係が併存する事例はいくらでも見つかる。生産手段の私的所有と賃労働が結びついた生産関係に注目する一国主義的アプローチは、資本主義がグローバルなものになればなるほど、それによって説明できることよりも説明できないことのほうが増えてしまう。

これに対して、実体としての資本主義の全体性は、個別の社会の単位をこえた世界システムの次元にしかないという立場に立ち、個別の生産関係や所有関係は、ひとつの全体としての資本主義的な世界システムに応じた機能を果たしているだけだという見方を打ち出したのが世界システム論であった。16世紀のヨーロッパには毛織物工業の先進地域である北西ヨーロッパに賃労働が広がったが、より利潤率の低い農業生産を行っていた南欧などでは分益小作制がとられ、さらに東欧など先進地域へ輸出される食糧生産に特化していった地域では農奴制が強化されることになった。

これはヨーロッパ規模で成立した垂直分業的な資本蓄積のシステムとしての世界＝経済において、より利潤率の高い産業エリアで経済外的強制の弱い労働様式が導入され、より利潤率の低い産業エリアで経済外的強制の強い労働様式が採用された結果である。中心、半周辺、周辺の各エリアではそれぞれの特徴に応じた生産関係が主に採用されるが、いずれもが資本主義的な世界＝経済の文脈に埋め込まれていることは変わりない。それらを個別にとり上げて、それが資本主義的だとか、前資本主義的だとかをあげつらうのは、全体性としての資本主義の本質から目をそらす疑似問題にすぎない。これが、世界システム論による「移行問題」の脱構築的な解決であった。

世界システム論は、資本主義をひとつの全体的なシステムの次元において、一定の地理的領域と時間的持続を持つ実体として捉えた。それが資本主義的な世界＝経済である。そしてその世界＝経済の実体を定義するのは本質的に流通である。ウォーラーステインは世界システム論に貼られた「流通主義」のラベルを嫌い、世界＝経済の実体を（日用品生産の）「分業」と表現したが、人間が自然との相互作用を通じて価値を創出し、その価値がどのように帰属、配分されるのかという問い、つまり生産関係と所有関係をめぐる問いが大きく迂回されていることに変わりはない。全体性を志向し、資本主義を外部のない（外部を捨象して考えることのできる）実体と捉える世界システム論のアプローチは、所有の問題を外に括りだすことで成り立っているのである。

外部を内部に収奪する二元論——植民地建設、石油資源

では、世界システム論の枠組みで所有について考える道は全く絶たれているのであろうか。実は世界システム論にはもうひとつの顔がある。右に述べたように、ウォーラーステインは、最初に資

本主義的な世界＝経済の概念を立てる際には、全体性を強調して、「外部がないもの」、あるいは少なくとも「分析上外部を捨象しても対象としての本質に影響がないもの」として、世界＝経済（近代世界システムの実体）を規定した。

しかし、彼がその概念とともに創始した『近代世界システム』の歴史記述のプロジェクトはむしろ、当初ヨーロッパ規模の地理的実体でしかなかった資本主義的世界＝経済がいかに「外部」（ウォーラーステインの用語では外部世界 external arena）を包摂したか、そしていかにその「外部」との関係によって変容を遂げたかという問いをめぐって展開している。初発の世界システム論を、全体性を志向し、外部をもたない、その意味で一元論的な世界システム論の顔だとすると、絶えず外部を内部化（包摂）するダイナミズムに焦点を当てる世界システム論は、システムの内と外とを見下ろす二元論の視点をそなえた顔があるのである。

この一見相容れない世界システム論の二つの顔は、ある種の使い分けで一応のつじつまを合わせることができる。まず一方では、ある一時点をとった共時的な分析においては一元論の顔をとり、そしてもう一方で、世紀をまたぐような通時的なシステムの変容の分析においては二元論の顔をとるというやり方である。そうすることで、短期的なスパンでは中心／半周辺／周辺構造の全体性の観点からの分析を加えつつ、相対的に長期的なスパンでは、個別の国家の上昇や下降、覇権国家の交替、そうした地政学的ダイナミズムを規制する規範構造の変容といったような次元での分析を行うことができる。

しかし実際のところ、世界システム論は、主著『近代世界システム』を通じた歴史記述のプロジェクトとしても、またこのプロジェクトを支えたメタ研究理論としても、二元論の顔を軸に展開した。言い換えれば、外部の内部化のダイナミズムを世界システム論の枠組みにどう組み込むかが、世界システム論の実証的・理論的展開の軸であった。もともと長期的な資本主義の歴史に関心を持つ世界システム論の立場からすれば、それはある意味で自然なことでもあった。

外部の内部化という抽象的な論理は、実際には資本主義的な世界＝経済のときどきにおいて、それまで生産過程に組み入れられていなかったものが組み入れられるかたちで現れる。具体的には、植民地の建設によって、その地の土地や人間が組み入れられるとか、技術変容によってこれまでは資源だとみなされていなかったモノ（たとえば18世紀後半の石炭や20世紀初頭の石油）が組み入れられるといったかたちで現れる。そこにはコスモロジーの変化や科学技術の進展といった要素と絡み合いながら、つねにむき出しの力が作用する。

たとえばカリブ海の島々におけるサトウキビ・プランテーションを想起できるように、植民地の建設は、それ自体が先住民への暴力であるのはもちろん、先住民の生と結びついたその土地の景観およびその土地の生態系そのものの暴力的な改造をも伴う。あるいは石油がただの珍しい「燃える水」から「産業の黒い血液」に変わったことで、中東諸国がどのような軍事的・政治的暴力にさらされたかを想起されたい。特定のモノが新たに資源としての有用性を発見・考案されるとき、力によっていかに資源が資本主義的世界＝経済へ組み込まれてきたか、想像にかたくないであろう。つまり端的に言えば、外部の内部化とは収奪にほかならない。

収奪の論理——文明と野蛮、オリエンタリズム、科学

収奪には力が必要であるが、力は収奪の十分条件ではない。その収奪になんらかの正当化が与えられていなければ、システムとしての資本主義的な世界＝経済は政治的あるいは社会的に安定せず、持続的な機能が損なわれる。ウォーラーステインは、この収奪の正当化の論理の変遷を、普遍主義の修辞の変遷として、おおよそ三段階に図式化して捉えている。すなわち第一に、16世紀のスペイン人が新大陸を植民地化し、その土地と人びととを収奪した際に訴えられた「文明」と「野蛮」の修辞。第二に、啓蒙主義を経て、ヨーロッパ人がアフリカやアジアへ進出する際に構築された「オリエンタリズム」の修辞。そして第三に、20世紀以降、開発主義のグローバルなヘゲモニーと表裏をなす「科学」の修辞である。

「文明」と「野蛮」の修辞は、「野蛮」の側に置かれた存在の人間性を否定する。そこにいるのは人間ではなく、「彼ら」は人間でないゆえにその土地に権利を主張する主体たりえない。そうして新大陸の人びとはモノ（売買の対象となる労働力商品）として扱われ、その土地は無主地としてヨーロッパ人による先占の法理のもとで先住民から奪われていった。

「オリエンタリズム」の修辞は、理性を正しく行使する力としての近代化の能力を具《そな》えたものと具えざるものとの間に分割線を引き、後者は前者による導きがなくては文明に達することができない

と論じた。他者を近代化の能力を欠く存在として本質化するこの修辞の、所有（と収奪）の観点からの表現は、ジョン・ロックの所有論に結実している。ロックの所有論は、特に資本主義的な世界＝経済における収奪の正当化の論理として決定的な重要性を持っている。

しばしば「労働所有権論」と称されるように、ロックは所有の根拠を労働に置く議論を展開した。所有権は、自然法のもと、自己保存の権利ならびに自己保存実現のために自然の産物を利用する権利を共通の権利として与えられている人びとが、元来は人類の共有物である有用で稀少な自然の産物を、自己保存のために、より有効に利用していこうとする必要のなかで、生じてくる。

ロックの所有論

ロックの議論において、自然法のもとで所有に自然権があるのは、そもそも土地を耕すことは人間が自然から課された責務であるからである。そこから、使用されていない土地はそれを実り豊かにするために所有できるという考え方が出てくる。そして、この論理が植民地の文脈に持ち込まれると、たとえ現にその土地で暮らしていたとしても、その人びとが土地の自然の恵みに頼るばかりで、自らその土地を耕して実りを多くしていないのであれば、そのような人びとから土地をとり上げて、外部からやってきてその土地を耕して実りを多くしようとしている別の人びとに与えることは正当であるという主張が引き出される。

この議論の背後には、かつてのスペイン人たちのペルーやメキシコにおける「耕されている」土地の略奪を非難しつつ、イングランド人による北アメリカの「耕されていない」土地の収奪を正当化しようとする政治的な意図もあろう。しかし自然のさまざまなモノにはたらきかけ、それを使用することや変形することで所有権が発生するという労働所有権論から論理的に引き出される帰結であることは間違いない。

ロックはこの論理をさらに一歩押し進め、所有権は、人間が自然のさまざまなモノにはたらきかけて価値を作りだすことで生まれると主張した。ロックの主著である『統治二論』の後篇第五章の有名な所有の理論では、事物に自分の労働を「混ぜる」ことで、その事物の所有権が生まれると述べられている。そして、労働は「すべてのものに価値の差を作りだす」からこそ、労働が所有権を作りだすのである。

ロック以前の自然法的な労働所有権論でも、たんに占有しただけでは所有権は生まれない。ゆえに狩猟と採集では所有権を確立できないが、農業はこれを確立できるということになる。だがロックに従って「価値をつくること」に本質を置く論理を推し進めると、イギリスの農業の基準から判断して、生産性が低く、十分な利益が上がらない農業では、(相対的な) 荒蕪地を作りだすだけだということになる。したがってたとえばアメリカの先住民が自分たちの土地から得ているものをすべてイギリスで売ったときに得られる価値が、同じ広さのイギリスの土地から得られる価値よりもはるかに小さいならば、その土地は先住民の手によってではなく、より多くの価値を生む者の所有とすべきだという理屈が出てくる。この理屈が植民地化を正当化する。啓蒙と近代化で再定義された「文明」の程度が生産性の高低、端的にいえば「機械」(固定資本)で測られるならば、ロックの労働所有権論は、(特に経済的な)近代化の資質に欠くとみなされた人びとからの収奪を正当化する理論そのものとなる。

マルクス主義理論家のエレン・メイクシンズ・ウッドは、このロックの労働所有権論が「生産性の高い用途がつねに生産性の低い用途を駆逐することを意味するわけではない」と注意を促しつつ、「競争しながら生産すれば、実際にはそうなる」と指摘している。20世紀に入り、二つの大戦を経て民族自決と反人種主義がグローバルな規範となると、収奪の対象となる人びとを「近代化の資質を欠く」者として本質化する言説は後退し、かわってあらゆる人びとが科学に支えられた適切な政策によって近代化を果たしうる(そればかりかその過程を加速することさえできる)という開発主義の言説が、あらたな普遍主義の修辞の文法となった。

純然たる経済的ロジックによる収奪の正当化であるロックの労働所有権説は、19世紀以前は実際には、人種主義との組み合わせによってしか植民地主義を正当化し得なかったのに対して、この開発主義の言説となって現れた科学の普遍主義は、まず建前として近代化をすべてのネイションにひらかれた可能性として提示した上で、その近代化という競争に乗らないものが経済的合理性によって収奪されることで体系的に罰せられるシステムへと引き込むものであった。

冷戦下の西側世界と東側世界はイデオロギーこそ違え、開発主義を是とした点では同じ土俵に載っていた。冷戦体制の本質が、米ソのイデオロギー対立というよりも、二つの開発主義モデルの競合とそれ以外の選択肢の不可視化のほうにあることは、初期の世界システム論の重要な洞察のひとつであり、冷戦体制をグローバルな視点から見直す近年の歴史研究が示すところでもある。この意味でロックの所有論による収奪の正当化は、むしろ20世紀の開発主義によって、より純粋なかたちで実現したと言える。

さらにいえば近年、情報技術の発達を背景に、オークションのメカニズムを通じて市場による合理的な資源配分を徹底し、特に土地のような公共性のある財について、そこからもっとも多くの価値を引き出すもの――ロック的に言えば、もっとも大きな価値の差を生み出すもの――への使用権の移転を最大限まで促進し、いわば市場によって私的所有を乗り越えることを主張するグレン・ワイルとポズナーのような論者も現れている。彼らの言う「ラディカル・マーケット」はロック的所有論の完成形とみることもできるだろう。

このように、外部の内部化のダイナミズムに焦点を当てる二元論の世界システム論は、資本主義的な世界＝経済が拡大的に反復する収奪とその正当化の論理、すなわち文明の論理、オリエンタリズムの論理、科学の論理を批判する議論を展開してきた。そしてそれが世界システム論の二元論の顔と、所有論との接点でもあった。すでにみたように、外部の内部化は、資本主義的な世界＝経済の外部にあった人びとにとって所有の剝奪と尊厳の蹂躙《じゅうりん》を伴うものであり、暴力をはらんでいた。他方それゆえにその暴力を正当化する修辞、論理も繰り返し更新されてきた。世界システム論の立場に立つ多くの論者は、そうした正当化が修辞的なものにすぎず、外部の内部化の本質的な暴力性は変わらないと捉える傾向が強い。しかし時代が下るにつれて、あからさまな暴力の度合いが低下し、正当化の論理がより包摂的なものとなってきたことは否定しがたい。

他方、世界システム論による資本主義批判は、資本主義的な世界＝経済による所有や尊厳の剝奪の歴史を批判する視座を与えるものではあるが、資本主義が本質的に批判されるべき根拠、いいかえれば資本主義的ではない世界システムが築かれなければならない根拠を、必ずしも所有や尊厳の剝奪に求めるものではない。

外部の消滅——有限性

では世界システム論による資本主義批判の根拠はどこにあるのか。それは突き詰めれば、この外部の内部化という資本主義そのものの条件が持続可能性を欠いているところにある。つまり有限性こそが資本主義的な世界＝経済の本質的な問題だということである。ウォーラーステインは、自身による世界システム論の理論的な総まとめとして著した『入門・世界システム分析』で、この有限性の問題について、資本主義的な世界＝経済においては傾向的に「世界全体の生産費用がしだいに上昇してきており、それによって生産費用と可能な販売価格とのあいだの利ざやが縮小してきている……言い換えれば、世界規模での平均利潤率の圧縮が進んできている」と指摘している。

そして、その理由として資本にとっての三つの費用の上昇を挙げている。すなわち労働力費用、投入物費用、そして税である。資本はこれら三つの費用の負担を下げようと努力するが、安価な労働力のプール、安価な資源の採取場および安価な廃棄物の処分場、そして税負担の引き上げにはいずれも限界がある。安価な労働力を求めて外部にある「無制限労働供給」が可能な農村地帯の内部化（脱農村化）を進めれば、いずれ内部化すべき外部の農村は消滅する。外部にあって安価に採取可能であった資源はいずれ枯渇し、やはり外部にあって費用をかけずに廃棄物をそのまま投棄できる場所は、たとえば温暖化が喫緊の課題である今日すでに消滅しているとさえ言える。

そして広く国民から徴収される税は、道路やエネルギー網のようなハード面だけでなく、教育のようなソフト面でのインフラの原資でもある。もしインフラの原資が公共的に供給されなければ、それらは原料および労働力の投入コストとして内部化されていなければならないはずだから、資本の視点から見れば、そうした公共支出はいわば社会の内部に外部化された資源を創出し、その結果、それらのハード・ソフトのインフラ資源を利用可能にしてくれるものであったと言える。しかし政治的に可能な税負担の水準には限度があり、世界が民主化すればするほど、国家に対する国民の福祉の要求水準は高まると同時に、課税の政治的コストも上がる。ここでも収奪可能な外部はいずれ消滅する。

世界＝経済の外部を不断に内部化することを通じて、資本が本来支払うべき費用を外部化することはいずれ限界を迎える。世界システム論による資本主義批判は、突き詰めればこの点に尽きる。ただしそこにはひとつの重要な注釈が伴う。すなわち、この外部の内部化の限界を説く世界システム論は、あくまでその二元論の顔に基づくものだということであり、外部のない全体としての世界システムに焦点をあてる世界システム論ではなく、資本主義的な世界＝経済には、あらかじめ実体としての外部があるとした上で、その外部を内部化するダイナミズムのほうに関心を寄せる世界システム論だということだ。

気候危機はもとより食糧危機やエネルギー危機など、資本主義が地球の物理的な限界に直面しつつあるという感覚が広まっているなか、「資本主義的な世界＝経済の外側に有限な地球環境があり、資本主義はそれを加速的に食いつぶしながら今日に至っている」という二元論的な世界システム論の歴史観は受け入れやすい。しかし、資本主義的な世界＝経済のあり方と無関係に、外部に地球環境が存在すると考えるのは、後述するように非現実的な単純化であると同時に、世界システム論のもうひとつの顔である一元論の顔、すなわち全体性において資本主義を捉える洞察をまるごと放棄することでもある。

一元論の逆襲

世界システム論の一元論の顔は、ウォーラーステインが世界システム論を構想した当初は一国史観に対する批判として表れたが、先述の通り、その後の世界システム論の理論的展開のなかでは後景化した。しかし、一元論的な全体性という理念は、個別事象の観察・分析をより広い関係性の文脈にひらくものであり、その意味で世界システム論の批判的地平を拡大する契機となってきた。

たとえば、アンドレ・グンダー・フランクは『リオリエント』で、ウォーラーステインによって概念化された近代世界システムは15〜18世紀において、ヨーロッパ規模の地域システムでしかなかったことを指摘している。しかもそのヨーロッパの地域システムはインドや東南アジア、そして中国にまで連なるアジアの諸地域システムとの関係にひらかれていたことを強調して、真に全体的な世界システムは、最初からグローバルであり、15〜18世紀の世界においてそのことは、事実上の地域間決済通貨として機能した銀の流通によって実証的に跡づけることができると主張した。

これは、ヨーロッパ規模の資本主義的世界＝経済にとって、インドや中国が外部にあり、その外部の（モノだけでなくヒトも含む）諸資源を資本主義的世界＝経済が次第に内部化していったという（二元論的世界システム論の）ストーリーに修正を迫るものである。ヨーロッパ列強による植民地主義・帝国主義によって、ヨーロッパと非ヨーロッパの諸社会の関係が非対称的に変容したことはたしかであるが、その変容に先立って非ヨーロッパ社会はヨーロッパ社会と無関係に超歴史的な存在としてあったわけではなく、むしろ域間交易の連鎖で結びつき、帝国間関係・王朝間関係のネットワークのなかで直接的・間接的に影響を及ぼしあっていた。さらに言えば、14世紀にはじまる小氷期（19世紀まで続いた低温の時代）は、ヨーロッパ社会と非ヨーロッパ社会に共通の与件となって、たとえばユーラシア大陸中央部から周縁部への遊牧民の南下のような現象を通して、グローバルな関係性の変容を引き起こす大きな変数のひとつとなった。

フランクによるウォーラーステインの近代世界システム概念批判は、資本主義的な世界＝経済の外部に資本主義と無関係に存在するものとして非ヨーロッパの諸社会を見る見方、すなわち二元論に対する批判である。資本主義的な世界＝経済の地理的な規模がグローバルになるのが19世紀以降のことだとしても、18世紀以前の非ヨーロッパの諸社会が資本主義的な世界＝経済と無関係に存在していたわけではない。その意味でグローバルな関係性のネットワークに外部はなく、そうした関係性を捨象して資本主義的な世界＝経済による外部世界の一方的な包摂（内部化）として世界史を描くことは、ヨーロッパ中心主義的なバイアスを生む。二元論的な世界システム論が前提とするほど外部は固定的な所与ではないのである。

右に述べたように、もともと所有（の剝奪）の問題を迂回して成立した世界システム論は、その後の理論的展開で獲得した二元論の顔において、所有と収奪の問題を引き入れる糸口をつかんだ。しかし二元論的な世界システム論はそこで収奪の対象を端的に外部とみなし、その有限性を所与の固定的なものだとみなす前提を同時に引き入れてしまった。

他方、世界システム論の初発の洞察の源にあった一元的全体性の視座は、この前提を動的な関係性にひらく可能性を持っている。上ではフランクの『リオリエント』を一例に引いたが、「近代世界システム」が開かれるべき関係性のネットワークはヨーロッパの諸社会と非ヨーロッパの諸社会のあいだの次元にだけ広がっているわけではない。地理的な文脈だけでなく、より存在論的な次元に掘り下げた検討が求められる。以下、節をあらためて、近年提起された資本主義的世界＝生態の概念を軸に、一元論の視座から世界システム論にとっての有限性と所有の問題について検討を進める。

2 資本主義的世界＝生態

ヨーロッパ中心主義批判vs.市場の自然主義批判

フランクの『リオリエント』は、15〜18世紀の世界を文脈として、資本主義的世界＝経済とその外部の諸システムとの間にどのような相互構築関係があったのかに照準する作品であった。同書でフランクが行ったウォーラーステイン批判は明快すぎるほど明快であり、世界システム論が真に全体的なシステムを歴史の単位と考えるのであれば、15〜18世紀におけるヨーロッパがあたかもアジアやアフリカとは無関係に自律した世界システムであると考えるのは、ヨーロッパ中心主義的なバイアスにほかならないというものであった。

そうしてフランクは、世界システム論をヨーロッパ中心主義から解き放ち、アジア中心的でないことはもとより、ユーラシア中心主義的でもアフロ・ユーラシア中心主義的でもない「真に人間中心主義的な世界システム」として、人類史の初めからグローバルな規模で存在し、少なくとも5000年の歴史を持つ時空の広がりこそが、外部のない全体性を持つ世界システムであると宣言した。

ウォーラーステインをはじめ、いわば世界システム論の主流派は、これに対し、もし人類史の全体が歴史の対象としてのシステムだとすれば、それは資本主義のダイナミズムや歴史性を消去することになると強く反発し、『リオリエント』論争が起こった。いささか乱暴に要約すれば、論争はいわばヨーロッパ中心主義批判と市場の自然主義批判のあいだの応酬となった。ここでは論争の中身よりも、むしろ論争のいずれの側にとっても暗黙に不可視化されていたものに目を向けたい。

フランクが説く、この５０００年の世界システムは一見、究極の全体性であるように見える。しかしそこにはひとつの大きな限界線が引かれている。フランクは人間が構成する社会のあいだのつながりをたどりつくすことで、いわば人類史をひとつの全体とする世界システムというコンセプトを得ているわけであるが、その「つながり」、いいかえれば交通の主体は人間であることが前提となっている。人間以外のモノはあくまで客体、素材、外的与件の位置に置かれている。

しかしながら二元論の顔で前景化された「外部の内部化」の前線は、人間、あるいは人間で構成された社会で閉じるものではない。土地や資源、あるいはテクノロジーを介して生成する有形・無形の人工物など、人間以外のモノとの関係を捨象して、資本主義的世界＝経済の「外部の内部化」のダイナミズムを捉えることはできない。だとすれば、世界システムの概念を社会の次元に閉じたままで、時間と空間の射程をいくら延長しても真に全体的なシステムを捉えるパースペクティブは得られない。

そしてこのモノの後景化は、実際には二元論の側でも生じている。なぜなら世界システム論における「外部の内部化」は、実際にはたとえば石油の内部化や熱帯雨林の内部化を伴っているにもかかわらず、資本主義的な世界＝経済による他の史的システム（世界＝帝国やミニシステム）の包摂

(incorporation) として概念化されており、その「史的システム」は基本的に社会的次元の実在、つまり人間によって構成される実体としてまず捉えられているからである。石油や熱帯雨林などのモノは、そうした社会の包摂に付随して獲得されるものとして、二次的にしか扱われていない。この意味で『リオリエント』論争、いいかえれば二元論と一元論の論争の背後には、世界システム論が本当に開かれるべき理論的前線として、いかにモノ(非人間)を捉えるかという大きな課題が隠れていることが示唆されるのである。

資本主義と自然の「束ね合わせ」

そして世界システム論の内部から一元論の顔の徹底を通じてこの理論的課題に応えるものとして近年提起されているのが、ジェイソン・W・ムーアの資本主義的世界=生態の理論である。本節では主にムーアの所説に拠りつつ、人間と人間以外のモノとを一元論的に捉える立場からの世界システム論の再構成について述べる。

ムーアが資本主義的世界=生態の概念を提起するにあたって、最初に強調するのは、自然はシステムとしての資本主義の外部に端的にあるものではないということである。彼は一方で資本主義が自然のありようと関係なく自律したシステムではないことを指摘すると同時に、自然が資本主義から切り離された外部に端的に存在するものでないことを指摘する。資本主義は自然に条件づけられていると同時に、自然も資本主義によってつくりかえられている。両者は互いに互いのなかに埋め込まれており、もっと正確に言えば、互いに互いとともにつくりだされている。これをムーアは「自然‐内‐存在としての資本主義」と「資本主義‐内‐存在としての自然」の「二重の内在性」と呼ぶ。

ムーアのこの立論の背後にあるのは、人間と人間以外の自然との非対称的な区別に対する批判である。つまり、主体としての人間と客体としてのモノとの区別に立ち、モノは人間にとって外的な所与として固定的に存在するという見方を斥《しりぞ》けるのだ。人間と非人間とのあいだの非対称性を前提とする近代的存在論に対する批判は、一方で認知科学、行動科学の側からの人間理解へのインパクトを受け、他方でモノのエージェンシーに注目する近年の人類学や哲学の知見を受けて、ムーアの議論の知的な文脈になっている。

人間は近代に理想化されたほど理性的で自律的な主体ではない。それと表裏一体のごとく、この世界に生じるさまざまな現象は、人間の意思が外的なモノにはたらきかけて引き起こすというより、人間も人間以外のモノも等しく参加して互いに影響しあって変容していく過程そのものであるという見方のほうが、科学的にも、哲学的にもはるかに現実に忠実である。言い換えれば、歴史のなかで「社会」と「自然」はたがいに「共‐生産」される過程としてあり、そこで何が主体であり、何が客体であるかは、あらかじめ存在論的に決まっているわけではなく、人間も含むさまざまなモノの「束ね合わせbundle」のあいだの関係を通じて現れてくるものである。

たとえば、石炭は古代においても中世においても、物質的には石炭として存在はしていたわけであるが、広範な利用に供されていたわけではない。18世紀のイングランドでは森林の枯渇の結果としての木炭不足に促され、人間と石炭のあいだの関係が変わり、さらに蒸気機関の発明に連なる一連の技術革新とそれと絡まりあって進んだ都市化などの社会組織の変容を通じて、石炭は19世紀以降の資本主義社会にとって不可欠の資源となった。その石炭は、産業化以前の石炭とはモノとしての位相が異なる。また逆に石炭を不可欠の一部とすることで、自然観や科学、技術革新の方向性、地政学的関係、都市の景観や社会インフラの形態、そしてもちろん資本主義のあり方まで、社会のかたちもそれ以前とは異なるものになった。石炭は重要とはいえ、ひとつの「束ね合わせ」の項にすぎないが、その束ね合わせを媒介として自然と社会の双方に浸潤し、自然と社会双方のあり方に影響を与えている。

ムーアはこうした意味で、存在論的に分割された自然と社会の二元論を斥け、「オイケイオス」すなわち自然と社会の双方に浸潤している束ね合わせの動的関係性から歴史を見ることを主張する。そこでは人間は文明を築く唯一の主体ではない。人間が人間以外の主体とは異なる特性をもつことはたしかであるが、それ以上に重要なこととして、人間も他の生命と同様に、さまざまに「束ね合わせ」られた多様なモノの関係のフローからエネルギーを掬《すく》い取り、それによって生存している。

そして具体的にどのような「束ね合わせ」からどのようにエネルギーを掬い取るかによって、文明は多様なかたちをとる。かさねて重要なことはこの時、文明は人間の意思による一方的な自然の改変や使用ではなく、むしろ社会と自然の共‐生産の過程としてあるということである。この意味で、おのおのの文明はそれ自身に対応する「歴史的自然」――自らの文明に固有な物質代謝の体制――を持つ。

資本主義――収奪なくして搾取は持続しない

いうまでもなく、オイケイオスの視座からは、資本主義もまたそうした文明のひとつとして捉えられる。文明としての資本主義においてもまた人間は、（人間を含む）さまざまなモノの束ね合わせを自身のためにはたらかせ、エネルギーを掬い取って生存をはかる。資本主義に顕著な特徴であるのは、その際に掬い取ったさまざまなモノのはたらき／エネルギーに対して、できるだけ対価を支払わないようにすることを体系的に追求する点にある。

ここでいう対価とは、金銭的な対価という狭い意味でのそれではない。たとえば森林の再生や河川の浄化、温暖化ガスの吸収なども含めた、はたらき／エネルギーを掬い取られたモノの再生産にかかるもっとも広い意味でのコストを指している。ムーアは資本主義の存立の基盤にこのような意味で、対価の支払われないはたらき／エネルギーの追求があると主張する。

資本主義をこのように対価の支払われないはたらき／エネルギーの追求に見る見方は、伝統的なマルクス主義的資本主義批判から見れば異端的である。というのも、伝統的なマルクス主義的資本主義批判では、資本主義の本質は「搾取」、すなわち市場における等価交換のなかで商品としての労働力が生む価値が資本家の手にわたることにあるとされてきたからだ。搾取は社会的関係であり、社会と自然とを存在論的に区別する前提に立つかぎり、社会で閉じた次元の外に出る契機を持たない。

これに対して、(人間を含む)さまざまなモノのはたらき/エネルギーを対価なしに使用することは、等価交換の体系の外で生じ、したがってなんらかの経済外的強制がはたらく「収奪」である。伝統的なマルクス主義的資本主義批判は、必ずしも「収奪」を無視してきたわけではないが、資本主義は「収奪」によっては他の経済社会体制から本質的に区別されないとして、二次的な位置づけに置いてきた。

しかしムーアは、等価交換のなかで搾取をつづける資本主義は決してそのなかで閉じるものではないということを指摘する。搾取によって蓄積された資本は技術進歩を生む。そしてその技術進歩を通じて生産性の向上がもたらされる。生産性の向上は単位労働当たりの生産量を増やして社会を豊かにするが、逆にいえば生産に占める労働力の寄与率を下げていくということでもある。利潤の正体、すなわち搾取の対象はつきつめると労働力にあるので、生産に占める労働力の寄与率の低下は、利潤率の低下の傾向を生む。また閉じた等価交換の体系のなかでは労働力の再生産もその体系のなかで行われなくてはならないので、資本が労働力商品に支払うべき価格自体が上昇する傾向が生じる。そしてもし等価交換の体系が閉じたままであれば、これらの傾向に歯止めをかけ、巻き戻す方法はない。

しかし実際にはこの等価交換の体系はそれ自体では閉じていない。まず搾取のシステムはそのフロンティアで、つねに対価の支払われない労働力を求めている。また食糧、原料、エネルギーといった社会のシステムと自然のシステムの界面から生産過程に投入されるものについても、つねにより対価を支払わずにすむかたちを追求する。植民地主義や帝国主義の歴史、また安価な労働力をもとめる生産ラインのグローバル化はこの過程そのものである。こうした安価な労働力や安価な自然の収奪がなければ、搾取のシステムは持続しない。

ここで重要なことは、安価な労働力や安価な自然の収奪は、生産における投入のコストを下げることで単に、量的に利潤率の低下の傾向に歯止めをかけるだけではなく、質的に資本の有機的構成を変えるということである。ひらたく言い換えれば、たとえば技術変容などによって、なにかこれまでとは異なるかたちで新しく安価に利用可能な自然が「発見」され、それによって産業構造自体が変化することで、収奪の可能性が不連続に拡大するということである。右に触れたように、蒸気機関の発明と石炭の「発見」によって産業革命がおこることで、資本主義が不連続な拡大を遂げたのは、その最大の例のひとつである。

自然からの贈与が収奪に変わる

ムーアの議論はマルクス主義理論の文脈上に立てられているが、そのエッセンスはもっと一般的な言葉遣いでも表現することができる。経済人類学の基本的洞察が示す通り、人間の経済は、商品の交換のみによっては成り立っておらず、その外部には交換以外のつながりを通じて流れる物質／

エネルギー代謝の営みが広がっている。そうした営みを名指す典型的な表現は「贈与」である。交換が人間と人間のあいだの対等な関係に基づくとすると、贈与には贈るものと贈られるものとのあいだの非対称性があり、もっとも根源的な贈与は自然から人間への贈与である。自然からの贈与に対して、贈られる側の人間が感謝と畏敬を捧げる図式は人類史に普遍的といってよいであろう。

しかし近代以降、人間を歴史の主体とし、自然をそうした人間による主体的制作の素材や客体とみなす人間観／自然観が浸透すると、自然からの贈与は（対価を求める主体が不在の）モノの収奪に転化した。その転化の時期や過程をどこに同定するかは、ここで論じるには大きすぎる論点である（ムーアは16世紀に起源を置き、経済システムだけではなく、植民地主義や科学の観点を強調して複合的にこれを論じようとしている）が、自然からの贈与が、対価の不要な収奪へと読み替えられたことで、人間の経済は無限に開かれることになり、不断の資本蓄積の体制としての資本主義が生まれたということに異論は少ない。この意味で資本主義は、それによって外部化＝不可視化される収奪を基盤として成立しており、資本主義をその全体として捉えるならば、この収奪の領域を含めて捉えなければならない。ここにムーアがウォーラーステインの用語である「資本主義的世界＝経済 capitalist world-economy」に替えて「資本主義的世界＝生態 capitalist world-ecology」という概念を立てる根拠がある。経済という語は、商品交換の体系＝搾取の領域、言い換えれば人間だけで構成された社会的関係の領域に、資本主義理解を閉じ込めてしまうからである。

ここであらためて注意すべきは、すでに述べたように、資本主義的世界＝生態の概念は、単に世界システムの概念を社会の領域から自然の領域にまで拡張しただけのものではないということである。というのも、収奪の対象となるモノは、社会の外側にあらかじめ「自然」に存在するものではなく、むしろ資本主義によって、社会と自然の界面においてたえず見いだされ、つくり出され、つくり直されているものだからである（さらにいえばそうしてモノがたえず作り直されることで、「社会」と「自然」の境界線自体もたえず引き直されている）。このことは資本主義の「限界」を考える枠組みを大きく変える意味を持つ。

資本主義と自然の共‐生産

自然が資本主義の外部に端的にあるのではない以上、一方に社会の次元でのメカニズムとして資本主義的な経済があり、他方にその外部に収奪の対象となる自然があると捉えた上で、前者が後者を蚕食《さんしょく》して次第に食いつぶし、やがて限界にぶつかるというかたちで、資本主義の限界を捉えることはできない。これまで見てきたように、自然が固定的な所与ではなく、社会との関係で動的に現れるものだとすれば、その自然の限界もまた動的に現れるものだからである。これは資本主義に限界がないということを意味するわけではない。ある歴史的局面で静的にみたとき、オイケイオスは必ずしも無限に流動的なものではない。むしろ社会的過程としてある所与の技術体系には一定の安定性があり、そのもとで現れる自然には実体的に限界がある。だがより長いスパンで見れば、資本主義と自然とのあいだには動的な共‐生産の過程があり、資本主義に収奪される自然そのものがつくり出され、つくり直されることで、自然の限界もまた動的に（再）定位される。

1972年にローマクラブが「成長の限界」を説いたころ、「あと30年で石油はなくなる」と言われていた。それから50年経った現在石油がまだ尽きていないのは、この意味で自然の有限性が動的なものだからだ。だが、この事実を指摘する論者がしばしば混同するのとは違い、有限性が動的であることは、無限であることを意味するわけではない。石油がまだあるからといって、私たちがいま生きている資本主義と共‐生産された自然にそれ自体としての限界があることを否定できるわけではないからである。

50年前に早晩なくなると言われていた石油がまだなくなっていないことの背後には、海底油田からオイルシェールやオイルサンドまで含む新たな採油源開発、代替エネルギー開発、省エネルギー技術の開発など、石油の生産と消費の両面にわたるさまざまな技術革新がある。そういった技術革新を促す大きな要因は石油そのものの価格である。石油の価格が上がれば、それまでは採算の取れなかった採油源の開発や代替エネルギーの開発に経済合理性が生まれ、追加的なコストを払っても省エネルギー技術を採用するインセンティブが生まれる。そしてこのプロセス自体が資本主義と自然の共‐生産として起こっている。つまり資本主義と自然の界面に、頁岩《けつがん》や砂岩の隙間に貯留された原油、沖合を吹く卓越風、あるいはバイオエネルギーの原料としてのトウモロコシなどが新たなかたちで「自然」として現れる。

このような技術の介在による資本主義と自然の共‐生産は、さまざまな時間的スケールで生じる。

レアメタルのように近年のデジタル革命に促されたものから、サトウキビやコーヒーのように近世初期のグローバル化に起源をもつものまで、およそ今日グローバルな市場で「コモディティ（商品）」と呼ばれている一次産品の多くは、資本主義と自然の共‐生産が顕著に表出する前線である。

他方、時間的スケールを広げ、より深い次元に降りて、資本主義と自然の共‐生産を見れば、現象としての技術革新のベースには、均質な空間への地球の地図化、いわゆるクロックタイムの浸透、実験などの実証的方法を通じた自然についての知識獲得など、コスモロジーや自然観そのものの変化がある。この意味で、資本主義と自然の共‐生産は、一方で自然に条件づけられた資本主義が、他方で資本自身の想像にもとづいて自然を創り出す過程だということができる。

先に触れたようにムーアは、このような意味で自然の超歴史性を否定し、マルクスとエンゲルスが『ドイツ・イデオロギー』で使った「歴史的自然」という概念を参照させている。人類史のなかの異なる文明や、あるいは資本主義の異なる歴史的局面において、自然がそれぞれ異なる「歴史的自然」として現れるという見方は、所有権、特に生産財の所有権の捉え方にも関係する。

というのも、一般に消費財の所有権は、秩序維持のための占有の保護として、極論すれば先占を尊重するチンパンジー社会の秩序にまでさかのぼるほど超歴史的に一般的であるのに対し、生産財――その典型は土地であるが――の所有権は、社会全体の生産力向上のための労務投下・資本投下の保護として設定されてきた。逆に言えば、労務や資本の投下が有益である場合にのみ所有権が保護されてきたということである。

だが、具体的にどのようなモノが、労務や資本の投下が有益となる生産財の地位を占めるかは、その社会が何を価値としてどのような技術を有しているかによって大きく変わる。いわば生産財の所有権は、必ずしも連続的ではない歴史的自然の遷移にともなって再／設定されるのだ。だとすれば、たとえば入会地《いりあいち》（村落共同体の共有地）が近代化にともなって排他的な私的土地所有のもとに置かれていくのは、特に金融資本によって土地が商品として流動化させられて成立する、資本主義と共－生産された歴史的自然においては必然性があるが、普遍的な歴史のゴールであるとは限らないことになる。ごく端的にいえば、なにが所有の対象になるかは、価値と技術の相関のなかでなにが収奪の対象となるかによって決まる。一見普遍的に見える近代的な私的所有権もまた歴史的限定のもとにあり、歴史的自然の遷移によって、そのかたちは変わっていく。

以上、本節では、ジェイソン・W・ムーアの資本主義的世界＝生態の議論をベースに、社会と自然との二元論を批判する立場からの一元論的世界システム論の基本的な理論構成を概観し、それが資本主義の有限性と所有についてもつ示唆を述べた。

自然が、純粋な社会的構築ではないにもかかわらず、超歴史的実体でもないという視座は、資本主義の有限性の問題、そして私的所有の問題について、より歴史的に繊細で、かつ未来に開かれた議論を可能にする。以下、節をあらためて、一元論的世界システム論のアプローチの射程を、人間とモノとの関係一般に押し広げて測り、一元論のアプローチから示唆される内在化の概念を鍵に「新しい資本主義」について述べる。

3　内在化という「新しい資本主義」

「安価な自然」と奴隷

前節に述べた資本主義的世界＝生態の考え方は、資本主義の本質を収奪可能な自然——「安価な自然 Cheap Nature」——との共‐生産に見るものであった。それは、ムーアの言葉を借りてより正確に言えば、資本主義を「搾取と収奪の弁証法的関係」において捉えることで、世界システム論の一元論的アプローチを更新するものである。

すなわち、利潤率の傾向的低下に歯止めをかけるためには、商品交換の体系である資本主義の外部の「自然」の収奪が必要である一方で、そうした「自然」はまさに商品交換の体系の内部における搾取の結果として蓄積された資本がもたらす技術革新によって共‐生産されるというダイナミズムの総体において資本主義を捉えかえそうということだ。

ここで重要なことは、この「安価な自然」は、森林や鉱脈、土壌や水源といったいわゆる「自然環境」や「天然資源」に限った話ではないということである。「安価な自然」の「自然」を、いわゆる「自然環境」や「天然資源」のような、人間ないしは社会と存在論的にあらかじめ区別されたもののなかでのみ捉えることは、社会と自然の共‐生産の過程を無視した二元論であり、その二元論を通じては見えない資本主義のダイナミズムがあることが、ムーアの議論の核心だからだ。

一元論的な見方に立ったとき、収奪可能な「安価な自然」はあらかじめ資本主義の外側にそれとしてあるものではなく、むしろ資本主義と自然の共‐生産によって創り出されるものである。つまり「安価な自然」は、収奪可能なものを「自然」と名指しつつ創り出すことにほかならない。このとき「自然」とは、主体としての人間と存在論的に対置された客体としての「自然」であり、その収奪は、まさに人間によって「自然」と名指されることではじめて正当化される。この資本主義と自然のあいだでの「安価な自然」の共‐生産は、たとえば科学や技術の進歩によって、資本主義にとって利用可能なモノの前線が拡大するかたちでももちろん生じるが、歴史に根差して考えるならば、特定のカテゴリーの（生物学的な意味での）人間を「自然」の側に置くことで収奪可能なモノ、すなわち「安価な自然」のひとつとしての「安価な労働力」としてきたことを無視することはできない。

たとえば近世におけるカリブ海のサトウキビ栽培にはじまり、19世紀以降の植民地主義のなかでアフリカやアジアに広がり、現代にまで続くプランテーション農業では、さまざまな形態の奴隷労働が用いられてきた。奴隷とは、奴隷主への奉仕・労務の提供を拒否することができず、奴隷主にとって所有物のように扱われる存在である。奴隷制を含む文明において、社会と自然の共‐生産は、人間と自然のあいだの境界線を、（生物学的な意味での）人間のなかの自由人と奴隷のあいだに引く。奴隷は客体として使役されるモノであり、その意味で人間ではなくむしろ「自然」の一部だということになる。

奴隷のように法的にもモノ（所有の対象）として扱われる場合だけでなく、もっとソフトな規範的枠組みにおいても、人間としての対価を支払わないことが正当化される（それゆえ「安価な自然」の一部としてそのはたらきを収奪できる）人間のカテゴリーを、資本主義はさまざまに共‐生産してきた。たとえば、女性、植民地における先住民、移民などである。資本主義は収奪のフロンティアを拡大して、その限界を断続的に押し広げてきた。その過程は、単に地理的なフロンティアの拡大によって、外部の資源の利用可能性が広がったことだけではなく、それと結びついて安価な自然の一部としてそのはたらきを収奪できる人間のカテゴリーの（再）発明が絡み合っている。奴隷貿易が組み込まれた近世の三角貿易はもちろんのこと、資源開発と労働力の新たなフローをともなった19世紀の帝国主義も、さらには20世紀後半（先進国での情報化の進展と途上国での搾取工場《スウェットショップ》の拡大）における女性の労働力率の上昇も、その意味では同じ構造に根差している。

裏を返せば、資本主義に対する闘争の歴史は、「自然」の側に置かれた存在を「人間」の側に置き換える歴史でもあったということでもある。それは決して資本主義にとって外在的な過程ではない。本章第一節では500年のスパンで見た資本主義的世界＝経済において、外部の内部化にともなう収奪の正当化が、どのような変遷を遂げたかを、ウォーラーステインの議論に拠って跡づけたが、フランスの社会学者リュック・ボルタンスキーとエヴ・シャペロは『資本主義の新たな精神』において、より現代に近い枠組みのなかで資本主義の正当化の問題を分析している。彼らによれば、資本主義の正当化の様式は、19世紀から20世紀にかけて、大きく二度の変容を遂げている。

フォーディズムからポストフォーディズムへ

まず、最初の変容は19世紀の末から20世紀の前半にかけての時期に生じている。産業革命を経て定着した19世紀の資本主義は、資本家と労働者の対立を先鋭化させた。労働者は、ひとつの社会のなかの「二つのネイション」の一方である「危険な階級」として他者化されていた。資本主義は私利私欲に駆動されたむきだしの営利追求の体系として、その反公共性や資本家の非倫理性が批判され、正当化の前線はそこに照準された。

そこから出てきたのは、労働者の福祉の向上を生産性の向上に結び付けるメカニズムである。それを象徴するのは、自動車メーカーのフォード社である。同社の創業者ヘンリー・フォードは、ベルトコンベアを工場に導入し、フレデリック・テイラーが唱えた科学的労働管理に基づいて個々の工員の作業工程を可能なかぎり細分化することで工場の生産性を向上させ、それと紐《ひも》づけて賃金を引き上げる仕組みを導入した。これがいわゆるフォーディズムの核である。フォードの工場はスケール・メリットによって高価な耐久消費財であった自動車の価格を下げる一方、賃金の増加によって労働者＝消費者の購買力は向上し、自動車の市場を拡大させた。

市場の拡大はさらなるスケール・メリットの追求を促す正のフィードバックとなる。このメカニズムは、フォード社と同社が創業したデトロイトに建設した自動車工場というミクロなレベルにとどまらず、耐久消費財の大量生産・大量消費による持続的な経済成長にケインズ主義的な福祉国家が組み合わさったかたちでマクロなレベルにおいても実現した。企業の成長、あるいは一国の経済成長が、広く労働者の生活水準と福祉の向上と連動する体制が構築されたことで、古典的な19世紀的資本主義が抱えていた正当化の問題は、1940年代後半から70年ごろまでのいわゆる「資本主義の黄金時代」において、いったんは解消された。

だが、1970年ごろを境に資本主義にはあらたな正当化の問題が生じる。フォーディズムが実現した労働者の包摂は、労働者に一定の経済的安定を与えたが、他方で労働者を工場、より一般的には生産組織の「部品」に組み込んでしまうものでもあった。結果、資本主義は、労働者の自律性や尊厳を犠牲にする体制として批判されるようになった。また、同じ時期から世界経済全体の持続的拡大は停滞しはじめ、最大の市場として西欧や日本の戦後の経済復興・経済成長を支えてきたアメリカの経済力の相対的低下も明らかとなった。スケール・メリットによる大量生産・大量消費のスパイラルが行き詰まり、価値を生み出す新たなメカニズムが要請されるようになったとき、労働者を単に工場の「部品」として固定的に用いることは資本の立場からも不合理であった。

資本の立場からはもっと柔軟な雇用と、量的拡大よりも質的多様化を志向してもっと創造的に働く人材が求められた。新たな批判と資本の要請が一致したところに成立したのが、雇用の柔軟化や生産設備のオフショア化、アウトソーシングなどを通じて、フレキシブルに多品種少量生産を実現しようとする経済体制への転換と福祉国家の解体、すなわちポストフォーディズムである。結果、都市は工場が立地する生産の拠点から、オフィスビルやカンファレンスセンターが立地する、企画や設計、意思決定の拠点へとその景観を変え、先進国ではホワイトカラー職への女性の進出、市場化された家事労働や福祉労働需要に応える（特に女性の）移民の増大が生じるとともに、生産拠点の移転先となった新興国では農村の若年女性が工場労働の典型的な供給源となった。

男性労働者の包摂からマイノリティの包摂へ

ポストフォーディズムは、労働者が自らの生の自律を取り戻すという点で、資本主義の新しい正当化の問題に一定程度こたえるものであった。実際すくなくともいわゆる先進国のホワイトカラーに関して言えば、労働の現場の文化的・社会的規範はフォーディズム時代よりも寛容なものとなり、はたらき方は柔軟になるとともに、創造性を発揮することが奨励されるようになった。他方、経済的安定に関して言えば、むしろフォーディズム時代から後退した。古い正当性の問題が回帰したともいえる。

以上、ボルタンスキーとシャペロの議論に拠りつつ、資本主義の正当化の様式の変容という観点から、一般的なフォーディズムとポストフォーディズムの過程を概観したのは、その過程が、「工業化を通じた、マジョリティ男性労働者の包摂」から「情報化を通じた、多様なマイノリティの包摂」へという包摂の拡大の過程として理解できることをここで指摘したいからである。

フォーディズムは、ベルトコンベアと科学的労働管理に象徴される「工場」というハード・ソフト両面のテクノロジーの複合によって、生産に関与する人間と人間、人間とモノ、そしてモノとモノの関係にあらたな枠組みを用意した。それによって実現されたのは、資本の側から見れば、大量生産・大量消費のスパイラルによる持続的な経済成長であるが、資本主義の正当性の問題から見れば、それまで他者化されがちであった（したがって端的に「使い捨て」であった）労働者を包摂する体制の構築であった。

これに対して、ポストフォーディズムをテクノロジー面で象徴するのは、情報化である。生産ライン／サプライチェーンがグローバル化して、フレキシブルな多品種少量生産に移行するとともに、付加価値の重心がモノから意味や記号、デザインや経験にシフトする上で、情報通信技術の進歩は本質的な重要性を持っている。新たな次元の接続性が、ふたたび生産に関与する人間と人間、人間とモノ、そしてモノとモノの関係を変え、それによって資本は蓄積の継続を支える一方、資本主義の正当性の観点から見れば、多様性を価値に変換する体制であるポストフォーディズムは、フォーディズムにおいてはたかだかマジョリティ男性を対象としていた包摂の前線を、女性をはじめ、他のさまざまなマイノリティへと押し広げていく結果を生んだ。

収奪のネットワーク化

さて、一元論的世界システムの見方に立って、この延長線上に現代を見るとき、私たちはもはや包摂の前線が、いかに人間とモノとの境界線をまたぐか、さらにいえば人間とモノとの境界線をいかに解除するかにあることに気がつく。この文脈において包摂とは、関係の非対称性に根拠をおく収奪からの解放である。関係の民主化といってもよい。すでに議論してきたように、そうした関係の非対称性に根拠をおく収奪は、モノのように扱われ周縁化されてきた人間に対してだけではなく、むしろまさにモノに対して行われてきた。それが「安価な自然」である。したがって、言うなればモノに拡張された民主化のプロセスがここで課題として浮かび上がるわけである。

もちろん民主主義のモノへの拡張は、実際的には、人間の社会における民主主義のさまざまなツールやステップを再解釈することなしには進められない。モノにとっての「集会の自由」とはなにか。モノにとっての「表現の自由」とはなにか。モノを包摂する「議会」とはどういう場所か。この小論においてそういった問いをひとつずつ問うていく紙幅は残されていない。また残念だが、すくなくとも歴史学、人類学、法学（法制史・法哲学）にまたがるこの課題に対して、私には十分な分析を展開するだけの準備も力量もない。ここでは、資本主義の正当化の様式の変遷の分析に接続する文脈に限定して概念的なスケッチだけを提示する。

右に述べたように、20世紀以降の資本主義は、工業化を通じた労働者の包摂、情報化を通じた多様なマイノリティの包摂へと進んできた。ここで注意すべきは、工業化や情報化は、単に付加価値生産の重心が製造業に移ること、金融・サービス業に移ることを意味するわけではないということである。フォーディズムのもとでは、単に経済の重心が第二次産業に移るだけではなく、農業や鉱業などの第一次産業もまた、あたかも第二次産業のように、つまり理念的にはフォードの自動車工場のような様式で管理されるという意味で工業化するようになり、ポストフォーディズムのもとでは、単に経済の重心が第三次産業に移るだけではなく、製造業や農業までもが、あたかも金融やサービス業のように編成されることでしか存続できなくなるという意味で情報化する。

資本主義の正当化の様式は、社会のあるべきかたちについての規範的原器を定める。ボルタンスキーとシャペロは、工業化のもとでは「組織」が、情報化のもとでは「ネットワーク」がそうした原器にあたると論じている。フォーディズムにおいては、社会の隅々までが工場のような組織に覆われ、ポストフォーディズムにおいては、固定的な「組織」が柔軟な「プロジェクト」に置き換えられ、社会のかたちがネットワーク化していく。

モノの民主化

こうしたトータルな構造的プロセスの延長上に、モノに拡張された民主化はどのように位置づければよいだろうか。それはさしあたって「内在化を通じたモノの包摂」と表現することができる。ここでいう内在化には、二重の意味がある。ひとつは、費用の内部化という意味である。資本主義的世界＝生態の考え方の洞察は、資本主義の中核的メカニズムである市場のなかでの搾取が、安価な自然の収奪なしには成り立たないということ、そしてその「安価な自然」の収奪とは、価値を生産するためにその自然から掬い取られ、費消された「はたらき／エネルギー」の回復（再生産）にかかる費用を払わないこと、つまりその意味での費用の外部化にほかならない。

これに対して費用の内部化とは、価値の生産に参加しているあらゆる存在とそれらの関係について、そこから掬い取られた「はたらき／エネルギー」の再生産費用を外部化しないことを意味する。その具体的なフロントは多岐にわたる。シャドウワークの包摂、廃棄物処理費用の内部化、化石燃料から再生可能エネルギーへの転換、そしてその再生可能エネルギーの再生コストの内部化、さらには労働力の再生産費用としての生涯教育の費用の内部化なども含まれよう。

内在化のもうひとつの意味は、超越性の否定である。モノに拡張される民主化というときの民主化とは、要するに人間とそれ以外、意思と自由を持って自らの運命を制作する主体と、そうした主体にとっての手段でしかない客体とのあいだの非対称的分割を解除することである。人間とモノとのあいだの存在論的な非対称性の前提には、それを根拠づける超越性がある。古典的にはそれは神であり、近代以降は理念化された「人間」自身がその位置に収まった。「人間」の範囲内での民主化ではなく、そのプロセスをモノに拡張するというのは、単に量的な延長というよりも、分割自体をその前提となる根拠から否定することを意味する。存在の根拠を絶対的な外部にではなく、関係的な内部に認めるという意味で内在性を前提とすることなしには、民主化のモノへの拡張は、単に「人間」扱いしてもらえるモノの種類が増えるだけにとどまることになる。費用の内部化は、内在性の前提に根拠づけられることで、局所的な対応から一般的な原則となり、社会のかたちを変えることになる。ゆえに、内在化の二重の意味は、突き詰めれば収斂《しゅうれん》する。

データキャピタリズムの影

ここまで、現在語られている「資本主義の危機」や「資本主義の限界」を再概念化する試みとして、工業化、情報化に続く新しい資本主義の正当化の様式としての内在化という考え方を素描してきた。しかしそれは、内在化が必然かつ単調に進む過程であることを示唆するものではない。実際のところ、資本主義と自然の二重の内部性という資本主義的世界＝生態の考え方の基盤に立って考えるならば、人間とモノとの非対称的な分割線は、一方の極に近代的な“the man”としての「人間」があり、他方の極に動物、植物、無機物といったグラデーションを描く「モノ」があるようなスペクトラム上を、「人間」の極から「モノ」の極にむかって漸進するようなものではなく、むしろ断続的にスペクトラム自体の描き換えが生じ、かつそのスペクトラム上で「人間」と「モノ」を分ける分割線はたえず引きなおされるのである。

たとえば現在、SDGsのような目標が建てられ、GX（グリーン・トランスフォーメーション）のようなコンセプトの導入によって、分割線の「人間」の極から「モノ」の極への移動は、かなり「モノ」の側に進んでいるように見える。それを人間の範囲内での民主化の延長と捉えることが「内在化」であったわけだが、他方でいわゆる今日のデータキャピタリズムのもとでは、デジタルプラットフォームを握る巨大資本は個人が「自発的」に流し入れるデータのフローが生み出す「はたらき／エネルギー」を掬い取ることで莫大な利潤をあげている。それが可能なのは、本質的にそのデータに対価が支払われていない、つまり「安価な自然」のようにデータを採取することに成功しているからだ。比喩的に言うならば、今日の巨大プラットフォーマーは、20世紀の石油メジャーが中東の油田に対するのと同じように、全世界のスマートフォン・ユーザーをデータの鉱山として扱っている。

だとすれば、ある意味で素朴な自然環境に投影された「モノ」の極に向かっては、分割線は前進しているように見える一方で、巨大プラットフォーマーがつくるデジタル・アーキテクチャのなかで動物化された分だけ、分割線がむしろ「人間」の側に後退していることを看過することはできない。これは、分割線の移動が闘争的な過程であることを意味し、分割線の移動の土俵であるスペクトラム自体が多元的な描き換えの可能性をつねにはらんでいることでもある。

まとめ

内在化は市場化ではない

以上、一元論的な世界システム論の視点による資本主義理解をモノにまで拡張して突き詰めつつ、フォーディズムからポストフォーディズムに至る資本主義の変容の過程を未来にむけて延伸することで、「内在化」という考え方を提示した。それはあくまで、新しい資本主義を考えるための暫定的なガイドラインであり、確立された概念というよりも、問題発見的なツールでしかない。したがって、内在化時代の資本主義社会のかたちについてこれ以上思弁を重ねることはあまり生産的ではない。しかし本章を終えるにあたって、内在化が何ではないかについて、二点だけ確認しておきたい。

第一に、内在化は市場化の徹底に自動的には還元できない。

たとえば、女性の家事労働は、「安価な自然」のひとつの形態としての「安価な労働」であり、典型的な収奪の対象である。その収奪の規模がいかに大きいかを示す意図をもって、家事労働の市場価値が試算されることがある。では、家庭内で家事労働にいちいち貨幣的対価を払うことにすれば、(そのことがもたらす心理的影響はとりあえず無視したとして)「安価な労働」としての女性は内在化されたことになるだろうか。

あるいは、炭素排出権取引もまた、化石燃料という「安価な自然」からその「はたらき/エネルギー」を掠い取って使用する際の費用を、市場メカニズムを通じて内部化しようとするものであるが、それによって化石燃料は内在化されたことになるだろうか。

資本主義的世界=生態の見方は、「安価な自然」の収奪を、そこから掠い取られた「はたらき/エネルギー」に対価を支払わないことだと定義している。ここでいう「対価」とは、必ずしも貨幣的な形態をとるとは限らない。価値の生産につながるオイケイオスのフローに参加している諸々のアクターの存在を保障することが、「対価を支払う」ことの本質だからである。だから、まさに貨幣的な「対価」を支払うことが、存在の保障として有効ならば、当然市場化は内在化の有力なひとつの手段となる。しかし、たとえば貨幣的な対価が積みあがる一方で、長期的にその「モノ」の存在の保障が危うくなるような場合には、少なくとも市場化だけでは、「対価を支払う」ことはできないということになる。

ロック的な所有論について述べた際にも触れたが、一般に市場化は、より多くの価値を生むかたちで「モノ」から「はたらき／エネルギー」を掬い取るものに報いる。価値の尺度とそれを生む主体についての根底的な内在化がなければ、市場化はむしろ「人間」と「モノ」の非対称的分割の最後のよりどころとなる。そこでは「対価」としての貨幣が積みあがる一方で、当の「モノ」の存在自体は保障されず、ただ「人間」にとって持続可能であるだけのシステムが現れるかもしれない。

モノは自然だけではない

第二に、モノはいわゆる自然と同義ではない。ムーアの議論では、資本主義的世界＝生態は、社会と自然のあいだの二重の内部性に定位されており、そこでいう自然とは、牛や馬、ミツバチやミミズのような動物、小麦やトウモロコシ、熱帯雨林を構成する樹木のような植物、鉄や水、空気のような無生物を含む、いわゆる自然環境が念頭に置かれている。内在化をつきつめて考え、人間とモノの存在論的分割を解除するというとき、

そこでいうモノが右に述べたような自然に尽きると考えなければならない理由はない。さらに、二つのカテゴリーの可能性については考える価値がある。ひとつは機械やロボット、ＡＩのような

人工物である。ムーアの視点に立てば、これらはそもそも「人間」と「モノ」との「束ね合わせbundle」であるが、そうであるがゆえにその存在をどう保障するかが問われる。

いまひとつは無形物、直截にいえば文化である。完全に観念的な「文化」というものは考えにくいので、これも突き詰めれば「人間」と「モノ」との「束ね合わせbundle」である。だが「人間」と「モノ」の分割を問題にするとき、文化は「人間」の極に寄せて理解されがちである。つまるところ「文化」は「人間」が決めた約束事に過ぎないという捉え方がそこにはある。しかしだからといって、「文化」はいくらでも可塑的《かそてき》なわけではないし、「人間」がただ決めるだけでつくりだしたり、逆に消し去ったりできるものでもない。つまり文化にも物質性（モノとしての性格）がある。であるならば、モノとしての文化の存在の保障もまた、内在化の課題となる。

以上、本章は一元論的世界システム論の展開に依拠し、それを敷衍しつつ資本主義の内在化の論理を素描した。内在化の時代において、資本主義は有限ではあるが、その限界は動的につくられるものであり、そのなかで「人間」と「モノ」の関係は根底的に変わることになる。そこでは「人間」が「モノ」を所有するとは、もはや単純にはいえないことになるだろう。

第6章　アンドロイドは水耕農場の夢を見るか？

稲葉振一郎

はじめに

最初にお断りしておけば、「所有」という言葉は「取り扱い注意」であり、その言葉で本当のところ何が意味されるべきなのか自体が、必ずしも明確ではない。法的な権利なのか、それとも歴史的な慣習なのか、いわく捉えがたいこの概念に、一定の見取り図を与えようと専門分野が異なる研究者が集い、本書の母胎になった「所有権研究会」は始まっている。だから少々他人事《ひとごと》っぽく無責任な言い方になるが、本研究会はその出発点において「所有とは○○である」という早合点を避けつつ、ときにボタンの掛け違いを抱えながらも、会を重ねてきた。もちろん各人イメージするところの「所有」が異なるからといって、本書に収録された諸論文があれこれと有意義な知見を読者の皆さんに提供してくれるだろう。ただ、読者の皆さんに注意していただきたいのは、本書という建物(寄り合い所帯のショッピングモールのようなものだが)は実はその基礎工事の部分において未完成なまま見切り発車で建てられていることだ。

とは言えこの基礎的な問い、「そもそも「所有」という言葉で何を論じればよいのか」自体がとてつもない難問で、あまりそれに拘泥していては、我々の限られた能力ではいつまでたっても本論にたどり着くことができない。そもそもそこについてあまりにも厳密に論じるならば一般読者にとってわかりやすく有り難みのある話にならないおそれもある。だから本書はこのようにいわば「見切り発車」となった。

そして本章は、本書が全体として「見切り発車」にならざるを得ない理由は承知の上で、本来なされるべきだった基礎工事の片鱗《へんりん》のようなものを、読者の皆さんに開陳することを目的に書かれている。おそらく編者各位の筆者に対する期待としては、どちらかというと「所有の未来」に属するような話をしてほしい、というところだったと思われる。しかし本章では単純に「所有の未来」を展望するのではなく、いやそれを展望するためにも、むしろいったんは過去へと遡行してみることを試みる。

1 「所有」の来歴——ロック、動物、AIから考える

まずは単純に通俗化された「所有」の概念から出発してみよう。つまり人が何かを持つ、ということをもっとも一般的に表す言葉としてこの「所有」を用いることとするのである。しかしながら、これは不適切なやり方である。現代日本で普通に使われる法的な言葉づかいにおいて、「所有（権）」とはもっと限定された意味合いを持つ言葉であり、「占有（権）」との関係や対比で捉えられなければならない。

そもそも日常的な意味での「所有」に近い法的な言葉としては「所持」がある。専門的な言葉を使えば、人の民法上の権利（財産権）は、他の人に対して何かを要求する権利としての債権と、物に対しての権利としての物権とがあり、所有権はあくまでも物権の一部であるにすぎない。もちろんその上で、少なくとも近代社会においては、この所有権こそが物権の中心、典型であると考えられがちである、くらいのことは言ってもよいかもしれない。だから日常的な意味での「何かを持つこと」を表す普通の言葉として我々は「所持」ではなくまた「占有」でもなく「所有」を用いるのだ、と。しかし、それが事実だとしても、なぜそうなっているのか、はまったく自明ではない。

残念ながら本章では、言葉の定義について厳密に立ち入って論じる余裕はない。[1] ただ天下り的に論証抜きで断言するならば、少なくとも現代の日本語において（「占有」ではなく）「所有」という

言葉が「人が物を持つこと」の典型、パラダイムとして扱われる理由は、基本的にはそれが、

1　世界のなかのあらゆるものを、所有権を含めた権利の主体である「ヒト」と、それ自体は決して権利の主体ではなく、権利行使の客体であるしかない「モノ」とに区別した上で、

2　特定の人と特定の物との間に、他の人や物の介在、媒介を必要としない、直接的な関係としての、その人のその物に対する権利として現れ、

3　しかもこの人と物との直接的関係としての所有権こそがあらゆる公的な社会関係——公共的な場面での人と人との関係の構築にとっての原基となる、

とされるがゆえにである。このような、ともすればあらゆる具体的な歴史的脈絡を超越して普遍的に通用すると言わんばかりの観念的な絶対性は、歴史的には「所有 dominium」に先行していたはずの「占有 possessio」という言葉にはない。

「占有」は、しばしば所有権の裏付けのないものまでをも含めた、単なる事実的な所持、ものを持つことと理解されるが、法的な意味では占有は、単なる事実の形容ではなく、れっきとした権利を指す言葉である。ただしそれは特定の状況の中で他人が、公共社会が承認する限りにおいてのみ成り立つ。

それに対して「所有」は、もちろん現実社会の実務の中では、さまざまに制約される——典型的

には土地の所有において所有者は農地法だの都市計画法だのさまざまな規制に制約され、自由に意のまま所有権を利用したり売買したり処分したりすることはできない――。しかしながらその一方で「所有」は、その究極的な理想形、本来形においては「原則的には他人の介在なしに成立しうる、人と物との純粋に一対一の関係」、「人の物に対する（処分権を含めた）絶対的支配権と、そこからの利益の独占的取得権」としてイメージされている。いや実務においても、後者の独占的取得権が「残余請求権」（企業の場合、売上から営業に要した費用――材料費や人件費、家賃地代、借入金への利息や返済分等――や税金をすべて差し引いた残りの利益を取得する権利であり、株主の配当はこの残余利益の分配である）という形で、ことのほか大切にされている。

このような所有中心の世界観を非常に乱暴な意味において、『統治二論』でのジョン・ロックの市民社会論を念頭に置きつつ「ロック的Lockean」と呼んでも構わないだろう。そこではすでに述べたように、世界は人と物との二カテゴリーに大別され、人のみが権利の主体であり、物はもっぱら権利の対象である。そして人は他人との関係が成立しようとしまいと、単独の個人のレベルで、人として十全に存在している。そのような人は生きるためにまず物にはたらきかける。これが特殊ロック的な意味での労働（labour）である。典型的には、無主物（所有者のない物）を取得し、支配下に置いて維持管理し、さらにそこからの果実を取得する、というものだ。ロック自身はこれを所有（property）と呼んだ。[2]

ロック自身が本当のところどう考えていたかは別としても、この通俗的な意味でのロック（主義）的枠組みの中では、労働も、またその帰結としての所有も、他人の介在なしの、つまり「（他の）人を介しない人と物との関係」として位置づけられる。そして社会関係全般はともかく、政治的／法的（ロックの言葉遣いではcivil）秩序の眼目は、この所有の保障（無主物を取得し、支配下に置く）に基づいている。それゆえにこの枠組みでは、「社会の根本的な構成単位は、人とその労働の成果としての財産との「他の人を介さない関係」である」ということになり、さらには「それを基盤として、それを保障すべく構築される、政治的／法的に有意義な人と人との関係は、基本的にはそれを踏まえた上での「物を介した人と人との関係」である」ということになる。

とりわけロックによれば、所有の対象＝財産の典型とは土地であり、この土地所有のあり方が市民社会での公的な人と人との関係のあり様を規定している。すなわち、人は原理的にはその財産を基盤として単独で生存できる存在であり、他人に依存する必要はない。のみならず、人と人との関係は、それぞれの身体が別々の物体（人の身体もまたある意味では「物」だが、ここでは「人」ならぬ「物」との混同を避けてとりあえずこの表現を用いる）であるのと同様に、財産としての土地もまた境界線を引いて別々の「物」として区別することができる。人と人との間にはまずはこのような境界が引かれており、積極的に他人と関わるということは、この境界をあえて越えるということなのだ。

繰り返しになるが、もちろんこうした図式は近代社会の現実、実態を忠実に反映したものというより、多分に理念的、観念的なものである。現実の土地所有のあり方がこのように単純な図式であったことはほぼなかったと言えよう。農地の利用を考えてみても、地理的・生態的条件によって土地の用途は異なり、そうなると特定の人の土地が特定の隣接した領域に集積するということはしばしば困難となる。現実の農業集落では土地の所有権や利用権は複雑に交錯するし、交通・輸送のための道路や、生活用水・農業用水を確保するための水路や水源などは特定の人の独占的所有の下に置くことはできない。

またそもそも「人と物の区別」にしても、「物であるような人（奴隷）」もいれば「人であるような物（ある種の法人）」も存在する、という複雑なあり様が社会の現実だった。しかしながらそのような雑多な現実を、あるべき理想的な姿との乖離として克服し、世界を人と物とに峻別《しゅんべつ》した上で、人と人の間の平等を実現していこう、という考えこそがロック以降の近代の理念であった、と言えよう。そしてそのような理念をもって現実を統制していくことがおおむねできていたとされていたのが、近代という時代であった、と。

以上のように図式化してしまえば、現代的な動物倫理学やＡＩ（人工知能）倫理学において展望されているのは、この近代的理念では統制しきれない現実が今や噴き上がりつつある、という問題状況である。すなわち、財産権上は「物」と位置づけられ、権利の主体ではなかった動物の道徳的地位が、それこそその権利主体性まで含めて問題にされるようになってきただけではない。ＡＩ機械が将来的に人間による制御を必要としないまでに発展したら、その取扱いに対する道徳的な位置づけをどうするのか？　やはり動物と同じように、あるいはそれこそ人と同等の権利主体性をＡＩ機械に認めるのか？　といった問いが真剣になされるようになってきている。

しかしながらよく考えてみるならば、動物やＡＩ機械の道徳的／法的地位を保証しようという試みが、人／物のきれいな二分法に代表されるような近代の成果を掘り崩すことに繋がりかねないおそれもまた、無視はできないだろう。別の場所でも論じたが[3]、動物やＡＩ機械に対して、たとえば法人制度などを応用して権利主体性を付与することは大いに可能だとしても、その場合は当然、後見人制度に類似した形での自然人による監督や、あるいは信託制度に似た形での自然人による代行を伴わずにはいない。そうすると、実質的には典型的な権利主体としての健康な成年の自然人と比べたとき、ＡＩ機械はいくつかの点で権利や資格を制限された存在、「二級市民」化されざるを得ないだろう。それは結局、近代的理念が否定しようとしてきたはずの、人＝権利主体の間の身分差別を再導入することにならないだろうか？

さらにこのことは、生命倫理学や動物倫理学の領域ですでに問われてきたように、逆に自然人の権利主体の安定性をも揺るがしかねないだろう。高い知性や複雑な情緒を備えた動物の道徳的地位と、人間のそれとの比較考量がなされるように、ＡＩ機械と自然人とのそれもまたなされるだろう。加えて、今後のＡＩの核心が学習による成長、自己革新能力にあるのだとしたら、さまざまな領域で人間を上回る能力を発揮しうるＡＩ機械の出現の可能性さえも理論的にはあり得る。この問題は既存の動物倫理学においては論じられてこなかったが、いわゆる「技術的特異点」論以降、ＡＩ倫理学では真剣に議論されるようになってきている[4]。

ただここでは、来たるべき動物やＡＩの権利を論じるために、従来の「ヒト／モノ」二分法を今一度見直そう、という主張を提示したいわけではない。もちろんそうした見直しは必要なのだが、ここで確認したいのは「この「ヒト／モノ」二分法は、これまではそこそこ上手くいっていたけれど、これからはそうもいかない」のではなく、「実は我々が典型的近代と思っていた運動のさなかにおいても、実はそれほど「ヒト／モノ」二分法はうまくいっていたわけでもなく、また見かけほど単純でもなかった」ことを確認した上で、動物やＡＩといったよりわかりやすく派手に「ヒト／モノ」二分法を揺るがしてくれるものの意義を、あらためて考えることである。

2　財産としての農業システム

そこで「ヒト／モノ」二分法を問うにあたり、「農業」をめぐって考察されてきた問題系から見直したい。

ロックにおいて財産の典型、パラダイムとは実際には土地であったと先に述べたが、ロック自身を離れてより広く「ロック的」な理論全般を見るならば、所有の対象となる「モノ」のイメージはもっと抽象化し、曖昧模糊となる。しかし近代的な経済学においては「モノ」――というより財(goods)の典型はどちらかというと無生物、かつ動産だった。

逆にロック自身に立ち戻ってみるならば、典型的財産である土地とは、単なる空間や単なる地表のことではなく、具体的には一定の地表の上で人間の労働によって成長し維持される生態系、つまりは農地、農場、農業経営のことだったというべきである。ロックの時代の言葉で言えばestate（日本語に訳すなら「所領」「領地」か）と呼んだほうがよいかもしれない。つまり財産の典型とは、単なる物体としての地表やその上に立てられた建築、構造物ではなく、されど特定の植物（農作物）や動物（家畜）にもとどまらない、そうした物たちの総体とそれを管理し、それとともに生きる人びとからなるシステムのことなのである。[5]

このようなシステムとしての農場、農地、所領のことを念頭に置いた上で、さらによりミクロな構成要素としての、細切れの土地や構造物、あるいは特定の農作物や家畜のことをも考えてみよう。つまり、それら個別のバラバラな財産を、さらにはまたそれらが組み合わさった総体としての所領を所有するとは、またそれらを独占的に支配し、享受するとは一体どういうことなのか、を少しばかり真剣に考えてみよう。

近代的な経済学では、物の典型は無生物であり、また自然の無生物や生物を材料として製作された人工物であるように見える。しかしながら農場を構成する枢軸は、こうした無生物、人工物だけではなく、むしろ非常に特異な人工物、家畜化・栽培化（domestication）を施された動物（家畜）と植物（農作物）である。同じく人間が他の生物、動植物をシステマティックに利用する狩猟採集と農耕・牧畜との区別とは、乱暴に言えば栽培化・家畜化の有無である。それらは品種改良によって祖先たる野生種とはかけ離れた、人間との共生関係の中に生態的地位を確保し、共生関係を離れては生存がおぼつかない存在である。

オーソドックスな近代の経済学の世界観では、物には心がなく、勝手に動き回ることもない。もちろん無機的、非生物的な自然もまた、地球科学的なレベルで見れば、大地はゆっくりと長い時間をかけて動き、ときに爆発するものであり、大気と水はもっと速いペースで循環する。しかしながらその動きはある程度は決まりきった、法則的なものである。だから人間は非生物的な自然に対しては、それらの運動を支配する自然法則、それらの自然的な性質を踏まえた上で、一方的に操作を加えることができたり、あるいは操作できないほど巨大な対象はその振る舞いを一方的に予測して対応できたりする。そして命なき人工物、建築構造物や道具、機械もまた同様である。それらを動かすのはあくまでも人だ。

しかしながら繰り返すが、ロック的、というよりもローマ法から現代法に至るまでの、財産としての物の典型は、どちらかというと不動産、土地である。現代法における土地は、それでも先述したような命なき物としての色彩が強いが、古代から初期近代、それこそ「ロック的」な構図では、財産はむしろエコロジカルな複合体である。それらは、畑の農作物や牧草地の草、後背地の森林がそうであるように勝手に育ち、家畜その他の動物たちは勝手に動き回りさえする。それらの行動の論理を所有者たる人間はある程度理解してはいるが、命なき物のようには完璧には予測、制御できない。

とりわけ近代科学の発展以前には、そうした知識は単なる経験知の域を出ず、そのメカニズムの内在的理解には至らない（内在的理解に到達したところで、完璧には予測・制御できないかもしれない）。少なくとも近代的な生物科学が十分に発展する以前は、人が土地を、そして農作物や家畜を所有し、それらを支配して享受するということは、その内在的メカニズムを充分に理解できないブラックボックスと関わることであり、対象に対する知識以上にいわば信頼、信仰、経験に基づいてそれを利用するということだった。[6]

ここまで考えるならば、我々はAIシステムに対しては動物アナロジー以上に、生物あるいは家畜化・栽培化された（domesticated）動植物、それらを軸とした人工環境としての農場、田園とのアナロジーを適用したほうがよい、と言えるだろう。[7] AIシステムに対する「ヒト」アナロジーは、少なくとも現状ではまだ実践的なリアリティはない。少なくとも企業を人間の監督なしに経営できるような汎用人工知能（AGI：Artificial General Intelligence）の実現までは、AIシステムに対する法人格付与の必要性はそこまで真剣に考慮する必要はないだろう。

それでは動物アナロジーは？　固有の目標関数を最大化するために、人間による操作なしにある程度自律的に動作するようなAIシステムに対して、動物に知能や情動があることを理由にその権利主体性を認めるような論者であれば、「動物の権利」アナロジーをこうしたAIシステムに適用することをためらわないだろう。そこまでいかなくとも「動物福祉」アナロジーを適用して、AI機械に不要なダメージを与えるような不適切な使用を禁止するという論法は充分に成り立ちえる。[8]

しかしながら知的動物のアナロジーがそこに当てはまらないようなシステム、具体的に言えば自己完結した行動単位としての、物理的に独立した躯体《くたい》を持たず、同種の複数の機械の群体として機能するようなシステムには、生物アナロジーを適用するとしても動物よりも、むしろ農業の生態系――植物や菌類のアナロジーのほうがよいだろう。またIoT（Internet of Things）は、人間のリアルタイムでの意図的な制御なしに自動的に互いに連携する複数の機械システムのネットワークであるから、それに対しては人工の生物群集、生態系というイメージこそがふさわしいだろう。[9]

3 「農の論理」vs.「市場の論理」

しかしながら言うまでもなく、以上のようにAIシステムに対する農業アナロジーの有効性を主張してみたところで、そこで話が終わるわけではない。AIシステムを理解する、それと付き合うための見通しのよい準拠枠組み（それを「AI倫理」と呼ぶかどうかはともかく）のお手本、パラダイムとして、既存の農業思想を使えばよい、で済む話ではないのだ。なぜなら私たちには、そのように便利に使える既存の農業思想の枠組みなどというものの持ち合わせがないからである。

動物倫理の枠組みの援用には、すでに見たように有意義ではあれ限界がある。それでは環境倫理の枠組みはどうだろうか？　環境倫理学においても、生物学的環境、生態系の価値づけやそれとの付き合い方のみならず、非生物学的、無機的自然の価値やそれらを利用する際の道徳的基準等についての知見は蓄積されている。[10]

ただ環境倫理学が人間と非人間的自然との関係のモデルとして利用するのは、利用や介入を抑制、極小化する自然保護のケースを別として人間が利用するケースに限っても、農業的な家畜化・栽培化された動植物との関係よりも、むしろ狩猟採集——産業で言えば漁業、さらには森林管理（森林には人工林もあれば自然林、原生林もあるが、それぞれに異なった形での管理の対象である）——といった家畜化・栽培化されない動植物、生態系との関係のほうが中心である。そこでの自然の生物、生態系は人工物ではない——より正確に言えば、そういう性格があったとしてもきわめて弱い——。それらは家畜や農作物とは違い、人間の介入、人間による管理がなくとも生存、存続しえるのだから。

そう考えると固有の立場としての農業思想、もう少し限定して農業倫理学というものがあるとすれば、環境倫理学とは異なり、あるいはもう少し狭く、他の生物や生態系一般との人間の関係ではなく、生ある人工物としての家畜・農作物と人間の共生関係が焦点となる。問題はこの共生関係の可変性、とりうる可能性の幅が広すぎることだ。

環境倫理、環境思想の場合にももちろん、そこでとりうる立場の範囲は非常に広大である。きわめて厳格に、工業も農業も引きくるめてあらゆる人工物を極小化しようという立場も理論的には可能である一方で、ある限界を設けて、その範囲内ではいくらでも人工環境を構築して構わないが、それを超えた自然操作は行わない、という立場もまたありえる。しかしながら、両者は一見対極的であるが、人間と自然との境界線を厳格に設定することが可能であり、またそれを遵守しようという志向においては、実は同型である。

それに対して農業を焦点化する、農業を基本として人間と自然の関係を考え、ある種の規範を定立しようという発想（それはもちろん上記の、両極端の厳格主義に比べれば、人間的現実をうまく捉えるものであるには違いないが）は、このような明確な境界線を設定することがそもそもできない。「生ある人工物」の具体的な中身は、そのときそのときの環境と社会と技術のありように依存して可変的であるほかないのである。[11]

このような農業は市場経済、資本主義にはそぐわない、適応しきれない、としばしば農業思想の探究者は語ってきた。[12] 逆に、市場の論理、資本主義の論理の体現としての経済学は、工業中心主義、工業を軸に市場経済、資本主義をモデル化してきた、と。そうした理解は完全に誤りというわけではないが、不十分である。ここで理念化されている「工業」とはつまり、生なき人工物を製造する営み、である。それらは物理的制約には服するが、生物学的制約に服する度合は低いと言える。それゆえにより市場の論理に、さらに言えば人間の都合に適合しやすいのだ、とそこでは論じられる。しかし正確に言えば、アダム・スミスによって確立された近代的な経済学の基本発想とは、工業中心というよりも「工業・農業といった実物ベースの区別を重要視しない」というところにこそ存する。[13]

ここで仮に金銭ベースでの収益性のことを「市場の論理」、というより「資本の論理」と呼ぶのであれば、それは別にアプリオリに工業を優先したり、あるいは工業を典型として思考したりするわけではない。収益性を追求する資本にとっては、儲かりさえすれば、利益さえ上がれば別にどちらでも構わない。だからこそ今日ではたとえば「脱工業化」を警戒し、「ものづくり」の復権を訴える声が聞かれるのだ。ファイナンス中心主義や商業サービス業中心主義、あるいは製造業においてもソフトウェア、知的財産権のウェイトが高まるのを警戒し、実物を製造する「ものづくり」を大切にしようという発想はしかし、「実物中心主義」という意味では、農の復権を訴える発想と構造的には何ら変わるものではない。

農学者の藤原辰史《ふじはらたつし》は20世紀前半の日本の農本主義が、資本主義のもとでの農民の窮状を救う活路を海外植民、つまりは大陸進出、帝国主義的侵略に求めてしまったことに注意を喚起しているが[14]、この時代の日本において「小日本主義」を提唱してそうした帝国主義に対するもっとも根底的かつ的確な批判を提示した石橋湛山《いしばしたんざん》のことを想起してみよう[15]。

顧みるならば実はドイツにおけるG・W・F・ヘーゲル、フリードリヒ・リスト以来の、農業過剰人口を救済するための海外植民論の系譜を引いてもいるこうした議論の根底には、実物ベースに固執する重商主義的思考が影を落としていたのだ[16]。それに対して「我に移民の要なし」と湛山が提示したオルタナティヴとはアダム・スミス以来の自由貿易論であり、つまりは無理に農業を守ろうとするのではなく、かといって農民を見捨てるのでもない、自由な市場の働きを通じての、産業構造転換と農工セクター間の労働移動の促進、という選択肢だった。後知恵のそしりは甘受するが、その後の歴史の審判は湛山に軍配を上げたと言えよう。「市場の論理」「資本の論理」こそが暴力を回避する場合もあるのだ。

逆に言えば、現代において真摯に農業思想の可能性を探る藤原自身が言うように、そもそもの農業と農学それ自体の中にも「農業の工業化」志向、生ける人工物たる農作物・家畜を無生物のごとく完璧にコントロールしよう、ひいてはそれを食し享受する主体たる人間自体をも生物学的制約から解放しようという志向が潜在している。[17] 農業思想とは、徹底するならば、ある超越的な安全圏から資本主義や近代技術を批判できるようなものではなく、むしろわれわれは、そのような安全圏などどこにもない、という超越論的反省にたどり着かざるを得ない。

そこまで考えれば農業思想は、ＡＩ倫理学に対する模範などではないにしても、同様の苦悩を共有する同伴者たり得ると言えるだろう。すなわち、農業がどうしても全面的には意のままにならない、ブラックボックス性をはらんだ「生ける」人工物を相手にした営みであるとしたならば、ＡＩ技術もまた自ら学習し成長するブラックボックス的なシステムに関わるものに他ならないからだ。[18]

4　生物と無生物の間の時代

やや議論が錯綜してきたのでまとめてみよう。特に20世紀後半、環境問題への意識が高まると、農業思想においてもエコロジー思想の影響が強まり、農業を環境保護、生態系保護の側に位置づけ、農業システムを手つかずの生態系や自然環境と同様に、工業中心の近代文明による侵略から守ろう、という発想が当然に出てくる。しかしながら真面目に農業について考えれば、実際には農業はエコロジーの観点からは両義的であること、農業とは人間と生ける人工物との共生システムであり、その意味では程度の差はあれ工業と同様に自然環境に対しては侵襲的側面を持つことは否定できない。しかし逆に言えば、場合によっては「工業の論理が近代文明の侵略に抵抗する」というような局面だって考えられなくはない。

どういうことかといえば、「自然な、本来的な人間性に対して外から侵略してくるものとしての近代技術文明」のイメージは、近代的な工業中心の産業と、市場経済・資本主義とがない混ぜになって作り上げられているものだが、実は両者は完全に一体であるわけではない。そもそもここまでの議論を踏まえるならば、工業中心の近代技術文明を支える市場経済・資本主義と農業との関係について、「資本主義という侵略者が人間的なシステムとしての農業を脅かす」や、「農業の自然なリズムは資本主義的市場経済の性急さに耐えられず、それに無理に適応しようとすると破壊されてしまう」といったありがちな論法は割り引いて考えねばならない、ということは明らかであるのだが、むろん全面的に間違いでもない。

しかしながら問題は実は同じことが、工業についても言えてしまう、ということなのだ。市場のスピード、時間や空間の制約をできる限り縮めようという志向は、農業においてのみならず、工業に対しても緊張を強いるものである。物理的な制約に従わざるを得ない工業の資本設備も、市場のスピードに合わせていくらでも迅速に作ったりスクラップ化したりできるものではないのだから。程度の差はあれ工業においても農業においても、貨幣ベースで計算される形式的・抽象的な市場の論理と、物理的・生物的なレベルで具体的な実物ベースでの技術的な生産・利活用の論理との間のコンフリクトは起こりうるのである。

その上で重要なのは、つねにより実体的、具体的（に見える）レベルのほうが尊重され、守られるべきであり、抽象的、形式的なレベルの運動には警戒し、抵抗せねばならないというわけではない、というのが湛山の小日本主義のエピソードの教訓であろう。市場の暴力に抵抗して具体的な農的生活を守るために、国家の軍事的暴力、帝国主義的侵略に訴えるよりは、素直に市場の見えざる手に従ったほうが、暴力を回避してよりよい結果につながっていたとしたら……という疑問は湛山を読み返しつつ日本近代史を振り返れば誰しもが思うことだろう。そもそもアダム・スミスの『国富論』における、アメリカ独立戦争前夜の植民地放棄論もそのような理路に乗っていたと言える。

そのように考えるならば、農業とは（そして実のところ本当は工業も？）人為と自然の間で、あるいは抽象的な法権利の論理と具体的な技術との間で、あるいは市場取引と自給との間でつねに不安定に揺れ動きながら、性急にどちらかに自己を解消しようとするのではなく、危ういバランスを取り続けることとしてしかありえないのだろう。そうだとすると、ＡＩ機械のシステムにおいて、生ける人工物システムとしての農業アナロジーから捉えることもまた、このようなアンバランスな両義性を解消し得ない技術システムとしてそれと付き合う、ということを意味するだろう。

さらにＡＩについて考えることは、逆説的に、農業で重要視される体感的な経験知の意味、あるいは体系化された科学的知見であっても、その習得と活用においてはしばしば体感的な経験知が重要であることを明らかにしてくれるのではないだろうか。

ＡＩシステムは一見したところ実に抽象的、形式的な計算科学、情報科学の所産であるように見える。もちろん実際には物理的なシステムに実装されるしかないとはいえ、具体的にどのような物理システムで実現されるかには自由度があり、かつては真空管、その後は半導体を素材とした電子回路によって実装されているが、将来的には別種の物理システムに乗り換えることもあるかもしれない。

しかしながら今日「ＡＩ」と普通に呼ばれる統計的機械学習システムは、もちろん物理的なレベルから自由（物理的基盤を必要としないということではなく、多様な物理的な基盤の上で実現できる、ということ）という意味では依然として抽象的、形式的ではあるが、人間の論理的推論では追跡しきれないレベルでの複雑さ、不透明性の中にある。そういう意味では逆説的に、人間の体感のレベルで「具体的」と言わざるを得ないような仕組みでもある。なぜかと言えば、ＡＩは人間の言語化されない経験知や直観を最初は模倣し、しかる後に同じことを人間以上のスピードとスケールで展開するからだ（アルファ碁がその典型である。それは人間の打ち手の直観や経験知の模倣から始め、それを非人間的なスピードとスケールで拡張する）[19]。ＡＩと付き合うためには人間のほうでも論理的推論より、体感的な直観や経験知に訴えずにはいられない。そしてそのような技術との付き合い方は、近代科学以前の農業を中心とした技術との付き合い方への部分的な回帰をさえ意味することになるのではないだろうか。

近代的な経済学の世界観の中で所有を捉えるならば、世界は命ある「人」と、命なき「物」、そして命あるにもかかわらずその生命の本質的重要性を無視され、道具化、資源化された「物」とに大別される。つまり所有権の対象たる「物」において、その生命は本質的な意味を持ちえない。

しかしながらロック以前に遡ってみるならば、所有権の対象の典型は複雑な生態系としての「土地」であったはずだ。もちろん近代以前の法体系・法理論のほうが近代のそれよりも適切に動物や生物一般の適切な位置づけを行っていたなどと言うつもりはない。しかしながら近代的な「人／物」二分法が取りこぼすさまざまな問題に対する別様の対応のヒントが、そこに潜在しているかもしれないし、それがこれからの農業思想や環境政策に対しても含意を持つかもしれない。さらにそれが、来たるべきAIシステムをめぐる法と倫理の構築に対してもなにがしかのヒントを提供してくれることだってないとは言い切れないのである[20]。すなわち、あえて図式的にスローガン化すれば、

1　初期近代までの、財産の典型が生ける人工物であった時代から、
2　産業革命以降の、死せる、無機的な人工物が典型であった時代を経て、
3　短期間の過渡期として、「情報化」の掛け声のもと、物ならぬ知識、情報こそが財産の典型で

ある知的所有権の時代が夢見られたのもつかの間、

4　生物学的な意味では「生きて」はいないが、一定の自律性をもって勝手に動き回り、人間の理解を超えた振る舞いを示すという意味では「生きて」いると言える新たな人工物が財産の典型であるような時代が、訪れようとしている、

と。

さて、それが何を意味するというのか？

きれいに単純な「ヒト／モノ」二分法においては、財産たりうる物の典型は無生物であり、当然にそれには権利も責任も帰属し得ない。それを用いて生じる利益を得る権利も、また逆にそれに由来する危険に対処する責任も、もっぱらその所有者たる人に帰せられる。

とは言え農作物や家畜にしろ、あるいはＡＩを備えた複雑な自動機械にせよ、しばしばその所有者の理解を超え、ことに遺伝子工学の所産である新生物や、機械学習以降のＡＩ機械の場合、その作動原理を理解しているはずの開発者にさえ具体的な振る舞いをすべて予想し尽くすことはできない。それでも、そこから得られる利益が大きく、予想されるリスクが一定の範囲に収まるならば、人は十分に理解できない物についてさえ、あえてそれを財産として所有することに伴う責任を引き受けうるだろう。

しかしリスクが一定の限界を超えるならば？　起こりうるリスクが金銭的に補償され得る種類の

ものであれば、ＡＩ機械に対してはもちろん、場合によっては動物に対してさえ、法人格を付与することも考えられないことではない。そうすれば、それほど倫理学的な悩みも少なくて済むだろう。現に私たちは営利企業に対して法人格を与えている。巨大な企業が引き起こしうるリスクに対して、私たち自然人は十分に責任が負いきれないから、株式会社という制度を利用している。同様に、十分に管理しきれないほど複雑なＡＩシステムに法人格を与え、そのＡＩを所有する自然人たちは、株式会社の場合と同じように、そのＡＩには有限責任しか負わない、といったやり方を考えることは容易である。

このように、形式的なレベルにおいては、将来起こりうることはある程度予想できるし、それはまた理解不能なものではなく、歴史的な前例さえ発見できると言える。ただし当然ながら実質的なレベルでは話は別だ。私たちが知る法人の典型は、株式会社のような営利企業組織体であるが、それでは、人間による指示監督なしに自立して動き回るＡＩ機械の株式会社は、具体的にはどのような形をとるのだろうか？　人間と同サイズのアンドロイド？　まさか！　おそらくそれはネットワーク上の複数の機械を連結した複雑なシステムとなるだろう。

しかし他方では、その端末となる個々の機械は、ひどく小さく目立たないものになるかもしれない。それともその時その時に特定の機械に間借りするだけで、実体としてのハードウェアを持たない、純粋なソフトウェアとしてしか存在しないかもしれない。一口に「法的人格」といっても、それが具体的にどのようなシステムとして実体化されるかによって、それが人間とその社会にとって持ちうる具体的なインパクトはいくらでも変わりうる。

同様のことは実は動物に対しても言える。動物や植物、あるいはある地域の生態系に対して権利能力を、ある種の法的な人格を付与するというやり方は、ごく部分的には自然保護に関わる裁判において動物や渓谷などに当事者適格を認めるという形で始まりつつある。[21] しかし、本格的にそうした人間以外の生物や生態系に対して法人格が与えられる制度が実現したとして、それらはおそらくは会社における取締役や、あるいは未成年者や精神障害者のための後見人／保佐人のような役割を人間が果たす、というものになるだろう。

しかし、それらは形式的には既知の会社制度や後見人制度に似通っていたとしても、保護されるべき主体性がどのような生物に対して与えられるかによって、その具体的な様態はいくらでも変わりうる。たとえば大型類人猿の個体に対して与えられるのであれば、それは未成年者や精神障害者の後見制度に似通ったものになりそうである。ではその地位が特定の動物個体ではなく、一定の地域の生態系に対して与えられるような場合にはどうなるか？　それはたとえば現在のナショナル・トラスト制度などと、実質的にどこまで違ったものになりうるだろうか？

所有をめぐる大雑把な思想の動向としては、20世紀後半においては冷戦体制のもとで“(Private) Property doesn't matter.”（所有権は重要じゃない）と言わんばかりの風潮が影響力をもっていた。東側社会主義体制の存在感はもとより、西側自由主義経済圏においても「所有と経営の分離」のもと、現代経済の主役たる法人企業において所有権という契機は重要性を失い、重要なのは企業の名目的所有者である株主による支配ではなく、経営者によるマネジメント、アドミニストレーションだ、という風潮が支配的だった。それが社会主義の行き詰まりと時を前後して、まさにCorporate Governanceなる言葉の流行に象徴されるように、株主によるコントロールが企業経営の最重要課題となった。“(Private) Property matters.”の時代が到来したのである。[22]

そして本章でその予感を開陳した未来の動向、ＡＩ化や動物倫理、あるいは環境問題の動向が再び“(Private) Property doesn't matter.”への反動を呼び起こす可能性はおそらく低い。統治権力による上からの一方的な管理によってではなく、所有権を軸にローカルな当事者ないしその近隣主体に権利と責任を分散させることによってＡＩ化や環境問題に対処する、という方向性は継続するだろう。ただその中で進行するであろう権利主体のあり方の変容、とりわけその多様化が何を長期的にもたらすか、については未だ確たる予想を提示することはできない。

註

1　ここでいう「所有」の原語はローマ法のdominium、それに対して「占有」はpossessioである。木庭顕『新版　ローマ法案内』（勁草書房、２０１７）、『新版　現代日本法へのカタバシス』（みすず書房、２０１８）、他を参照されたい。この両者の区別はきわめて重要であり、実定法学者は決して忘れないだけではなく、哲学者であるカントやヘーゲルの著作においてもEigentumとBesitzは厳格に区別されている。

2　ロック的世界観の明快な提示としては、古典であるロバート・ノージック『アナーキー・国家・ユートピア』（木鐸社、1995〔原著1974〕）の他、森村進『ロック所有論の再生』（有斐閣、1997）、『財産権の理論』（弘文堂、1995年）を参照されたい。

3　稲葉振一郎『AI時代の労働の哲学』（講談社、2019）。また動物倫理学とAI倫理学のアナロジーについての最近の業績としてKate Darling, *The New Breed* (Henry Holt, 2021)。

4　よく知られた成果として、ニック・ボストロム『スーパーインテリジェンス』（日本経済新聞出版、2017〔原著2014〕）。

5　このような「所領」の知の意義については、対象を英国に限定してはたとえば、Keith Tribe, *Land, Labour and Economic Discourse* (Routledge & Kegan Paul, 1978)、水谷三公『英国貴族と近代』（東京大学出版会、1987）、並松信久『農の科学史』（名古屋大学出版会、2016）。

6　ミシェル・フーコー『言葉と物』（新潮社、1974〔原著1966〕）では周知の通り、そもそも18世紀までは自然界を生物と無生物とに大別するという発想、生命現象という固有の水準を対象とし、その内在的メカニズムの解明を目指す、後の生物学的な発想がまだ成立していなかった——自然研究の枠組みは後の生物学や地質学といった区別が成り立つ前の博物学（自然誌・自然史）だった、と主張されているが、ここではその論点につき深める余裕はない。

7　もちろん逆のアナロジーも成り立つ。というより、生命現象を情報処理プロセスとして、遺伝情報をソフトウェアとのアナロジーで捉えるという世界観はリチャード・ドーキンスの古典『利己的な遺伝子（40周年記念版）』（紀伊國屋書店、2018年〔原著2016〕）以来おなじみである。より具体的には情報法、知的財産権法の観点から書かれた夏井高人「艸—財産権としての植物（1）」（『法律論叢』

第87巻第2・3合併号、明治大学、2014）、「同（2）」（『法律論叢』第87巻第6号、明治大学、2015）がきわめて啓発的である。

8　動物倫理についての私見は稲葉振一郎『社会倫理学講義』（有斐閣、2021）「第12回」を参照されたい。

9　これらの論点については夏井前掲「艸」、また稲葉振一郎『銀河帝国は必要か？』（筑摩書房、2019）をも参照されたい。

10　環境倫理学についての私見は前掲稲葉『社会倫理学講義』「第11回」。

11　今日の農業思想においては当然ながら環境保護運動、環境倫理学の影響、相互交流は大きいが、言うまでもなく緊張も少なくない。アメリカの事例に即してはポール・B・トンプソン『〈土〉という精神』（農林統計出版、2017年〔原著 1995〕）がある。動物倫理、動物解放運動との関係においては一層大きな緊張がある。たとえば近年の日本での入門書である田上孝一『はじめての動物倫理学』（集英社、2021）では、人間に依存し支配されなくては生きていけない存在である家畜・ペットに対する限定的反出生主義、「家畜・ペットは存在しないほうがよいのであり、現存する家畜・ペットを幸福のうちに寿命を全うさせた後は絶滅させるべきである」との主張を提示する。こうした主張は、たとえ動物福祉を重視するタイプの農業思想にとっても、受容が難しいだろう。

　動物解放思想においてはヴェジタリアニズム、ヴィーガニズムが是とされるのが普通である一方で、クローン培養肉もまた植物性の代用肉と同様、エシカルミートとして許容されることが多い。しかしヴェジタリアン、ヴィーガンは農業思想にとっては畜産の全面否定を意味するために抵抗が大きいだろうし、他方培養肉は培養肉でまさに「農の工業化」の極北として批判の対象となる可能性がある。

12　ここでは20世紀末以降の環境保護運動・思想、エコロジーを意識した農学のことだけではなく、世紀前半の日本における農本主義、更にはナチスにおける同様の展開をも念頭に置いている。これについては藤原辰史『農の原理の史的研究』（創元社、２０２1年）の他、藤原による一連の業績を参照のこと。ここでいう農業思想に対して「農本主義」の呼称を与えることは適当ではない。農本主義はその一部に過ぎない。あえて言えば藤原もその系譜に間接的に連なる、京都大学農学部の講座名でもある「農学原論 Philosophy of Agricultural Science」だろう。

13 この問題については稲葉振一郎『不平等との闘い』（文藝春秋、２０１６）、『ＡＩ時代の資本主義の哲学』（講談社、２０２２）を参照されたい。

14 藤原前掲書。

15 石橋湛山「我に移民の要なし」（１９１３）、「大日本主義の幻想」（１９２１）、『石橋湛山評論集』（岩波書店、１９８４）他。

16 ヘーゲルについては『法の哲学』における貿易と植民についての議論に明瞭である。フリードリヒ・リスト『農地制度論』（岩波書店、１９７４〔原著１８４２〕）に現れている、リストのこうした側面――農工バランスの重視、小農の市民的自立の重要性の主張――については、従来ともすれば『経済学の国民的体系』の工業政策論ばかりが重視されがちだったが、リスト邦訳者の小林昇がつとに指摘し、国際的に議論をリードしてきたことについては小林昇『東西リスト論争』（みすず書房、１９９０）。

17 藤原前掲書。

18 稲葉『ＡＩ時代の労働の哲学』、また『社会倫理学講義』「第13回」をも参照のこと。

19 アルファ碁についてのレポートは枚挙に暇がないが、李セドル戦のリアルタイムのレポートとして CADE METZ「黒37手と白78手：AlphaGo とイ・セドルが再定義した「未来」」(https://wired.jp/special/2016/alphago-vs-sedol/)。

20 David J. Gunkel, *How to Survive a Robot Invasion* (Routledge, 2019) では現時点でのＡＩ・ロボット倫理のとりうる方向性として、知能機械をあくまでも純然たるモノ、単なる道具として扱う「奴隷制 2.0

Slavery 2.0」、自律した知能機械に道徳的地位、場合によっては権利主体性を認める「機械倫理 Machine Ethics」、十全に人間と対等な権利主体性まではいかないが、自律的知能機械を単なる道具、人間による一方的操作の対象ではなく、共同行為者として認めて、前二者の中庸を行く「共同行為者性 Joint Agency」の三つが提示される。グンケル自身はそれぞれの利害得失を比較しつつ敢えて言えば第三の道を支持する。しかしながら実際には、第二の「機械倫理」でもあらゆる知能機械に独立の主体性と道徳的地位を要求するわけではないので、それと第三の「共同行為者性」との違いはそれほど明らかではない。

　その曖昧さは本章でみた「農業思想」「農学原論」のそれとよく似ている。一方の極に、一切の非人間的自然をもっぱら人間にとっての手段とみなす極端な人間中心主義を置き、他方の極に、それ以上人間が立ち入ってはならない自然の領域を措定して、その境界線を遵守するラディカルな自然保護主義を置くとすれば、「農学原論」とはその中庸を行くものとしてしかありえない。

21　古典としてクリストファー・ストーン、岡崎修・山田敏雄訳「樹木の当事者適格——自然物の法的権利について」『現代思想』１９９０年11月号、12月号（原著１９７２）。

22　稲葉『ＡＩ時代の資本主義の哲学』を参照。

＊　本章脱稿後に、私たちはChatGPTやMidjourneyなどの生成的generative AIの爆発的発展をみた。それが本章の趣旨に根本的な変化をもたらすわけではなく、むしろ大筋では補強してくれると思われるが、それにしても事態の進行は予想を上回るものであった。

＊＊本研究はJST, RISTEX, JPMJRX21J1の支援を受けたものである。

あとがき

何かを所有すること、何かに所属すること。所有というものは、自他の区別そのものである。そういう意味でそれは、社会秩序の根源である。所有は本能に基づくものであるよりもむしろ、社会的に決定され、歴史的に変化する。何かを所有することの、その具体的な形態は、あらかじめ明確に決められたルールによって一方的に定まるのではなく、日々の生活のなかで実践され、作り直される。

しかし同時に所有は、私たちの人生の実存的な部分と深く関わっている。

あるホームレスの方とお話ししたことがある。かれはビニールシートで作った小屋のなかで、猫を飼っていた。

大阪の路地裏の小さな長屋はどれも、玄関先にかわいらしい花が咲く植木鉢がたくさん並んでいる。

２０１６年、ＡＦＰでこんなニュースが報じられた。アウシュビッツ強制収容所近くの関連施設の屋根裏から、「マッチ棒より小さな」木靴をかたどった、手製のアクセサリーが発見された。小さな小さな木靴には小さな鎖が付いていた。それは身につけるものだったのだ。木靴は収容者たちが眠る建物の、屋根裏のレンガの間から見つかった。持ち主がどうなったかはわからない。

地球上のあらゆるところで、あらゆる境遇の人びとが、なにか小さな、かわいらしいものを「所有」している。それは歴史や社会構造の巨大な力に抵抗する、個人のささやかな希望である。なにかを所有するということは、ひとが生きるということそのものなのだ。

所有が社会的に規定され歴史的に変化するからといって、恣意的に何でもできる、ということにはならない。それは相変わらず私たちの生々しい実存そのものであり、切れば血の出る人生そのものである。

しかしまた同時に、そのような個人的な、ささやかな路地裏の人生も、マクロな歴史や構造から無縁ではない。社会秩序の担い手が、重層的に折り重なったローカルでインフォーマルな中間集団から「国民国家」というものに収斂していったのが近代だったのだが、しかしその秩序はいまや、グローバル化と技術革新のなかでどんどん変容し、空洞化している。それは国家から解放され、ふたたび拡散しようとしているのだ。最新の技術とグローバルな人びとのつながりは、国家と資本の枠をやすやすと超えてしまう。テクノロジーが生み出す、地域や民族を超えるマーケットのなかで、人びとの所有のあり方も、人生の形も、根底から姿を変えつつある。

そして同時に、その新たな世界では相変わらず、女性や移民や障害者や性的少数者などの「他者」は、抑圧され排除され続けている。

変わるものと変わらないもの。路地裏の植木鉢と、巨大なテクノロジーが生み出す新たな世界について、同時に考え続ける。おそらく、「所有権」について考えるということは、そういうことだろうと思う。

本書の企画は、2019年の3月のある夜、那覇で共編者の梶谷懐（以下敬称略）と岸政彦が酒を飲んだところから始まる。梶谷は妻の従兄弟の結婚式に出席するために那覇に数日滞在していたのだが、ちょうど同じ時期に那覇で調査を行っていた岸政彦に声をかけ、栄町でワインを飲んだ。そこで梶谷は現代中国における社会秩序の急激な変化の話を、岸は沖縄の共同体の複雑性や多様性の話をした。議論の焦点は次第に「所有権とは何か」ということになり、そして研究会のスタートが（酒の席で）正式に決定したのである。梶谷は妻と一緒に行った久高《くだか》島の帰りで、真っ黒に日焼けしていた。

そのあと、岸が小川さやかと稲葉振一郎に声をかけ、梶谷が瀧澤弘和と山下範久を誘い、研究会がスタートした。2019年から6回にわたり、対面とZoomで研究会を開催した。ときには激しい議論の応酬になることもあった。研究会が始まってすぐ新型コロナの感染が拡大したこともあり、しばらく研究会が滞ることもあったが、なによりも編者のひとりの岸政彦の怠慢で、本書の完成までかなりの時間がかかってしまった。編者の梶谷さん、著者のみなさまに、心からお詫びを申し上げます。

中央公論新社の胡逸高さんには、特に深くお詫び申し上げたい。最初に私にお声がけくださってから、何よりも私の怠慢のせいで、何年も何年もお待たせすることになってしまった。おそらくこの企画の「所有権」を手放したくなったことも一度や二度ではないと思う。ほんとうにすみませんでした。

本書でなされた、幅の広い、奥の深い議論が「所有権」についてあらためて考え直すきっかけになれば、これほど嬉しいことはない。多くの方々に本書が読まれることを祈る。

岸　政彦

ボヌイユ、クリストフ＆ジャン＝バティスト・フレソズ（2018）『人新世とは何か――〈地球と人類の時代〉の思想史』野坂しおり訳、青土社
ボルタンスキー、リュック＆エヴ・シャペロ（2013）『資本主義の新たな精神　上・下』三浦直希ほか訳、ナカニシヤ出版
松尾匡（2012）『新しい左翼入門』講談社現代新書
ムーア、ジェイソン・W（2021）『生命の網のなかの資本主義』山下範久・滝口良訳、東京経済新報社
山下範久（2016）「世界システム論」秋田茂ほか編著『「世界史」の世界史』ミネルヴァ書房
ラトゥール、ブルーノ（2008）『虚構の「近代」』川村久美子訳、新評論

洋書房）
Posner, E. and E. Glen Weyl (2018), *Radical Markets: Uprooting Capitalism and Democracy for a Just Society*, Princeton University Press.（エリック・ポズナー＆E・グレン・ワイル〔2019〕『ラディカル・マーケット――脱・私有財産の世紀』安田洋祐監訳、遠藤真美訳、東洋経済新報社）
Roth, A. (2007), "Repugnance as a Constraint on Markets," *Journal of Economic Perspectives*, Vol. 21, pp.37–58.
Sen, A. (2009), *The Idea of Justice*, Belknap Press of Harvard University Press.（アマルティア・セン〔2011〕『正義のアイデア』池本幸生訳、明石書店）
Sugden, R. (1986), *The Economics of Rights, Co-operation and Welfare*, London, UK.: Palgrave Macmillan, 2nd edition.（ロバート・サグデン〔2008〕『慣習と秩序の経済学――進化ゲーム理論アプローチ』友野典男訳、日本評論社）
川島武宜（1967）『日本人の法意識』岩波新書
高村学人（2014）「過少利用時代からの土地所有権論史再読――フランス所有権法史を中心に」『政策科学』第21巻、pp.81–131.
瀧澤弘和（2018）『現代経済学――ゲーム理論、行動経済学、制度論』中公新書

第５章 ―――――――――――――――――――――― 山下範久

ウォーラーステイン、イマニュエル（2006）『入門・世界システム分析』山下範久訳、藤原書店
ウォーラーステイン、イマニュエル（2008）『ヨーロッパ的普遍主義』山下範久訳、明石書店
ウォーラーステイン、イマニュエル（2022）『史的システムとしての資本主義』川北稔訳、岩波文庫
ウッド、エレン・メイクシンズ（2004）『資本の帝国』中山元訳、紀伊國屋書店
岡本隆司（2018）『世界史序説』ちくま新書
加藤雅信（2001）『「所有権」の誕生』三省堂
加藤雅信（2014）「所有権法の歴史と理論」『法社会学』第80号、49–85頁
斎藤幸平（2020）『人新世の「資本論」』集英社新書
ネグリ、アントニオ＆マイケル・ハート（2003）『〈帝国〉』水嶋一憲ほか訳、以文社
フランク、アンドレ・G（2000）『リオリエント』山下範久訳、藤原書店
ポズナー、エリック・A＆E・グレン・ワイル（2019）『ラディカル・マーケット――脱・私有財産の世紀』安田洋祐監訳、遠藤真美訳、東洋経済新報社

Hansmann, H. and R. Kraakman (2001), "The End of History for Corporate Law," *The Georgetown Law Journal*, Vol. 89, pp.439-468.

Hart, H.L.A. (2012), *The Concept of Law*, 3rd ed. With an introduction by L. Green, Oxford University Press.（H.L.A. ハート〔2014〕『法の概念』長谷部恭男訳、ちくま学芸文庫）

Hart, O. (1995), *Firms, Contracts, and Financial Structure*, Oxford University Press.（オリバー・ハート〔2010〕『企業・契約・金融構造』鳥居昭夫訳、慶應義塾大学出版会）

Hicks, J. (1969), *A Theory of Economic History*, Oxford University Press.（ジョン・ヒックス〔1995〕『経済史の理論』新保博・渡辺文夫訳、講談社学術文庫）

Hume, D. (1740/2012), *A Treatise of Human Nature*, Oxford, UK.: Oxford University Press.（デイヴィッド・ヒューム〔2012〕『人間本性論』第３巻「道徳について」伊勢俊彦・石川徹・中釜浩一訳、法政大学出版局）

Kaplan, S. and P. Strömberg (2003), "Financial Contracting Theory Meets the Real World: An Empirical Analysis of Venture Capital Contracts," *Review of Economic Studies*, Vol. 70, pp.281-315.

Kim, J. and J. Mahoney (2005), "Property Rights Theory, Transaction Costs Theory, and Agency Theory: An Organizational Economics Approach to Strategic Management," *Managerial and Decision Economics*, Vol. 26, pp.223-242.

Lamoreaux, N., D. Raff and P. Temin (2003), "Beyond Markets and Hierarchies: Toward a New Synthesis of American Business History," *American Historical Review*, Vol.108, pp.404-433.

Lewis, D. (1969), *Convention: A Philosophical Study*, Harvard University Press.（デイヴィド・ルイス〔2021〕『コンヴェンション――哲学的研究』瀧澤弘和訳、慶應義塾大学出版会）

McMillan, J. (2002), *Reinventing the Bazaar: A Natural History of Markets*, W. W. Norton & Co., Inc.（ジョン・マクミラン〔2007〕『市場を創る』瀧澤弘和・木村友二訳、NTT 出版）

North, D. (1990), *Institutions, Institutional Change and Economic Performance*, Cambridge, UK: Cambridge University Press.（ダグラス・ノース〔1994〕『制度・制度変化・経済成果』竹下公視訳、晃洋書房）

North, D. (2005), *Understanding the Process of Economic Change*, Princeton University Press.（ダグラス・ノース〔2016〕『ダグラス・ノース 制度原論』瀧澤弘和・中林真幸監訳、東洋経済新報社）

Ostrom, E. (1990), *Governing the Commons: The Evolution of Institutions for Collective Action*, Cambridge University Press.（エリノア・オストロム〔2022〕『コモンズのガバナンス』原田禎夫・齋藤暖生・嶋田大作訳、晃

第4章 ——— 瀧澤弘和

Acemoglu, D. and J. A. Robinson (2012), *Why Nations Fail: The Origins of Power, Prosperity, and Poverty*, Crown Business.（ダロン・アセモグル & ジェイムズ・A・ロビンソン〔2013〕『国家はなぜ衰退するのか——権力・繁栄・貧困の起源』鬼澤忍訳、早川書房）

Alchian, A. (1965), "Some Economics of Property Rights," *Il Politico*, Vol. 30, pp. 816-829.

Aoki, M. (2001), *Toward a Comparative Institutional Analysis*, Cambridge, MA.: MIT Press.（青木昌彦〔2001〕『比較制度分析に向けて』瀧澤弘和・谷口和弘訳、NTT 出版）

Aoki, M. (2011), "Institutions as Cognitive Media between Strategic Interactions and Individual Beliefs," *Journal of Economic Behaviour and Organization*, Vol. 79, pp.20-34.（青木昌彦〔2010〕「戦略的相互作用と個人予想を媒介する認知的メディアとしての制度」『新世代政策学研究』第9号、pp.1-48、藤谷武史訳）

Barzel, Y. (1997), *Economic Analysis of Property Rights*, 2nd ed., Cambridge University Press.

Burawoy, M. (1979), *Manufacturing Consent*, University of Chicago Press.

Clark, A. (1997), *Being There: Putting Brain, Body, and World Together Again*, MIT Press.（アンディ・クラーク〔2012〕『現れる存在——脳と身体と世界の再統合』池上高志・森本元太郎監訳、NTT 出版）

Coase, R. (1937), "The Nature of the Firm," *Economica*, Vol. 4, pp.386-405.（ロナルド・コース〔2020〕『企業・市場・法』所収、宮澤健一・後藤晃・藤垣芳文訳、ちくま学芸文庫）

Coase, R. (1960), "The Problem of Social Cost," *Journal of Law and Economics*, Vol. 3, pp.1-44.（ロナルド・コース〔2020〕『企業・市場・法』所収、宮澤健一・後藤晃・藤垣芳文訳、ちくま学芸文庫）

Cubitt, R. and R. Sugden (2003), "Common Knowledge, Salience and Convention: A Reconstruction of David Lewis' Game Theory," *Economics and Philosophy*, Vol. 19, pp.175-210.

Debreu, G. (1959), *Theory of Value: An Axiomatic Analysis of Economic Equilibrium*, Yale University Press.（ジェラール・ドブリュー〔1977〕『価値の理論——経済均衡の公理的分析』丸山徹訳、東洋経済新報社）

Guala, F. (2016), *Understanding Institutions: The Science and Philosophy of Living Together*, Princeton, NJ.: Princeton University Press.（フランチェスコ・グァラ〔2018〕『制度とは何か——社会科学のための制度論』瀧澤弘和監訳、水野孝之訳、慶應義塾大学出版会）

グレーバー、デヴィッド（2016）『負債論――貨幣と暴力の5000年』酒井隆史監訳、高祖岩三郎・佐々木夏子訳、以文社
木庭顕（2017）『新版 ローマ法案内』勁草書房
木庭顕（2018）『誰のために法は生まれた』朝日出版社
シェリング、トーマス（2008）『紛争の戦略――ゲーム理論のエッセンス』河野勝監訳、勁草書房
瀧澤弘和（2021）「『コンヴェンション』解説」ルイス、デイヴィド『コンヴェンション――哲学的研究』瀧澤弘和訳、慶應義塾大学出版会
寺田浩明（2018）『中国法制史』東京大学出版会
中村圭（2019）『なぜ中国企業は人材の流出をプラスに変えられるのか』勁草書房
根岸佶（1943）『商事に関する慣行調査報告書――合股の研究』東亜研究所、復刻版（2016）『根岸佶著作集第3巻』不二出版
ノース、ダグラス（2016）『ダグラス・ノース 制度原論』瀧澤弘和・中林真幸監訳、東洋経済新報社
バスー、カウシック（2016）『見えざる手をこえて――新しい経済学のために』栗林寛幸訳、NTT 出版
旗田巍（1973）『中国村落と共同体理論』岩波書店
福本勝清（2016）『マルクス主義と水の理論――アジア的生産様式論の新しき視座』社会評論社
ボウルズ、サミュエル（2013）『制度と進化のミクロ経済学』塩沢由典・磯谷明徳・植村博恭訳、NTT 出版
ルイス、デイヴィド（2021）『コンヴェンション――哲学的研究』瀧澤弘和訳、慶應義塾大学出版会
＊中国語
周其仁（2017）『産権与中国変革』北京大学出版社
＊英語
Bai,Chong-En, Chang-Tai Hsieh, and Zheng Michael Song (2019), "Special Deals with Chinese Characteristics," *NBER Working Paper Series*, No. 25839.
Nunn, Nathan (2007) ,"Historical Legacies: A Model Linking Africa's Past to its Current Underdevelopment," *Journal of Development Economics*, Vol.83, pp.157-175.
Nunn, Nathan (2009), "The Importance of History for Economic Development," *The Annual Review of Economics*, Vol. 1, pp.65-92.
Nunn, Nathan (2020), "History as Evolution," in *Handbook of Historical Economics*, edited by Alberto Bisin and Giovanni Federico.
Talhelm, T., Zhang, X., Oishi, S., Shimin, C., Duan, D., Lan, X., Kitayama, S. (2014), "Large-Scale Psychological Differences Within China Explained by Rice Versus Wheat Agriculture," Science Vol.344, pp.603-608.

Enterprise Development, Ottawa: Canada.
Tripp, A. M. (1997) *Changing the Rules: The Politics of Liberalization and the Urban Informal Economy in Tanzania*, Berkeley: University of California Press.
Weiner, A. B. (1992) *Inalienable Possessions*, Berkeley and Los Angels : University of California Press.

第3章 ———— 梶谷懐

＊日本語

足立啓二（2012）『明清中国の経済構造』汲古書院
足立啓二（2018）『専制国家史論』ちくま学芸文庫
石井知章（2008）『K. A. ウィットフォーゲルの東洋的社会論』社会評論社
稲葉振一郎（2017）『政治の理論——リベラルな共和主義のために』中央公論新社
今堀誠二（1958）「清代における合夥の近代化への傾斜——とくに東夥分化的形態について」『東洋史研究』第17巻第1号
岩井克人（2015）『経済学の宇宙』日本経済新聞出版社
ウィットフォーゲル、カール（1991）『オリエンタル・デスポティズム——専制官僚国家の生成と崩壊』湯浅赳男訳、新評論
梶谷懐（2021）「中国経済における『制度』の連続性をめぐって」村上衛編『転換期中国における社会経済制度』京都大学人文科学研究所
柏祐賢（1986）『柏祐賢著作集第4巻・経済秩序個性論Ⅱ』京都産業大学出版会
加藤弘之（2016）『中国経済学入門——「曖昧な制度」はいかに機能しているか』名古屋大学出版会
関志雄（2020）「市場化に向けた中国における農村土地改革——「農村土地請負法」と「土地管理法」の改定を中心に」『中国経済新論』2020年4月、https://www.rieti.go.jp/users/china-tr/jp/200415kaikaku.html（2020年5月20日アクセス）
関志雄（2016）「問われる中国のインターネット企業の海外上場の在り方——VIEスキームの功罪を中心に」『野村資本市場クォータリー』2016年秋号
岸本美緒（1993）「明清契約文書」滋賀秀三編『中国法制史——基本資料の研究』東京大学出版会
岸本美緒（2004）「土地を売ること、人を売ること」三浦徹他編『比較史のアジア——所有・契約・市場・公正』東京大学出版会
グァラ、フランチェスコ（2018）『制度とは何か——社会科学のための制度論』瀧澤弘和監訳、水野孝之訳、慶應義塾大学出版会

Cultural Perspective, Cambridge: Cambridge University Press, pp.64–92.
レヴィ＝ストロース、クロード（1977）『親族の基本構造　上』馬淵東一、田島節夫監訳、番町書房
Lotto, J. (2018) "Examination of the Status of Financial Inclusion and Its Determinants in Tanzania," *Sustainability,* 10 (8), pp.1–15.
Lugalla, J. (1995) *Adjustment and Poverty in Tanzania,* Münster: LIT.
Maliyamkono, T. L. and M. S. D. Bagachwa (1990) *Second Economy in Tanzania,* London: James Currey.
Marris, P. and A. Somerset (1971) *African Businessman: A Study of Entrepreneurship and Development in Kenya,* London: Routledge.
松村圭一郎（2008）『所有と分配の人類学――エチオピア農村社会の土地と富をめぐる力学』世界思想社
松村圭一郎（2011）「所有の近代性――ストラザーンとラトゥール」春日直樹編『現実批判の人類学――新世代のエスノグラフィへ』世界思想社、pp.54–73.
モース、マルセル（2014）『贈与論』森山工訳、岩波文庫
森山工（2021）『贈与と聖物――マルセル・モース「贈与論」とマダガスカルの社会的実践』東京大学出版会
中空萌（2009）「「所有の主体」生成のプロセスをめぐる人類学的試論――権利から関係性へ」『文化人類学』74（1）、pp.73–85.
小川さやか（2007）「タンザニアにおける古着輸入の規制とアジア製衣料品の流入急増による流通変革」吉田栄一編『アフリカに吹く中国の嵐、アジアの旋風――途上国間競争にさらされる地域産業』アジア経済研究所、pp.81–112.
小川さやか（2011）『都市を生きぬくための狡知――タンザニアの零細商人マチンガの民族誌』世界思想社
小川さやか（2016）『「その日暮らし」の人類学――もう一つの資本主義経済』光文社新書
小川さやか（2021）「語られないシェアが基盤となる社会」住総研「シェアが描く住まいの未来」編『住まいから問うシェアの未来――所有しえないもののシェアが、社会を変える』学芸出版社、pp.165–184.
サーリンズ、マーシャル（2012）『石器時代の経済学　新装版』山内昶訳、法政大学出版局
Strathearn, M. (1988) *The Gender of the Gift: Problems with Women and Problems With Society in Melanesia,* Berkeley: University of California Press.
Tanzania, Republic of (2006). *Integrated Labour Force Survey. Ministry of Labour, Employment and Youth Development,* Dar es Salaam.
Tinker, I. (1987) "The Human Economy of Micro-entrepreneurs," Paper Presented at the International Seminar on Women in Micro-and Small-scale

参考文献

第2章 ——— 小川さやか

Appadurai, A. ed. (1988) *The Social Life of Things: Commodities in Cultural Perspective*, Cambridge: Cambridge University Press.

Bienefeld, M. (1975) "The Informal Sector and Peripheral Capitalism: The Case of Tanzania," *Institute of Development Studies Bulletin* Vol. 6 (3), pp.53-73.

ボッツマン、レイチャル&ルー・ロジャース (2010)『シェア――〈共有〉からビジネスを生みだす新戦略』小林弘人監修、関美和訳、NHK出版

Burton, A. (2005) *African Underclass: Urbanisation, Crime & Colonial Order in Dar es Salaam,* Oxford: James Currey.

Fischer, G. (2011) "Power Repertoires and Transformation of Tanzanian Trade Unions," *Global Labour Journal* Vol. 2 (2), pp.125-147.

フィッシャー、マーク (2018)『資本主義リアリズム』セバスチャン・ブロイ・河南瑠莉訳、堀之内出版

ゴドリエ、モーリス (2014)『贈与の謎　新装版』山内昶訳、法政大学出版局

Graeber, D. (2001) *Toward an Anthropological Theory of Value: The False Coin of Our Own Dreams,* New York: Palgrave.

グレーバー、デヴィッド (2016)『負債論――貨幣と暴力の5000年』酒井隆史監訳、高祖岩三郎・佐々木夏子訳、以文社

Green, M. (2005a) "The Birth of the 'Salon': Poverty, 'Modernization', and Dealing with Witchcraft in Southern Tanzania," *American Ethnologist*, Vol. 32 (3), pp.371-388.

Green, M. (2005b) "Discourses on Inequality: Poverty, Public Bads and Entrenching Witchcraft in Post-adjustment Tanzania," *Anthropological Theory*, Vol. 5 (3), pp.247-266.

ハーシュマン、アルバート (2005)『離脱・発言・忠誠――企業・組織・国家における衰退への反応』ミネルヴァ書房

Kennedy, P. (1988) *African Capitalism: The Struggle for Ascendency,* Cambridge: Cambridge University Press.

Kerner, D. O. (1988) " 'Hard Work' and Informal Sector Trade in Tanzania," In Clark G. (ed.) *Traders versus the State: Anthropological Approaches to Unofficial Economies*, Boulder: Westview Press, pp.41-56.

Kopytoff, I. (1988) "The Cultural Biography of Things: Commoditization as Process," In Appadurai, A. (ed.) *The Social Life of Things: Commodities in*

瀧澤弘和（たきざわ・ひろかず）

1960年東京都生まれ。中央大学経済学部教授。専門は制度の経済学、実験経済学、社会科学の哲学。東京大学大学院経済学研究科博士課程修了。経済産業研究所フェロー、多摩大学准教授、中央大学准教授を経て、現職。著書に『現代経済学』（中公新書）。共著に『経済政策論』（慶應義塾大学出版会）。訳書に青木昌彦『比較制度分析に向けて』(共訳)、ジョン・マクミラン『市場を創る』(共訳)、ジョセフ・ヒース『ルールに従う』（いずれもNTT出版)、『ダグラス・ノース 制度原論』（共訳、東洋経済新報社）など。

山下範久（やました・のりひさ）

1971年大阪府生まれ。立命館大学グローバル教養学部教授。専門は歴史社会学、社会理論、世界システム論。東京大学大学院総合文化研究科博士課程修了。北海道大学大学院文学研究科助教授、立命館大学国際関係学部教授を経て、現職。著書に『世界システム論で読む日本』（講談社選書メチエ)、『現代帝国論』（NHKブックス)、『教養としてのワインの世界史』（ちくま文庫）など。編著書に『教養としての世界史の学び方』（東洋経済新報社）など。訳書にアンドレ・グンダー・フランク『リオリエント』（藤原書店)、ジェイソン・W・ムーア『生命の網のなかの資本主義』（監訳、東洋経済新報社）など。

稲葉振一郎（いなば・しんいちろう）

1963年東京都生まれ。明治学院大学社会学部教授。専門は社会哲学。東京大学大学院経済学研究科博士課程修了。岡山大学経済学部助教授などを経て、現職。著書に『AI時代の資本主義の哲学』『AI時代の労働の哲学』（ともに講談社選書メチエ)、『社会倫理学講義』（有斐閣アルマ)、『「新自由主義」の妖怪』（亜紀書房)、『政治の理論』（中公叢書)、『宇宙倫理学入門』（ナカニシヤ出版)、『社会学入門』（NHKブックス)、『「資本」論』（ちくま新書)、『経済学という教養』（東洋経済新報社、増補版ちくま文庫)、『リベラリズムの存在証明』（紀伊國屋書店)、『ナウシカ解読』（窓社、増補版勁草書房）など。

著者一覧

岸 政彦（きし・まさひこ）　＊編者

1967年生まれ。京都大学大学院文学研究科教授。社会学者・作家。専門は沖縄、生活史、社会調査方法論。著書に『同化と他者化――戦後沖縄の本土就職者たち』（ナカニシヤ出版）、『断片的なものの社会学』（朝日出版社、紀伊國屋じんぶん大賞2016）、『ビニール傘』（新潮社）、『はじめての沖縄』（新曜社）、『マンゴーと手榴弾』（勁草書房）、『リリアン』（新潮社、第38回織田作之助賞）など。編著書に『東京の生活史』（筑摩書房、紀伊國屋じんぶん大賞2022・第76回毎日出版文化賞）、『生活史論集』（ナカニシヤ出版）、『沖縄の生活史』（みすず書房）。共著に『質的社会調査の方法』（有斐閣）、『地元を生きる』（ナカニシヤ出版）など。

梶谷 懐（かじたに・かい）　＊編者

1970年生まれ。神戸大学大学院経済学研究科教授。専門は現代中国経済。神戸大学大学院経済学研究科博士課程修了（経済学）。博士課程在籍中に中国人民大学に留学（財政金融学院）。神戸学院大学経済学部准教授などを経て、現職。著書に『「壁と卵」の現代中国論』（人文書院）、『現代中国の財政金融システム』（名古屋大学出版会、第29回大平正芳記念賞）、『日本と中国、「脱近代」の誘惑』（太田出版）、『日本と中国経済』（ちくま新書）、『中国経済講義』（中公新書）。共著に『幸福な監視国家・中国』（NHK出版新書）など。

小川さやか（おがわ・さやか）

1978年愛知県生まれ。立命館大学大学院先端総合学術研究科教授。専門は文化人類学、アフリカ研究。京都大学大学院アジア・アフリカ地域研究研究科博士課程修了。博士（地域研究）。日本学術振興会特別研究員、国立民族学博物館研究戦略センター機関研究員、同センター助教、立命館大学大学院先端総合学術研究科准教授を経て、現職。著書に『都市を生きぬくための狡知』（世界思想社、第33回サントリー学芸賞）、『「その日暮らし」の人類学』（光文社新書）、『チョンキンマンションのボスは知っている』（春秋社、第51回大宅壮一ノンフィクション賞・第8回河合隼雄学芸賞）など。

所有《しょゆう》とは何《なに》か

——ヒト・社会《しゃかい》・資本主義《しほんしゅぎ》の根源《こんげん》

〈中公選書 138〉

編　著　岸《きし》 政彦《まさひこ》　梶谷《かじたに》 懐《かい》

著　者　小川《おがわ》さやか　瀧澤弘和《たきざわひろかず》

山下範久《やましたのりひさ》　稲葉振一郎《いなばしんいちろう》

2023年 6 月10日　初版発行

2024年 1 月25日　3 版発行

発行者　安 部 順 一

発行所　中央公論新社

〒100-8152　東京都千代田区大手町 1-7-1

電話　03-5299-1730（販売）

03-5299-1740（編集）

URL　https://www.chuko.co.jp/

DTP・作図　市川真樹子

印刷・製本　大日本印刷

Published by CHUOKORON-SHINSHA, INC.

Printed in Japan　ISBN978-4-12-110139-6 C1330

定価はカバーに表示してあります。

中公選書　好評既刊

101
ポストモダンの「近代」
――米中「新冷戦」を読み解く

田中明彦著

権力移行は平和的に進むのか。気候変動、貧困問題に世界は対応できるのか。「新しい中世」の提唱から二〇年余、最新の知見と深い洞察が導く国際政治の現在と未来像を提示する。

102
建国神話の社会史
――史実と虚偽の境界

古川隆久著

天照大神の孫が地上に降りて日本を統治し始めた――。『古事記』『日本書紀』の記述が「歴史的事実」とされた時、普通の人々は科学や民主主義との矛盾をどう乗り越えようとしたのか。

103
新版　戦時下の経済学者
――経済学と総力戦

牧野邦昭著

二つの世界大戦という総力戦の時代、経済学者たちの主張や行動はどのような役割を果たし、戦後体制へどんな影響を与えたか。第32回石橋湛山賞受賞作に最新の研究成果を加筆。

104
天皇退位　何が論じられたのか
――おことばから大嘗祭まで

御厨　貴編著

二〇一六年七月のNHKスクープと翌月の天皇ビデオメッセージから三年。平成の天皇は退位し、上皇となった。この間に何が論じられたのか。残された課題は皇位継承だけではない。

113
後藤新平の台湾
――人類もまた生物の一つなり

渡辺利夫著

後藤の素質と思想が最大に活かされ、力量が発揮されたのは四十代の台湾総督府民政長官時代であった。「アヘンの島」を植民地経営の成功例としたものは何か。開発経済学の泰斗が描く。

114
和　算――江戸の数学文化

小川　束著

江戸時代、数学は日本独自の高度な発展を見せた。関孝和や建部賢弘の業績は多岐にわたり、庶民の間でも広く楽しみとして定着した。最新の研究に基づき、豊かな数学文化を繙く決定版。

115
ベネズエラ
溶解する民主主義、破綻する経済

坂口安紀著

チャベスの大統領就任以降、四〇〇万人以上が難民に。かつて二大政党制を長期間維持し「民主主義の模範」とされた豊かな産油国に何が起こったのか。経済破綻に向かう二〇年の軌跡。

116
大航海時代の日本人奴隷
増補新版
――アジア・新大陸・ヨーロッパ

ルシオ・デ・ソウザ
岡　美穂子著

異端審問記録に残された奴隷本人の証言。歴史のダークサイドとして省みられることのなかった日本人奴隷の実相を広い視野から紹介し、アジアにおける人身売買を新たな視角で検討する。

121
「感染」の社会史
——科学と呪術のヨーロッパ近代
村上宏昭著

病気をもたらす不可視の微生物への恐怖と不安は、呪術的思考と絡み合い、人と人とのつながりや社会のあり方を一変させた。十九世紀末の「細菌学革命」以後のヨーロッパの激動を追う。

122
戦後日本の中国観
——アジアと近代をめぐる葛藤
小野寺史郎著

文化大革命や天安門事件は日本でどう理解されたか。敗戦、日中国交樹立、反日デモ……変わる日中関係は、日本の中国研究にどう影響したか。膨張を続ける隣国を冷静に見つめるために。

123
写真論
——距離・他者・歴史
港　千尋著

実験成功から二百年、常時接続されたカメラが見つめる日常は刻一刻と「写真化」している。撮られる世界のほうが撮る人間のことを知っている画像の世紀に撮るべきものは残っているか。

124
謎の海洋王国　ディルムン
——メソポタミア文明を支えた交易国家の勃興と崩壊
安倍雅史著

バハレーンに残る世界最大の古墳群。四〇〇〇年前これらを築いた人々は、いかにして繁栄をきわめ、なぜ歴史の表舞台から去ったのか。謎につつまれていた王国の歴史の解明に挑む。

125
脳とAI
——言語と思考へのアプローチ
酒井邦嘉編著
合原一幸／辻子美保子
鶴岡慶雅／羽生善治著
福井直樹

AIは人間の脳を超えられるのか（シンギュラリティは来るのか）。学問的な背景と現在地を確認し、未来像を得るために、脳科学・工学・言語学・将棋のエキスパート達が縦横に論じ合う。

126
「戦後」が終わるとき
——日本は外交の言葉を取りもどせるか
坂元一哉著

内外情勢の激動するなかで国際政治学者が書き続けた人気コラム「世界のかたち、日本のかたち」の、二〇〇八年から二一年まで一三年分を集成。米中の狭間における日本の指針を探る。

127
聯合艦隊
「海軍の象徴」の実像
木村　聡著

日清戦争時の臨時組織に過ぎなかった聯合艦隊は日露戦争の栄光を引っ提げ、常置されるものとなったが——。これまで海軍史の一部分でしかなかった聯合艦隊を中心に据えた初の通史。

128
分断の克服 1989-1990
統一をめぐる西ドイツ外交の挑戦
板橋拓己著

「ベルリンの壁」は崩れた。だがソ連は統一に反対、英仏が大国ドイツ復活を警戒する中、新生ドイツと新しい国際秩序はいかに創られたか。最新史料を駆使し描く。大佛次郎論壇賞受賞作。

129 人類史の精神革命
――ソクラテス、孔子、ブッダ、イエスの生涯と思想
伊東俊太郎著

前五世紀以降、ソクラテス、孔子、ブッダ、イエスの思索と行動により、哲学と普遍宗教が生まれた。なぜ東西の地で並行して精神革命が起きたのか。平易な筆致で人類史の謎を解明する。

130 矢部貞治
――知識人と政治
井上寿一著

戦争の時代、東大で政治学講座を担い、近衛文麿のブレーンとして現実政治で実践を試みた矢部。敗戦後は、よりよき民主主義を模索。言論を通じ変革を求め続けた。ある政治学者の生涯。

131 日本の「保守」と「リベラル」
――思考の座標軸を立て直す
宇野重規著

日本政治の対立軸として語られるようになった「保守」と「リベラル」は、本来対立するものなのか。欧米の政治思想史を参照しつつ、近現代日本にそれぞれの系譜を辿り、読み解く試み。

132 脱「中国依存」は可能か
――中国経済の虚実
三浦有史著

日本にとり中国は最大の貿易相手国だが、深まる一方の「中国依存」への不安も高まっている。バブル崩壊論でもバラ色の未来でもない中国経済の正しい見方と日本の取るべき指針とは。